ESSAI

SUR

LAURENT DE MÉDICIS

DIT

LE MAGNIFIQUE

ANDRÉ LEBEY

ESSAI

sur

LAURENT DE MÉDICIS

dit

LE MAGNIFIQUE

———— ❦ ————

PARIS

LIBRAIRIE ACADÉMIQUE DIDIER

PERRIN ET Cⁱᵉ, LIBRAIRES-ÉDITEURS

35, QUAI DES GRANDS-AUGUSTINS, 35

1900

AUX PIERRES DE FLORENCE

ET

AUX CYPRÈS DU VAL D'EMA

AVANT-PROPOS

J'ai tenté de faire sortir de l'ombre où elle était oubliée la vie d'un grand homme. Je me suis servi de tous les historiens et surtout de ceux du pays ; j'ai beaucoup trouvé, dans les chroniques, les lettres et les ouvrages d'alors. Afin de ne pas alourdir mon livre, j'ai supprimé autant que possible les notes et commentaires, m'efforçant d'indiquer au cours même du récit les sources où j'avais puisé.

On raconte que sir Walter Raleigh, alors qu'il était enfermé à la Tour de Londres, déchira désespérément un ouvrage historique auquel il travaillait pour n'avoir pu découvrir les raisons premières d'une dispute entre deux prisonniers, malgré qu'il eût tous les renseignements nécessaires et que cette dispute se fût déroulée sous ses yeux. Comment attendrai-je au passé ?

pensa-t-il. Je n'ai pas eu l'implacable courage de sir Walter Raleigh ; et, malgré le reste de mécontentement que j'avoue devant les pages suivantes, j'ai été moins sévère pour moi-même. Que la faute en soit rejetée à cette histoire florentine, une des plus passionnantes que je connaisse. Lorenzo de' Medici m'a retenu violemment. J'ai aimé, en racontant son admirable exemple, me rendre compte de la façon dont une âme fervente et réfléchie était parvenue à museler la chimère d'un gouvernement républicain. J'ai pensé qu'à notre époque de lâcheté, de petitesse et d'infamie boiteuse, le parfum de la Renaissance offrirait une leçon.

Et je demande au lecteur de s'en tenir à ce mot net et loyal : Essai.

A. L.

ESSAI

SUR

LAURENT DE MÉDICIS

LIVRE PREMIER

PRÉLIMINAIRES DU PASSÉ ET DU PRÉSENT

I

Le xvᵉ siècle en Italie fut merveilleux. Jamais cette lumière du monde n'avait encore atteint si haut. Le destin pensa même sa prospérité injurieuse et souffla la flamme, — car une fatalité mal définie mais saisissable à travers l'histoire semble s'attacher à la destruction de tout ce qui a conquis sa couronne suprême. Un héroïsme, éperdu de grandeur, soulevait dans les âmes une tempête féconde. Toutes les formes de l'activité humaine s'épanouissaient sur toutes les routes. Cette terre, où avaient crié les louves et les aigles romaines, berçait un jardin aux fleurs extraordinaires, aux arbres véhéments, fleurs tragiques et fleurs douces, arbres terribles et arbres d'ombrage. La lâcheté chrétienne avait bu à la mamelle antique; l'infiltration de la mer païenne, victorieuse malgré tant de distances et tant de murailles, avait salé l'eau fade des cuves baptismales ; derrière le Christ, la tête d'Orphée saignait sur des cordes d'argent ; le rêve de Marie pâlissait devant l'Aphrodite revenue ; l'église rappelait le temple ; et Minerve, y chuchotant certains soirs la promesse de reconduire à la source première, enseignait Pallas. Peu à peu, hors du linceul éternel des poèmes où son sommeil attendait un frisson de lyres pour revivre, l'abeille attique éveillait son vol d'or.

Partout des hommes.

Un jour, un paysan penché sur la glèbe se redresse. Des cuirasses brillent au soleil. Ceux qui les font miroiter s'approchent peu à peu. Le paysan, appuyé sur sa bêche, les regarde curieusement, avec de petits yeux vifs. — Veux-tu nous suivre, lui demande-t-on ? Le paysan hésite ; puis, fixant un chêne qui tord non loin son tronc rugueux, il y lance sa bêche d'un fort coup de bras. La pelle plate d'acier se fiche dans l'arbre et tremble sur place. « Je vous suis, dit-il. » C'est Attendolo. Il fait fortune et souche haute. A Milan, son descendant Lodovico, accueille à sa cour Bramante et le Vinci. Verrochio sculpte le buste du Colleone, Donatello la statue équestre du condottiere Gattamelata, le Vinci celle de Francesco Sforza. A Venise, les doges passent et tombent dans la pourpre et le sang ; l'amour chante et pleure sous les gondoles noires où des lames de poignard allument l'ombre. A Rome, Jules II commence Saint-Pierre et Eugène IV fonde la bibliothèque du Vatican. A Naples, Valla et Pontano regardent l'eau bleue du rivage enchanté à travers les colonnes qui décorent le palais d'Alphonse le Magnanime. Les Montefeltre à Urbin, les Gonzague à Mantoue, les d'Este à Ferrare s'efforcent de leur mieux. — Florence, la ville élue, élève vers une beauté radieuse le sceptre sanglant de son lys rouge.

II

Le terrain avait été admirablement préparé. Il semblait que toute l'Italie eût existé surtout pour embellir la fleur toscane. Un milieu s'était créé, consacrant l'union féconde de toutes les sèves. La race grandissait peu à peu vers sa force totale par la richesse encore intacte de son sang ardent et subtil. Les luttes politiques déroulaient bien leurs jeux sauvages à travers une horreur inconnue même dans le reste de la péninsule, mais elles accompagnaient en quelque sorte les arts dont rien ne réussit à entraver l'élan primitif. — Ici la réflexion précède le coup d'épée ; les discours, les discussions préparent les combats. Et ces hommes, qui se font remarquer parmi les premiers diplomates de leur temps en sont les premiers commerçants, les premiers financiers, les premiers artistes.

Le désir de dominer en tout et d'élever aussi haut que possible la tour où brûle la lampe idéale entraîne une culture régulière et raisonnée ; un appétit du beau inquiète presque toutes les poitrines. Le gouvernement ne reste pas cadenassé dans l'enceinte stricte d'une constitution plus ou moins formelle ; il ne néglige rien de ce qui l'entoure et stimule avec intelligence tout ce qui fait sa gloire principale. C'est toujours une république, mais à peine ; car le peuple lui-même a dû reconnaître la nécessité d'une élite, et qu'il n'y a aucune société possible sans elle, pas plus qu'il n'y a de corps sans tête, parce que la terre, si elle devenait uniformément plate, serait inhabitable. Et cette élite ne sera pas une horde guerrière à la ferraille menaçante ou une troupe bavarde à l'éloquence creuse, mais l'aristocratie véritable, la plus digne et la seule, celle des intelligences.

Tout cela, cependant, n'eût jamais été sans l'énergie d'une famille unique. Privée d'elle, Florence fut certes devenue très célèbre, mais jamais elle n'eût donné au monde l'exemple impérissable et singulier que nous voudrions conter ici. Certains écrivains sectaires et démocrates d'une façon presque maladive, dont M. de Sismondi, par exemple, — ce « niais », comme écrivait de lui Chateaubriand — ou M. Perrens, établirent que cette famille fut avant tout néfaste. Ils se trompent. L'histoire le prouve. Les Medici furent tyranniques parce que les circonstances les contraignirent à l'être ; l'existence — il faut le rappeler à certains esprits — différait de celle d'aujourd'hui. La police comprenait huit commissaires seulement, deux par quartier ; les troupes ne restaient jamais très sûres. Aussi les Medici, pour poursuivre leurs mesures salutaires, durent-ils nécessairement avoir quelquefois l'épée cruelle et s'arranger de façon à se maintenir les maîtres. Le pouvoir était mieux dans leurs mains que dans celles d'une assemblée. La force est un agent précieux à condition qu'il ne s'émiette pas ; il faut raisonner et travailler beaucoup avant d'avoir recours à elle, mais il est mauvais de la disséminer ici et là ; quand on en a besoin et quand on veut la reprendre, elle ne se laisse plus retrouver ; ses parcelles sont impuissantes ; souvent elle est tout à fait perdue. La Liberté au nom de laquelle ce crime est la plupart du temps commis n'existe que de nom alors car le danger guette partout et la panique s'insinue. Toutefois quelques-uns crient : nous sommes libres ! et finissent par persuader les sots.

M. de Sismondi et M. Perrens ont admiré les guerres civiles de Florence. Je sais que plus tard le pouvoir s'abrita « à l'ombre des piques et des arquebuses impériales[1] », et je préfère ne pas chercher la largeur de l'ombre que peuvent procurer les piques et les arquebuses, mais au point où nous en sommes, il fut tout patriotique et fervemment dévoué à sa ville. Jusque-là, l'aristocratie et la démocratie se déchiraient sans cesse ; le système de renouveler très fréquemment les élections entretenait les haines et les sottises ; le plus petit incident risquait d'engloutir à jamais tant de promesses. — Il fallait des hommes pour maintenir cette vraie liberté sans laquelle il n'y a pas de grands peuples, mais en même temps la régler en la guidant vers son maximum là où elle devait exister, et la réduire d'autre part là où elle ne pouvait être que dangereuse, inutile ou fausse.

[1] Perrens. *Histoire de Florence.*

III

Les origines des Medici remontent loin. Un
manuscrit de la bibliothèque Riccardi prétend
découvrir l'ancêtre initial parmi les preux de Charlemagne. Ce capitaine aurait tué un géant célèbre ;
le géant, au cours du duel, avant de tomber,
aurait, d'un coup de massue, incrusté la marque de
six balles de fer sur le bouclier de son héroïque
vainqueur ; ainsi s'expliqueraient les armes de la
maison : cinq tourteaux de gueules rangés en orle.
Il y a une autre version, de Verini, dans ces mauvais vers, qui, plus tard, firent penser que ces balles
étaient de vulgaires pilules :

> Est qui Bebryaca Medices testetur ab urbe
> Venisse, et Toscani sobolem delesse superbam
> Asserat : hinc Medicis me ruit cognomen habere
> Quod medicus Tosci fuerit, sic ore venenum
> Dixerunt patrio ; factique insigna portet
> Senis in globulis flaventem sanguine peltam [1].

Quoi qu'il en soit, Ammirato signale en 1251 un
Giovanni de' Medici qui traversa, suivi de cent florentins, toute l'armée du Milanais et secourut la
forteresse de Scarperia, attaquée de toutes parts,

[1] *De illustr. urbis*, liv. III.

sans perdre plus de vingt hommes. Auparavant, en 1228, Ardingo di Buonagiunta di Medici avait été élevé à la magistrature dite des Priori. Razzi nous fait connaître Silvestro de' Medici qui résista courageusement à la tyrannie de nobles sans valeur accusant tous leurs ennemis d'être gibelins pour les faire tuer ; ce Silvestro fut élu magistrat en 1379. — Les annales de la famille comptent soixante prieurs et trois cent cinquante-neuf gonfaloniers.

Le vrai fondateur fut l'aïeul du Magnifique, le père de Cosimo. C'est lui qui disait, à son lit de mort, en 1428 : « Je meurs, satisfait, mes enfants, puisque je vous laisse de la richesse, de la santé, et un état où, si vous suivez mon exemple, vous pouvez vivre honorés et respectés dans le lieu qui vous a vus naître. » A la prière des deux fils, Donatello lui éleva, ainsi qu'à sa femme Picarda, le tombeau qu'on voit encore à San Lorenzo.

Du vivant de son père, Cosimo avait beaucoup étudié le commerce et le gouvernement. A ces deux études il dut d'augmenter une fortune déjà considérable. Très intelligent et très adroit, il acquit vite une réputation réelle. On l'appelait le grand marchand. On l'appela plus tard le père de la Patrie. Lorsque le pape Jean XXIII se rendit au concile de Constance, il le choisit pour défendre sa cause. Lorsque Othon Colonne, sous le nom de Martin V, fut élu par le concile, Cosimo racheta Jean au duc de Bavière et lui procura un asile inviolable. Après la mort de ce Jean, comme l'inscription gravée sur sa tombe avait déplu au pape et comme celui-ci avait ordonné qu'on l'effaçât, il répondit froidement « Quod scripsi scripsi » et elle resta. Exilé en 1433 par suite des intrigues de Renaud d'Albizzi, il revint vite. C'est alors qu'il donna l'impulsion que son petit-fils Lorenzo devait achever plus tard. Il protégea particulièrement Guarino Veronese et Poggio Braciolini. A l'un il procura assez d'argent pour héberger les savants dont il écrivait la vie ; à l'autre il donna toute liberté en l'exemptant des charges du citoyen. Si Filelfo n'eut pas les mêmes traitements, cela tint à sa méchanceté naturelle, à son insupportable fatuité et à ses injures ; C'était un prêtre, dans toute l'acception du mot.

Poggio Bracciolini, entre autres lettres, écrivait à Cosimo : « Quoique forcé de vous consacrer presque entièrement aux grands intérêts de l'Etat et dans l'impossibilité de donner aux livres une partie de votre temps, vous avez trouvé un plaisir constant dans la société des hommes instruits, qui ont toujours fréquenté votre demeure. » Il obligea très souvent Luca della Robia et ses deux frères. Il fit peindre dans son palais une chambre tout entière par le curieux Paolo Uccello ; cette chambre était prodigieuse, paraît-il ; des oiseaux féeriques y ouvraient les ailes à travers des lignes infinies ; des combats de lions s'y répétaient ; l'un d'eux luttait contre un serpent dont les yeux et la gueule, raconte Vasari, lançaient un noir venin ; dans d'autres pièces de grandes toiles représentaient des cavaliers. — C'est Paolo Uccello qui disait un jour à sa femme, comme elle lui reprochait de trop travailler : « La perspective est si douce ! » — Il employa aussi le minutieux Aleno Baldovinetti, maître du Ghirlandajo, Bennozo Gozzoli et ce fra Filippo Lippi qui aimait tant les femmes. Il fit venir quelques-uns des frères qui décoraient les murs des abbayes de Fiésole. Il connut et salua l'admirable lumière de l'Angelico. — Æneas Sylvius, pape sous le nom de Pie II, écrivit qu'il pouvait tout, qu'il était l'arbitre de la paix, de la guerre, des lois, et qu'il ne lui manquait rien de la royauté, sinon la pourpre et le nom. La bibliothèque nationale italienne renferme un manuscrit de souvenirs où on lit : « Cosimo était tout à Florence, et, sans lui, Florence n'était rien. » Rapportons à son sujet ces paroles de notre Comynes : « Autorité doulce et amyable, et telle qu'elle estoit nécessaire à une ville de liberté. » — Son condottiere principal fut Francesco Sforza. Son palais est maintenant le palais Riccardi. Il avait des banques un peu partout, à Bruges et même au Caire. Il dépensa à partir de son retour d'exil et jusqu'à sa mort 66.755 florins, ce qui équivaut à trente millions. On commençait alors, sur l'impulsion d'Emmanuel Chrysoloras à poursuivre la route enseignée si magistralement par Dante, Pétrarque et Boccace — et qu'on ne devait pas dépasser d'ailleurs au point de vue de la création — et à recueillir avec ardeur les ouvrages des anciens ; c'est grâce à ces recherches que nous en possédons la plupart. Poggio se dévoua particulièrement. Avant d'habiter Florence il avait beaucoup voyagé ; à Rome, il avait été secrétaire de huit papes. On connaît ses Facéties. Quoiqu'il appartînt au clergé, il eut plusieurs enfants naturels qu'il reconnut. Plus tard il quitta les ordres et se maria, âgé de près de quatre-vingts ans. Il est inouï de songer au nombre de manuscrits qu'il découvrit en cinquante années. A Saint-Gall, près du lac de Constance, il trouva une copie complète de Quintilien dont on ne possédait que des fragments, et le poème des Argonautes. Ces rouleaux étaient ensevelis sous les ruines d'une tour obscure où des chouettes avaient fait leurs nids. Le savant venait souvent là le soir, infatigable ; il tremblait alors un peu devant les yeux d'or qui brillaient dans les ténèbres ; il protégeait sa petite lampe et frissonnait longuement quand descendait un battement d'ailes ; il rentrait avec sa trouvaille ; et les moines souriaient de cet étranger maniaque, collectionneur de vieux papiers. Il sauva aussi — et c'eût été moins utile — quelques périodes cicéroniennes. On lui doit également le premier Plaute complet, les poèmes de Lucrèce et ceux de Silius Italicus, — si nous en croyons une élégie latine de Cristoforo Landino. Angelo Poliziano prétend dans des mémoires dont on nous a parlé mais qu'il nous a été impossible de consulter qu'il apporta. également en Italie les vers de Stace. Il avait été jusqu'en Angleterre. C'est de là qu'il envoya à ses compatriotes une partie des œuvres de Pétrone. De leur côté, Guarino Veronese, Jean Aurispa et Francesco Filelfo

avaient gagné Constantinople. Guarino fit naufrage
à son retour et en fut si malheureux — raconte
Tiraboschi — que ses cheveux blanchirent. Aurispa parvint à Venise avec deux cent trente-huit
manuscrits parmi lesquels se trouvaient les ouvrages de Platon, de Plotin, de Xénophon, de Lucien
et de Diodore de Sicile, les vers de Callimaque, de
Pindare et d'Orphée. Qu'on songe à ce que devaient
être de pareils retours où l'un des ballots soigneusement ficelé recelait l'âme probable du chantre de
Thrace! Celui d'Aurispa fut pauvre et glorieux. Il
arriva au but sans argent. Cosimo le releva d'une
de ces belles paroles simples dont il avait l'habitude
et solda tous les frais du voyage. A la mort de
Niccolo Niccoli, ruiné par sa chasse incessante aux
manuscrits, il paya ses créanciers et acquit ses
trésors, puis fit déposer tout à Saint-Marc dans un
monastère de Dominicains qu'il y avait fait construire et où le public put aller librement. Ce fut
l'origine de la Bibliotheca Marciana. Il fonda aussi
cette académie platonicienne dont George Gémiste,
venu à Florence à la suite de l'empereur d'Orient,
Jean Paléologue, lui avait suggéré l'idée par ses
belles conférences; et il mit à sa tête Marsile Ficino,
alors tout jeune.

A l'heure de sa mort, il fit appeler son fils Piero :
« Je te recommande, dit-il, l'éducation de Lorenzo
et de Giuliano. » Et il passa longuement sa main
sur les têtes des deux jeunes gens en prolongeant
son regard dans le leur si fixement qu'il leur fit
baisser les yeux. Puis il donna des détails sur sa

conduite et sur l'administration des affaires. « Je voudrais, dit-il encore, avoir des funérailles simples ; je juge qu'une grande pompe est inutile. » Et il attendit tranquillement. La visiteuse devança l'arrivée du médecin. C'était le 1er août de l'année 1464. Il avait soixante-quatre ans. — Il était d'une taille avantageuse ; ses manières présentaient une séduction grave ; il savait railler avec adresse. Il fut tour à tour franc et fourbe selon la nécessité. Il répondit un jour à un citoyen qui lui reprochait de dépeupler Florence : « J'aime mieux la dépeupler que la perdre. » C'est sous son règne — on peut employer ce terme — que Ghiberti avait fondu ces fameuses portes de bronze que Michele Angelo jugeait dignes d'être celles du paradis, et que le merveilleux précurseur, Brunelleschi, avait élevé le dôme de Santa Maria del Fiore. Cosimo écrivait à Eugène IV en lui envoyant ce petit homme chétif, maigre et laid : « Io mando à V. B. un uomo a cui, cosi è grande la sua virtu, basterebbe l'animo a rivolgere il mondo. »

IV

Piero avait quarante-six ans. Sa mauvaise santé le contraignait fréquemment au lit. Il paraissait peu intelligent. Commynes a écrit de lui « l'autorité de ses prédécesseurs nuisait à Pierre de Médicis ». Le peuple l'accepta sans enthousiasme. Giovanni Tornuaboni prête au pape les propos suivants à son sujet : « Ayant toujours vu un père en Cosimo, je verrai un frère en Piero pour lequel je ferai tout, comme si tous deux étaient nés d'un même corps. » Le successeur de Pie II se montra son adversaire modéré. Tout marchait à peu près. Cependant il gâta l'horizon en réclamant l'argent que lui devaient les innombrables agents de ses banques et en ordonnant d'interrompre tout trafic commercial ou financier afin de faire établir le montant des dettes. Ce fut une déroute. Partout de nombreuses faillites se déclarèrent et les scandales suivirent. Le peuple manifesta son mécontentement. L'indifférence vaguement hostile devint une impopularité avérée.

Ceux qui le haïssaient et ceux qui en étaient jaloux se groupèrent autour de Luca Pitti. Ce Pitti avait une renommée de fausseté singulière et telle que Sforza écrivait dans une de ses lettres : « Luca fait la putain (putaneggia). » Il flattait les uns et les autres suivant leurs caractères et leurs désirs secrets, se cherchait en tout lieu des partisans et promettait merveilles. — Peu à peu Florence se divisa en deux camps, ceux de la colline, ceux de la plaine ; et le 16 septembre 1465 on en revint à la nomination des officiers publics par le tirage au sort, malgré l'opposition de Piero, justement désireux de conserver les institutions paternelles.

La conspiration grossit. Soderini, qui la guidait, mécontenta ses partisans et bientôt en fut abandonné au point qu'il dut remettre le gonfalon de justice. Piero fut alors assez habile — probablement sur l'instigation de ses fils — pour reconnaître combien ses ennemis présentaient maintenant peu de danger et ne pas les poursuivre. C'était la paix de l'intérieur assurée à nouveau. — Les troubles du dehors ramenèrent les dissensions intestines.

Le 8 mars 1466, Sforza mourait. On s'inquiéta de savoir si quelque alliance avec son fils devait être conclue et on ne fut, bien entendu, pas du même avis. Soderini engagea trois cents allemands. Les conjurés échangèrent un serment solennel. Le secret de la conspiration fut alors divulgué par Giovanni Bentivoglio du fond de sa lointaine Bologne. Piero était à Careggi. Il revint vite. En route des bandes armées firent irruption. Son fils Lorenzo le fit reculer rapidement en donnant ordre aux domestiques qui portaient sa litière de gagner la ville par des chemins détournés. Pendant ce temps, il parlementa, menaça, déclara qu'il ne voyait aucune raison pour qu'on lui barrât la route, et, quand il pensa son père assez loin, se lança en avant au galop à la tête de sa petite troupe. On s'opposa mollement à son passage et il rejoignit Piero. Ils arrivèrent le jour où se tirait au sort la nouvelle seigneurie. Il n'y avait pas de temps à perdre. Tout fut organisé afin que le nom d'aucun ennemi ne sortît du sac, et Roberto Lioni fut élu.

Dévoué aux Medici, il fit soutenir le gouvernement par ses collègues. Pendant ce temps, Soderini et Pitti gaspillaient les heures en reproches mutuels. Bientôt ni l'un ni l'autre ne voulurent commander l'assaut. Les autres conjurés songeaient que leurs maisons risquaient d'être pillées ou brûlées et qu'ils auraient bien du mal à recouvrer leur bien. Cela traîna jusqu'à ce que Luca vint trouver Piero. Les deux ennemis s'embrassèrent sur la bouche. On établit un accord que signèrent Luca Pitti, Lorenzo et Giuliano de' Medici. On désarma. Toutefois les Medici, peu sûrs, continuèrent à faire entrer un assez grand nombre de guerriers dans leurs demeures. Rinucitti prétend qu'ils en accueillirent six mille ; c'est peu probable.

Tout ce qui précédait enseignait de plus en plus la nécessité d'un pouvoir solide. Aussi, au jour de l'Assemblée, Piero fit-il garder la ville par un millier d'hommes. L'Assemblée à parlement décida que balie serait accordée pour quatre mois aux seigneurs et collèges de ces quatre mois ainsi qu'à tous les gonfaloniers de justice élus depuis 1434. Cent citoyens seraient nommés par les seigneurs et les collègues en exercice. Ces trois cents membres auraient un pouvoir égal à celui du peuple pour régler les affaires de la ville et faire justice. Tous les anciens adversaires des Medici rivalisèrent de soumission et de bassesse, tant il est vrai que le succès en tout fait plier les âmes vulgaires.

Fr. Neroni subit le supplice de la corde et avoua les secours demandés au duc de Modène. Le 11 septembre on décida que les fugitifs seraient relégués pendant vingt ans. Les autres eurent à payer des amendes. Les Strozzi furent pardonnés dans la suite. Luca Pitti mourut à une date ignorée, tellement méprisé de tous qu'il n'avait même pas un serviteur. Quant à Soderini, seul ferme et convenable dans la défaite, il ne revint que plus tard de Venise où il s'était enfui; il y recevait d'ailleurs de la république sérénissime une pension mensuelle de cent ducats.

Venise devint le centre de la conjuration. Le Colleone s'en mêla. Ce condottiere en avait assez. Quand il passait dans les rues à la tête de ses hommes, suivi du regard admiratif des enfants, il fixait les belles demeures avec envie. Il rêvait là un intérieur paisible, un bon lit, une bonne table, un coffre plein d'argent, le repos. Et il espérait gagner cela tout en faisant la fortune de ses nouveaux amis. Venise, de son côté, songeait qu'elle trouverait moyen de découvrir sa part et de la tirer à elle; ne risquant rien, au cas d'une défaite, elle n'avait qu'à nier. Soderini menait fort bien l'affaire et avait entraîné dans sa cause de nombreux seigneurs.

Le 10 mai l'armée compta huit mille chevaux et six mille fantassins. Mais le Colleone se sentait vieux, subissait douloureusement la fatigue et agissait avec lenteur. Florence en profita, se mit bien avec le pape, le roi de Naples et le duc de Milan. Son armée fut bientôt presque égale à celle de ses adversaires. Elle était commandée par Frederigo de Montefeltro. De part et d'autre ce fut ce que Macchiavelli appela « une merveilleuse lâcheté ». Pendant six mois il n'y eut qu'escarmouches, marches et contremarches, retraites et stratégies. Enfin le 28 juillet les deux condottierres ne réussirent plus à empêcher les armées d'être en présence, il n'y avait aucun moyen possible de reculer de part ou d'autre ; il fallait combattre. Montefeltro était près d'Imola, Colleone à la Mulillella. Le 23 le signal de l'attaque fut donné.

Il est très difficile de savoir à quoi s'en tenir sur ce combat. Macchiavelli prétend qu'il n'y eut personne de sérieusement blessé ; Sabellico affirme qu'il fut acharné et sanglant ; Pigna indique deux mille morts ; Ammirato parle de trois cents à huit cents Vénitiens tués. Pour la première fois, en Italie, on vit ce jour-là de longs tubes de bronze montés sur de petits chariots ; les soldats les cachaient dans leurs carrés, puis les démasquaient à l'approche de l'ennemi : c'étaient les ancêtres des canons de campagne, les espingardes. Vers ce qu'on pensa être de part et d'autre la fin du combat, — la nuit

était survenue et on se battait à la clarté des torches
— le Colleone fit proposer au Montefeltro la cessa-
tion de la lutte. Celui-ci accepta. Les troupes alors
s'avancèrent pacifiquement l'une vers l'autre. Les
soldats et les capitaines des deux partis s'embrassèrent fraternellement ; ils se déclarèrent fort heureux de la vie quoiqu'elle fût fragile et s'avouèrent
tout bas qu'ils ne s'étaient jamais haïs.

Une paix générale devenait nécessaire. Piero la
voulait et proposait le duc de Modène comme médiateur. L'obstacle vint du Saint-Siège auquel ces
dissensions profitaient beaucoup. Il essaya de persuader que la continuation du combat était de la
dernière nécessité et, comme il ne réussit pas à le
faire croire, il se vengea par des excommunications.
Personne n'y prit garde. Le pape consentit peu à
peu à la paix.

Le 2 décembre Piero mourait, perclus de goutte.
Il avait cinquante-trois ans.

En 1441, il ouvrit un concours poétique. Le
prix était une couronne de laurier en argent. Ce
fut une cérémonie très belle. Des prêtres étaient
juges. Ils pensèrent que la couronne avait de la
valeur et qu'il ferait bon la prendre. Aussi décla-
rèrent-ils que tous les poèmes étant remarquables
mais d'égale valeur, il était impossible de prendre
une décision. Pour la couronne ils l'adjugeaient à
l'église de Sainte-Marie sans donner de motif. Ces
poèmes ont été conservés et sont sans intérêt aucun.
— Il protégea l'Alberti et Cristoforo Landino. Il fut
l'ami intime de Donato Acciajuoli.

Il fit imprimer les cinq volumes de la traduction de Platon par Ficino et fonda une chaire où ce dernier le commentait. Le buste du philosophe grec dominait la salle. Une veilleuse brûlait jour et nuit devant sa tête penchée. Cela fit penser à un auditeur que Dante méritait de son côté un tel hommage. Aussi les prêtres virent-ils un jour avec colère un homme entrer dans une de leurs églises, enlever les cierges d'un autel du Christ et les porter devant la statue du grand poète toscan en s'écriant : « Tu en es plus digne que lui ! » Ce merveilleux n'a pas laissé son nom à la postérité.

Piero I de' Medici repose à San Lorenzo dans un sarcophage de porphyre orné de feuillage en bronze d'Andrea Verrochio et porté par quatre griffes de lion. Son buste, par Mino da Fiesole, est au Bargello.

V

On voit par ce qui précède au milieu de quelle atmosphère poussait Lorenzo de' Medici. Ces dissensions perpétuelles lui révélaient par leur fréquence même qu'elles étaient inévitables et que les lois ne suffisaient point. Tant d'anarchie lui inspirait l'amour de l'ordre juste et la haine des rhéteurs vagues. Il commençait à constater que la république est le modèle de gouvernement le plus idéal et le plus impraticable tant que les hommes ne seront pas tous très intelligents.

Il avait seize ans à la mort de son grand-père. Souvent Cosimo s'entretenait avec lui. Lucrezia Tornabuoni, une des femmes les plus capables de son temps, l'avait guidé de très près, mais adroitement, comme il faut guider les natures fières, avec une délicatesse qui sait se rendre invisible. Elle écrivit en vers et en prose; on peut le lui pardonner en songeant à l'incomparable mère qu'elle fut, d'abord en enfantant Lorenzo, ensuite en l'élevant.

Certaines des qualités qui devaient le faire remarquer par la suite jaillirent spontanément dès son enfance. C'est ainsi qu'ayant reçu un cheval de Sicile, il envoya pour remercier un cadeau d'une

valeur double. Et comme on s'en étonnait : « Il est
bien, répondit-il, d'être le plus généreux. » Il était
singulièrement doué. Ce fut un poète. Les recueils
qu'il a laissés renferment beaucoup de beaux vers,
et, quoi qu'on ait dit, personnels. Certes, comme
tout son pays, il s'inspira de Pétrarque, mais il
ajouta au rêve bleu de l'enfant d'Arezzo une brume
triste, venue de la vie que nul n'avait colorée auparavant. Certains de ses poèmes datent de la quin-
zième année.

Il était grand, fort, presque noir de peau, sans
grâce et d'une laideur admirable. Son front, très
large, très haut et très droit, en étonnant le
regard, faisait oublier le reste de la physionomie
qui paraissait tassée à cause de toute la place qu'il
y avait prise. Sa bouche était très grande, sa vue
faible ; son nez tordu restait mort et ne sentait
pas. Il avait une voix rude et désagréable ; cependant son éloquence fut toujours décisive. Il aimait
la chasse, les courses de chevaux, les tournois et
les fêtes carnavalesques. Il possédait des chiens
d'une race particulière. Il s'intéressait à la philosophie et aux beaux-arts. En tout, pourvu que
son attention se fixât, il arrivait aux premières
places. Il possédait le sentiment de sa valeur. Né
le maître il disait à vingt et un ans : « Je ne per-
mettrai pas qu'on me pose le pied sur la gorge. »
On connaît son buste classique. Le Bristish Museum
possède un fac-similé de son portrait d'après Luc
Sustermans. A Windsor, un croquis de Lionardo
da Vinci ressemble beaucoup au buste de Lorenzo

qui est à Berlin ; c'est un jeune homme de profil, coiffé d'un chaperon qui retombe. Nicolo Fiorentino a frappé son effigie ; on peut la voir à Paris au Cabinet des Médailles. Son portrait par le Bronzino est aux Uffizi. Vasari nous l'a représenté d'aspect malade, aux plis d'une large robe, la figure ravagée de rides se détachant sur un fond de plats, de masques et d'aiguières[1].

Gentile d'Urbino fut son premier maître. Ce prêtre s'efforça de le rendre pieux et y réussit, paraît-il. Pour ma part, je ne suis pas de l'avis de Valori qui écrivait à une époque où il était impossible de l'autre côté des Alpes de ne pas manifester les sentiments les plus dévoués au catholicisme ; et c'était au point que l'on n'eût pu écrire la vie d'un héros si on ne les lui eût également prêtés. Je pense que Lorenzo dissimula pour avoir la paix, reconnaissant qu'il ne la gagnerait pas avec des discussions. Certes, il croyait, surtout aux heures de maladie, mais c'était une croyance tout italienne qui fondait aux rayons du soleil, ne gênait pas la vie et laissait l'ombre sans cauchemar. A cette époque; la religion, loin d'être dogmatique comme maintenant, permettait mille fleurs étrangères à ses autels. Les moines remerciaient Dieu des péchés qu'il leur laissait commettre. Les jeunes prêtres qui avaient à confesser de jolies femmes étaient enchaînés au confessionnal par les pieds et les mains. Les femmes priaient la Vierge de rendre leurs amants le plus amoureux possible.

---

[1] Ce portrait a été reproduit en tête du volume.

Les assassins venaient volontiers demander à saint
Georges du courage et qu'il pardonnât à leurs
entreprises. Les cérémonies de la Fête-Dieu dégé-
néraient généralement vers le soir. Nanno Crossa,
à son lit de mort, demandait qu'on lui apportât un
autre crucifix, parce que celui qu'il avait sous les
yeux était trop mal sculpté. Codrus Urceus, apprenant que le feu venait de prendre dans son cabinet
de travail et y avait déjà détruit plusieurs manuscrits, se plantait en pleine rue devant une statue de
la Vierge et lui tenait ce langage : « Écoute ce que
je vais te dire, je n'ai pas l'esprit à l'envers et je
sais ce que je dis : Dans le cas où je t'invoquerais
à l'heure de ma mort, tu n'auras pas besoin d'exau-
cer ma prière et de me recevoir parmi les tiens,
car je veux demeurer avec le diable pendant l'éter-
nité. »

D'ailleurs, Lorenzo possédait trop de facultés
différentes et toutes trop puissantes chacune pour
se guinder en un seul costume, s'y raidir, s'y
façonner, s'y complaire avec soin et présenter aux
badauds ce qu'on appelle à tort une tenue de caractère, comme si cette tenue n'était pas au contraire
de monter sans cesse, de se baigner dans tous les
vents et d'imiter le cyprès qui, tout en gardant
une direction unique au long de son fuseau sombre,
augmente l'ascension de ses petites branches ser-
rées vers l'effort de leur cime pointue — vers le ciel.

Ses autres maîtres furent Landino, Argyropyle
et Marsile Ficino. Les trois hommes avaient pour
leur élève une affection profonde qu'il leur rendait

pleinement. Il les dépassa quelquefois. Landino lui soumettait ses ouvrages ; Argyropyle se contentait d'insister sur Aristote que Lorenzo négligeait pour Platon. Ficino s'en montrait ravi. Cela créait une rivalité courtoise et fervente.

Il fut le ministre de son père. Toujours malade, Piero était heureux de pouvoir souffrir à son aise ou profiter sans tourment des heures bonnes, lorsque sa goutte lui en laissait. Elles étaient rares. Il devenait de plus en plus paralysé. Vers la fin de sa vie, sa langue seule avait conservé l'usage.

Auparavant Lorenzo avait été envoyé dans les différentes cours et s'y était concilié par son charme réel certaines amitiés. En 1465, il vit à Pise le fils du roi de Naples, Frederigo. En 1466, il fut reçu avec beaucoup d'égards à Rome par Paul II. A Milan, il fut parrain d'un fils de Galeaz Marie et fit présent à la duchesse d'un collier d'or semé de diamants. Il vit ensuite Bologne, Ferrare et Venise. Cette ville lui fut une révélation. Il en pénétra de près la force et la beauté ; de suite, il la devina rivale de Florence ; et, au fond de son cœur, malgré le mystère des canaux et l'étendue plate des lagunes, malgré les belles chevelures des femmes, malgré les galères aux proues dorées et aux longues rames régulières, malgré la mer, il sentit que le souvenir de sa ville natale lui inspirait une tendresse trop douce pour qu'il pût jamais rien lui préférer, et que les plus belles gondoles ne vaudraient jamais à ses yeux les petites barques rustiques pagayées sur les eaux perfides de l'Arno.

— Il prenait de la sorte conscience de sa patrie et apprenait à mieux la comprendre par ce qu'il en entendait dire comme par les choses nouvelles qu'il remarquait ; il se familiarisait avec ces mille petits riens qui sont nécessaires à connaître pour qu'on oriente un peu sa vie ; il se rendait compte qu'il appartenait à une illustre famille puissante dont le nom n'était ignoré nulle part.

Son père lui écrivait fréquemment. Quelques-unes de ces lettres nous sont restées. Elles prouvent la confiance qu'il inspirait. Piero lui parle en détail des affaires publiques et des faits, lui demande ce qu'il en pense et ce qu'il jugerait bon de décider. Au moment de la mort de Sforza, il lui exprime ses inquiétudes ; plus loin, il se plaint du peu de sécurité où il se trouve.

Après la conspiration de Pitti, il répondit à son père qui s'obstinait à ne vouloir pas entendre parler de clémence : « Celui-là seul qui a appris à pardonner sait se faire des partisans. » Cette belle parole ne fut pas écoutée d'abord ; mais, son ressentiment une fois attiédi, Piero se la rappela volontiers ; Lorenzo eut soin d'y ajouter de nouveaux conseils, et son père, près de la mort comme il l'était à chaque instant, se laissa persuader. Il est certain que la clémence de Lorenzo envers les anciens conjurés fit beaucoup et qu'elle lui amena la sympathie populaire. On en parla un peu partout. Le roi de Naples lui écrivit une longue lettre pour l'assurer de son estime et de son admiration.

Il en était digne.

Citons Valori : « J'ai entendu dire à mon frère
Filippo que, lui ayant présenté en vue d'une réconciliation Antonio Teladucci qui avait travaillé à sa
ruine par toutes sortes de moyens, Lorenzo lui dit
avec la plus grande affabilité, après avoir observé
que mon frère hésitait à solliciter son indulgence
en faveur d'un tel ennemi : « Je vous devais des
« remerciements, Filippo, si vous n'aviez fait que
« m'amener un ami ; mais, en me faisant un ami
« d'un ennemi, vous avez acquis des titres parti-
« culiers à ma reconnaissance, et j'espère que vous
« me rendrez de semblables services aussi souvent
« que vous le pourrez. »

VI

Giuliano de' Medici était grand et élancé. On voit son portrait par Sandro Boticelli sur les murs du petit musée de Bergame. Il y en a un autre à Berlin. Le cou est très fort et long, cerclé d'un col souple et fin retombant à peine sur un pourpoint de velours noir. Le nez long et mince rappelle un peu le groin du tapir. Le front haut et ferme, bien encadré de longs cheveux, commande aux yeux trop baissés. La bouche rasée aux lèvres fines reste circonspecte. Toute la figure est sournoise. On sent qu'il faut se tenir sur ses gardes, que les rues ne sont pas sûres et que les Pazzi sont déjà prêts.

Nous avons dit que Lorenzo avait seize ans à la mort de son grand-père ; Giuliano les avait à celle de son père. Il ne se mêla donc que plus tard aux affaires publiques auxquelles son frère l'initiait peu à peu.

Ils avaient l'un pour l'autre une réelle affection et ne se séparaient jamais, malgré les conseils que leurs meilleurs camarades ne manquaient pas de leur donner à cet effet. Quant à leurs ennemis, ils aidèrent certainement à leur union par les dangers dont ils les entourèrent. — Giuliano aimait la musique et la poésie. Il était adroit aux armes. Le 7 février 1468, il y eut à Florence un grand tournoi auquel les deux frères prirent part. Ces genres de fêtes étaient encore loin d'atteindre à la splendeur qui devaient les illustrer dans la suite. Cependant, pour l'époque, celui-ci fut remarquable. On le prépara longtemps à l'avance. Luigi Pulci nous l'a décrit tout au long dans la Giostra di Lorenzo de' Medici. Angelo Poliziano comptait en faire autant pour celui dont il parlait dans la Giostra di Giuliano de' Medici, mais il ne put y arriver tant il s'abandonna, au hasard, à sa verve lyrique. Il avait alors quatorze ans. Son poème, quoiqu'il renferme quatorze cents vers, ne permet pas de distinguer au juste le sujet qu'il a voulu traiter. — Il y eut, en réalité, deux tournois à peu de distance l'un de l'autre ; dans le premier, Lorenzo se fit surtout remarquer, et dans le second, ce fut son frère. Sur ce point comme sur tant d'autres, les historiens se contredisent avec un double ensemble. En tout cas, il est écrit dans les mémoires de Lorenzo que celui de ces tournois qui fut donné dans le palais de Santa-Croce lui coûta dix mille florins. Il s'y présenta seize concurrents. Les juges étaient au nombre de six. Le cheval sur lequel il se rendit à la lice lui avait été donné par le roi de Naples, celui sur lequel il combattit en premier par Borso, marquis de Ferrare. Son armure était un cadeau du duc de Milan. Sa devise — elle claironnait juste ! — « Le Temps revient. » Par la permission spéciale de

Louis XI, qui autorisait Florence à les porter, son écu bosselait les fleurs françaises. — Il courut contre Carlo Borromei, puis contre Braccio de' Medici qui faillit le vaincre ; Lorenzo cependant lui porta un terrible coup et gagna la victoire, tandis que la lance se brisait en mille éclats, la pointe sur la poitrine de son adversaire. Il courut ensuite contre Carlo da Forme, lui fendit son casque et lui fit presque vider les arçons. Monté sur un autre cheval, il vainquit Benedetto Salutati. — Et d'autres noms suivent.

Les deux frères n'oubliaient pas l'Amour. Il est curieux de voir comment chacun se comporta.

Lorenzo paraît avoir préféré les vers et s'être gardé pour eux, tandis qu'il confiait la confiance de son cœur à la mélancolie d'un azur lointain. Ayant rencontré le plaisir plutôt que l'Amour, il en pleura ; mais ces larmes restèrent douces parce qu'il aimait l'Amour avant tout et l'avait chanté alors qu'il ne connaissait aucune femme. Il n'a jamais révélé sa maîtresse. — Était-ce par discrétion ? Était-ce par artifice littéraire ? On a prétendu que cette femme devait être la Simonetta, l'amie de son frère. Rien n'autorise une pareille supposition ; aucun historien n'en parle, même de loin ; et les deux jeunes gens avaient assez d'ennemis pour que n'importe quel bruit courût sur leur compte. La vérité est qu'il s'inspira de sa mort ; il la raconte lui-même de la sorte dans la préface de ses « Canzoni » :

« Était morte, comme je l'ai dit, dans notre cité,

une dame dont la mort causa la compassion de tout le peuple florentin. Et ce n'était pas grandement merveilleux, car elle était ornée de beauté et de grâce humaine plus qu'aucune créature qu'on pût trouver. Ses manières étaient si attirantes, si excellentes et si douces que tous ceux qui avaient avec elle quelque familiarité et quelque connaissance croyaient en être extrêmement aimés. Les jeunes femmes ses égales non seulement n'avaient aucune jalousie de cette excellence, mais même exaltaient et louaient au plus haut point sa gentillesse ; c'est pourquoi, ce qui semble impossible à croire, tant d'hommes l'aimèrent sans jalousie et sans la basse envie de l'enlaidir. Et si la vie l'avait faite la plus chérie de toutes pour la plus digne des conditions, pour la compassion de la mort, elle était bien jeune et pour la beauté que, morte, elle avait montrée plus belle qu'aucune autre vivante, elle laissa d'elle le plus ardent désir. Et c'est pourquoi, de sa maison à la loge de sa sépulture, elle fut portée découverte, suivie par tous ceux qui accouraient la voir avec une grande abondance mouvementée de larmes. A ceux qui auparavant n'avaient d'elle aucune idée, outre leur pitié, naissait une admiration telle qu'il leur paraissait impossible qu'elle eût été plus belle dans la vie que dans la mort. Chez ceux qui ne l'avaient pas connue, naissait la douleur d'avoir ignoré une si belle chose avant qu'ils n'en fussent tout à fait privés, et de ne la connaître maintenant que pour avoir une douleur éternelle. Vraiment, en elle se vérifiait ce qu'a dit notre Pétrarque :

« La mort paraissait belle sur son beau visage.

« Alors, quand elle fut ainsi morte, tous les Florentins illustres, comme il convenait pour une perte tellement publique, aussi attristés diversement, ceux-ci en vers, ceux-ci en prose, célébrèrent la cruauté de cette mort en la déplorant chacun avec la faculté de leur génie. De ce nombre je voulus être aussi, accompagner leurs larmes et y souscrire par des sonnets dont le premier commence ainsi : « O claire étoile qui rayonne encore pour toi. » — Une étoile au ciel répond à celle qu'il entretient désormais dans son souvenir ; la double face de l'Amour et de la Mort mêlées sur les beaux traits de la morte l'a plus ému qu'aucun regard de femme vivante ; un songe d'outre-tombe gonfle une voile légèrement bleue qui l'entraîne à travers des sites qu'il rythme. Il écrit encore dans sa préface : « Ça me parut une bonne matière pour un sonnet. »

Poliziano parle d'une maîtresse de Lorenzo qui s'appellerait Lucrezia. A cette Lucrezia, Ugolino Verini dans sa Fiametta adresse aussi des vers. Valori en fait mention et déclare qu'elle était de la noble famille des Donati. Il est probable que cette jeune femme fut l'étoffe sur laquelle le poète broda quelques belles fleurs, le corps de chair impure où il fit affluer le sang de la déesse. Elle vint dans sa vie lorsqu'il était amoureux d'avance et se para du désir préparé ; mais derrière elle une ombre infinie haussait au-dessus d'une robe effilée, un doigt sur la bouche, le sourire un peu triste, à peine perceptible, du rêve à jamais insaisissable. Car c'était la

poésie qui avait amené Lorenzo vers l'amour ;
c'était la vue de la mort et de la douleur qui l'avait
rendu poète. On ne sait rien de précis sur cette
Lucrezia et on déclare naturellement qu'elle fut
très belle. Je l'imagine pour ma part de taille
moyenne, avec des cheveux qu'elle teignait en
blond roux. Elle devait avoir, comme la plupart des
femmes d'alors, une vilaine taille et un ventre trop
gros. Cela n'empêchait pas son amant de la trouver
divine ; et quand il caressait ses cheveux qu'elle ne
défaisait pas tous les jours à cause du temps que
prenait sa coiffure compliquée, il oubliait avec
plaisir qu'ils devaient leur couleur à un peu d'alun
mélangé avec du soufre noir, du miel et de l'eau.
Elle rejetait ensuite sa robe de satin rouge au
treillis d'or. Les heures passaient. Le bonheur
enfui laissait revenir la tristesse. Il écrivait ces
sonnets dans lesquels il se plaint que sa maîtresse
est cruelle, et ne l'entendra jamais. Il était sincère.
Vainement venait-il de s'efforcer de mettre dans la
bonne petite Florentine qui dormait maintenant
un peu de sa tempête, un peu de son âme ; vainement cherchait-il en ce moment même à conserver
sous ses pieds nus le piédestal de roses nacrées sur
lequel il l'imaginait rayonnante... Et comme il possédait une intelligence lucide, il reconnaissait qu'il
ne pouvait lui en vouloir et qu'il avait tort, sans
doute, de trop demander.

Le jour vint où il la quitta. Ce fut pour se marier. Il souffrit qu'elle fût malheureuse et lui promit
de venir la revoir. Il se maria sans plaisir. C'était

nécessaire, voilà tout. L'amour lui avait menti.
Il décida de n'y pas revenir sérieusement et de ne
pas se perdre par une nouvelle expérience. Quand
le moment fut venu, en juin 1469, il se contenta
d'écrire sur son journal : « On m'a donné pour femme
Clarice Orsini. » Plusieurs jours furent consacrés
à des festins et à des bals ; deux spectacles militaires représentèrent un combat de cavalerie en
plaine et le siège d'une place forte. Il avait vingt
et un ans. Il lui fallait un refuge, un but. A une
nature aussi ardente, un dévouement s'imposait.

Ce soir-là, de la terrasse qu'il ne parvenait pas
à quitter pour retrouver entre des draps frais la
vierge qui allait devenir sa femme, il regarda
longtemps, longtemps Florence endormie.

VII

Giuliano avait donc comme maîtresse la Simonetta. Son portrait par Sandro Boticelli est aujourd'hui au musée de Berlin. Ce portrait ressemble à peine à celui que fit aussi d'elle Antonio Pollajuolo et qui est à Chantilly. On se demande si c'est la même femme. Pollajuolo nous la révèle avec un long cou, une vilaine poitrine et de petits seins charmants. Boticelli nous la montre avec le cou bien moins long, la poitrine jolie, et les seins, cachés, il est vrai, cette fois sous un corsage, plutôt forts. La bouche n'est plus si sensuelle. Seul le front reste encore trop haut quoique la coiffure ne soit pas ici tirée en arrière. Sandro doit avoir raison. Antonio fut plutôt orfèvre et sculpteur que peintre. On connaît ses médailles et son buste de condottiere aux yeux si bien cernés. Il paraît avoir été surtout absorbé par la coiffure de la Simonetta dont les perles avaient du être montées par lui, et par le serpent qu'il lui enroule avec une chaîne autour du cou. Le décor l'a inquiété ; pour bien faire ressortir le profil, ou simplement parce qu'il avait trop barbouillé la toile à cet endroit-là, il a peint sur le ciel un gros nuage foncé, vers lequel un château pointe ses tourelles, au loin. Il est probable qu'elle avait un corps long mince et flexible et qu'elle était jolie ; mais le charme de la beauté est fait souvent aussi des choses qui l'entourent, de petites particularités qu'on ne peut absolument pas goûter dans la suite quand ce qui était comme l'essence de l'époque s'est évaporé, et les modes florentines nous échappent pour la plupart. De plus, il faut tenir compte de la fantaisie des peintres qui interprétèrent sans doute plus qu'ils ne peignirent leur modèle, y mettant chacun ce qu'il pensait de la grâce parfaite. La Simonetta mourut jeune et tout à coup, comme nous l'avons dit précédemment ; on n'a jamais su de quelle maladie. On ne sait également pas de quelle manière le jeune homme supporta la mort de sa maîtresse. Dans le poème de Poliziano il est représenté vers la fin fléchissant les genoux devant Pallas, et le poète semble vouloir donner cet épilogue en sorte de leçon. Auparavant il montre son héros poursuivant une biche à travers bois ; soudain une nymphe « éblouissante » apparaît ; la biche continue à fuir bien entendu ; le héros l'oublie, contemple l'apparition nue et se laisse entraîner par elle dans la nuit. Le dieu ailé effile ses traits et les lance. Le héros part pour un combat où il est vainqueur ; il veut rapporter ses couronnes à l'hospitalière divinité de la forêt mais un nuage la dérobe à ses yeux. Et c'est alors que Pallas apparaît.

Les deux frères paraissent, en effet, avoir désiré avec ardeur la possession de la sagesse humaine.

Nous savons par les *Disputationes camaldulenses*
de Landino de quelle façon leurs professeurs les
avaient élevés. On croit assister à un beau rêve
mélodieux et régulier. Aujourd'hui où les hommes
ne se réunissent guère que pour parler du dernier
bruit mondain ou de saletés sans élégance, on rail-
lera peut-être nos Florentins. Ils nous causent à
nous une émotion attendrie et nous essayerons
d'évoquer le spectacle que durent à peu près dérou-
ler ces heures immortelles.

C'est le jour convenu. Landino quitte sa petite
maison de Cosentina et se rend au monastère du
bois des Camaldules. Là il trouve les deux de Medici, Alamani Rinuccini, Piero et Donato Acciajuoli, Leon Battista Alberti et Marsile Ficino. L'abbé
du monastère, Mariotto, présente les uns aux
autres ceux dont l'amitié lui est une gloire. Tous
sont heureux d'avoir le même goût des études et
de se reconnaître frères spirituels. Le crépuscule
tombe. Le soleil rougit au loin les collines bénies
qui détournent de Florence les vents mauvais. Ils
sont assis au pied des hêtres séculaires du couvent.
Près d'eux, la corde d'un puits grince ; les sandales
de bois d'un moine qui rentre, invisible aux longs
plis de sa robe et de son capuchon, claquent sur les
marches de pierre ; sa longue forme blanche monte
lentement et se perd par le trou noir de la porte.
Les étoiles se préparent à percer. La lune précise
peu à peu la pâleur de son croissant effilé dans le
ciel qui reste encore bleu. Le silence, chargé des
souffles du soir, accompagne la voix d'Alberti dont

les phrases paraissent une réponse aux notes claires de l'Angelus, sonnées vite, comme martelées, nettes, une à une.

—La vie est la matière et le moyen de notre œuvre ; nous ne serions pas heureux si nous nous contentions de la vivre comme des bêtes ; cette âme dont tu nous as révélé l'essence par le divin Platon, Marsile, cette âme est la fontaine de notre bonheur ; c'est à elle que nous devons aller boire ; notre cœur, sans elle, resterait sauvage ; aussi le ciselons-nous en une coupe où faire couler la source pure. Sans les eaux de cette fontaine où nous venons les mirer, nous ne connaîtrions pas les faces de nos désirs, de nos joies ni de nos peines. Les glaces nous apprennent seulement notre corps ; le miroir dont je parle révèle des mystères profonds et purifie ceux qui se sont penchés sur lui...

Le lendemain matin, ils se retrouvent. Ils savent que non loin de là se dresse un hêtre plus vieux que tous les autres et plus vénéré. Son ombrage protège une source d'eau claire qui roule sur des cailloux gris. Après être passés à la chapelle où quelque croix domine leurs mains jointes, ils s'y rendent avec une gravité familière, pieuse et primitive. Ils s'asseyent sur les sièges de bois dont s'entoure l'arbre. — Alberti penche sa tête osseuse et longue aux traits accusés où les cheveux paraissent une calotte et parle comme s'il révélait la suite d'une pensée silencieuse. Il observe que ceux-là ont un bonheur réel dont le goût pour les études peut se réaliser ; ce goût les soustrait à l'ennui des intérêts et à la lourde tâche des affaires publiques.

— Et cela est surtout bon pour vous, caro mio Lorenzo, caro mio Giuliano, pour vous que les infirmités croissantes de votre père vont contraindre à prendre la direction de la république. Par vos méditations solitaires vous saurez découvrir ce que les hommes légers ignorent, et ces secrets des choses qui permettent de s'en rendre maîtres. Aux heures les plus dures de votre vie, vous vous sauverez par la certitude de trouver une demeure inviolable d'où faire face au danger. Quand on est ignorant, on n'a ni le droit ni le pouvoir de prétendre à une cime, si basse soit-elle; car même en admettant qu'un faux prophète soit victorieux et fêté, la vérité est là qui creuse la montagne sous son château mal bâti et lui prépare le grand trou qui recevra un jour sans gloire son cadavre.

Les cigales bruissent dans les prés; les oiseaux chantent et volent dans les feuilles. Un écureuil bondit de branche en branche, la queue dressée comme un plumet. Un lapin troue un taillis de sa fuite brusque et brune. Les gouttes de rosée s'évaporent au soleil, crèvent et coulent le long d'innombrables milliers de petits brins d'herbe arroser encore leurs imperceptibles racines et la terre.

Et Lorenzo :

« Oui, la raison est sans doute la lumière la plus sûre du monde. C'est par elle que la perfection peut être atteinte ; c'est par elle et pour son service qu'on apprend à négliger les vanités coutumières.

Elle enseigne en outre que la vie contemplative n'est bonne que si elle s'accompagne d'activité. Nous méditons dans le silence ce que nous accomplissons au milieu du bruit de la discorde ou de la paix — car, hélas! la paix aussi est bruyante. Une vie qui serait seulement contemplative m'apparaît presque un péché; et je juge de même qu'une vie ne peut être active sans être précédée de solitude et de réflexion.

Giuliano demeure silencieux, inattentif peut-être aux paroles, tout au poème que la nature chante à l'infini; mais Donato Acciajuoli appuie à son tour :

— Sans cette raison dont tu établis la souveraineté, Lorenzo, nous ne saurions pas si le but choisi vaut la fatigue et les tourments de nos efforts, et nous ne saurions découvrir ce but même à notre horizon. La folie, peu à peu, nous guetterait le long de la route et, un jour elle bondirait enfin d'un buisson nous prendre par la main et ne nous lâcherait plus. Méfions-nous en courant vers quelque idole apparue sublime parce que nous ne l'avons pas assez étudiée, méfions-nous qu'elle ne disparaisse en ne nous laissant même pas entre les mains l'insaisissable deuil plat de son ombre.

Alamani Rinucciti rappelle alors les vers de Virgile où il est parlé du pilote Palinure qui tomba une nuit dans la mer pour y avoir trop regardé le reflet des astres.

Cependant Marsile Ficino est demeuré silencieux avec impatience. Il apprécie la raison mais il sait bien qu'elle n'est pas tout. Plusieurs fois de ses doigts nerveux il a tourmenté son long nez mince. Il a des restrictions à présenter, et sent d'autre part qu'il causera mal. Alors il tire de son escarcelle un petit livre à la couverture de vélin ; c'est un des premiers qu'on ait imprimés dans la patrie ; c'est la traduction qu'il a faite en latin de son maître bien-aimé. Il manie le petit livre soigneusement et lit, avec une nervosité satisfaite : « Quand un homme aperçoit les beautés d'ici-bas et qu'il se remémore la beauté véritable, son âme prend des ailes et désire s'envoler ; mais sentant son impuissance, comme l'oiseau, il lève ses regards vers le ciel, néglige les soucis du monde et se voit traiter d'insensé. Cependant, de tous les genres d'enthousiasme, celui-ci est le plus magnifique dans ses causes et dans ses effets pour celui qui l'a reçu au fond de son cœur[1]. »

La source murmure doucement au pied du vieux hêtre.

[1] Phédon.

VIII

Voici donc un jeune homme de vingt et un ans qui va posséder le pouvoir. Ce pouvoir vient à lui. Ses ancêtres, peu à peu, après avoir rôdé autour et s'être rendus de plusieurs façons dignes de le mériter, l'ont fait leur propriété naturelle et l'ont poussé patiemment vers celui de leurs descendants qu'ils espéraient pouvoir un jour se poser en maître, la brusquerie du fait atténuée par cette préparation progressive. A l'inverse de tant d'autres princes de la péninsule, il n'a pas à tenter les chances d'une guerre pour prendre ; ce qu'il doit prendre, il l'a déjà. — Quelle économie de temps, de santé, de courage !

Cependant il lui faut du courage, et c'est pour accepter justement ce qui s'offre. Autour de son palais, une jalousie attentive s'installera ; dans son palais même la mort est peut-être là, derrière une porte, dans le vin versé par un serviteur. Les autres familles riches parleront de lui avec une méchanceté croissante jusqu'au jour où elles se réuniront sous un chef. La haine veillera sous un masque rose ; la calomnie aux mille bouches chuchoteuses rôdera partout ; les mailles des complots vont s'ourdir, s'étendre, puis se resserrer. Les paresses fécondes, les rêveries, l'insouciance, les baisers pris et donnés en ne pensant qu'à eux ne seront plus que des souvenirs. L'essaim des vers qui bourdonnent n'entraînera plus à sa poursuite, à sa conquête — et s'enfuira. Le vieux hêtre sacré ombragera un front lourd de soucis. Partout, même à Careggi, les angoisses hurleront vers son cœur sans cesse comme des chiennes prudentes et trop fidèles. Ce seront les guerres. L'entente ne pourra exister parfaite malgré toutes les diplomaties avec tous les princes, avec le pape surtout. Il faudra tout préparer par soi-même, s'inquiéter des troupes, des généraux, des villes alliées, des fortifications, des murailles. — Plus de repos.

Mais un amour impérieux pour Florence et le désir ardent de réaliser ce qu'il y rêve commandent en son cœur. Florence est la première ville depuis Athènes. Il l'aime comme une femme. Il la veut embellie encore, prodigieuse. Il se connaît, sait ce qu'il vaut; il a soif de grandes entreprises et que sa patrie soit enfin pacifiée. Il est là pour cette tâche et l'accomplira. Elle est en lui-même et le bonheur lui sera inconnu à jamais s'il ne la tente. Il sait qu'il peut être tué, assassiné, mais qu'importe! et comment agir s'il n'est pas le maître? Il doit l'être. Toute l'histoire l'appelle pour établir l'ordre qui n'a jamais pu exister encore, pour faire prendre solidement dans le sol tourmenté les racines d'une paix libératrice. Il se dit qu'il en tirera de la gloire et de la fortune, mais quelque chose d'autre surtout le pousse avec violence ; c'est une sorte de mystère qui lui paraît sa volonté — et la dépasse, qui lui paraît son âme — et qui l'emporte, sa destinée — et qui la domine, son cœur — et qui l'y noie. Cela l'envahit, le pénètre, le soulève. Seul en face de la réalité, il sait bien qu'il n'est qu'un homme, mais il pense aux héros, aux actions immortelles, à tout ce qui magnifie la faible petite machine, à ces souffles qui gonflent les poitrines, à cet inconnu qui rapetisse ou grandit, abat ou dresse, tue ou emporte au delà de soi-même et fait rayonner l'effort de l'être dans une communion mystérieuse avec les choses visibles et le songe de celles qu'il ignore.

Puis il retombe. Il redoute de ne pouvoir ce qu'il désire. Il doit envisager la situation de sang-froid, sans peur comme sans enthousiasme. Il devra mentir savamment, ne pas écouter sa pitié quand elle lui sera dangereuse, frapper. Cette terre italienne est comme faite de volcans. Au milieu d'eux il veut que le drapeau flotte sans tache. Ce pouvoir qui sera le sien, il faudra qu'il le défende contre tous parce que c'est son bien et parce qu'il le juge nécessaire.

Et il revoit l'histoire de sa ville.

Qu'y avait-il avant Cosimo ? La populace massacrait, pillait, brûlait ; sans Michele Lando où en serait-elle arrivée ? Sans Silvestro qui la délivra des capitaines de parti, que fût-il advenu d'elle ? Les grands eux-mêmes avaient des fils insoucieux de la gloire nationale. Bordone Bordoni est le

chef d'une bande de voleurs. Pendant la peste de
1348 qui compte cent mille cadavres atteints du
mal mystérieux venu d'Asie, Florence est un char-
nier, où près des bières hâtives, aux planches mal
jointes, les lits d'amour allongent partout l'inceste
et l'infamie ; la menace de la mort rue la foule à
une frénésie sensuelle. L'Arno augmente ses crues,
inonde la ville. Partout la ruine. Le gouvernement,
sans énergie, disséminé, perdu, mêlé au fléau, ne
peut rien ; son autorité récemment constituée est
nulle. Tous se rappellent encore la lutte terrible
soutenue contre les Strozzi. Avant, c'était la terreur
d'un règne d'aventurier. Le peuple l'avait élu à
vie sans qu'il osât même le lui demander ; il avait
salué ses crimes et ses cruautés avec joie ; quand
le monstre passait dans la rue, ce n'étaient que
fleurs et cris d'allégresse : Viva il signore ! Mais
le peuple le renverse comme il l'a nommé, avec la
même passion insipide ; le peuple coupe en morceaux un de ses ministres et force Gauthier de
Brienne à remettre le pouvoir entre les mains du
même archevêque qui l'a sacré. — Avant, une
comète raye le ciel et c'est la peste de 1340.

Lorenzo revoit tout cela. Il sent de plus en plus
que le pouvoir populaire ne peut pas, même s'il le
voulait sincèrement, donner la paix ; il le reconnaît comme tout ce qui est confus, sans direction
suivie, tumultueux, incertain, versatile, terrible et
perfide ; c'est une mer qui renverse, qui remue,
qui gronde, qui soulève, mais ne construit pas.

Et cependant, Florence était glorieuse. Elle

avait eu Boccace ; elle avait eu Giotto ; elle allait faire souffrir Dante et remercier le poète qui est une de ses plus hautes gloires par vingt années d'exil. Il part, accompagné du père de Pétrarque. Il habite Vérone où règnent les della Scala ; il parcourt toute l'Italie ; il sait la France et l'Angleterre. Il continue à vivre ; mais le regret de sa patrie lui ronge l'âme, et il meurt à Ravenne, la ville morne, où les pins, le long du rivage, pointent leurs cônes noirs. La tête ravagée et noblement douloureuse éteint le feu de son regard dur et infini ; la paix éternelle glace et dissout ce corps de pierre où brûlait l'âme si « mobile » qui va vivre éternellement.

Florence demeure aussi insensée. Le gouvernement a changé encore plusieurs fois. Le priorat a été institué, flanqué de deux conseils. Les milices ont été battues par le fameux Castruccio Castracani. Les Noirs et les Blancs réveillent les haines guelfes et gibelines.

Et cependant Florence était grande. Santa Maria del Fiore est commencée ; la troisième enceinte s'achève. Elle possède quatre-vingts banques de change. Elle frappe quatre cent mille florins par an. La fête de la Saint-Jean consacre un éclat inconnu. Les étrangers arrivent de toutes parts. Pendant deux mois, mille citoyens vêtus de blanc instaurent une sorte de cour d'amour. Dante, à cette époque, est respecté.

La lutte guelfe et gibeline s'installe alors devant lui ; elle dresse ses tréteaux noirs de sang coagulé ;

elle sonne à tous les beffrois ; elle lève un rideau de fer sur sa parade rouge. — Et il fixe le cauchemar affreux de ce passé.

Une femme se dessine à l'horizon lointain. Elle est haute et forte, accuse des traits accentués. Elle déteste le mariage, annule son mari, le remplace, commande à la guerre. Elle est dévouée aux papes avec fanatisme, et, quand elle meurt, elle leur laisse tous ses biens. Les empereurs interviennent et réclament leur part. Le Saint-Siège ne veut rien entendre : La lutte naît de ce prologue. Le xıı⁰ siècle est l'intermède. Un vent d'indépendance souffle partout. Pistoie, Lucques et Florence se liguent avec Innocent III ; seule Pise reste fidèle aux Impériaux. Pas de batailles précises. Florence qui est devenue manufacturière fait rayonner son commerce naissant. On commence à parler de ses richesses. Les podestats nommés pour un an gouvernent du fond de la solitude absolue que leur ordonne la loi, aidés par les capitaines du peuple. On sent déjà que la législation sera toujours faible, chancelante, à la merci des émeutiers. — Le xıı⁰ siècle s'achève. Le drame s'éveille.

Un homme vêtu de blanc, monté sur un cheval couvert d'une robe blanche, s'avance lentement vers ce qui n'était pas encore le Ponte-Vecchio, le seul pont de la ville en ce temps-là. C'est Buondelmonte. Il a promis d'épouser une demoiselle de' Amidei, mais il est devenu presque aussitôt amoureux d'une Donati, et il manque de parole à la première pour la remplacer par la seconde. Il est

heureux, fier et beau. Les Amidei offensés ont
réuni leurs alliés ; et ils sont tous ce matin, jour
de Pâques de l'an 1215, de l'autre côté du pont,
près de Saint-Étienne, là où il y a une statue du
dieu Mars. Buondelmonte va au pas. A peine est-il
arrivé à peu près à la statue que Schiatta de' Uberti
le jette à bas de son cheval ; Mosca Lamberti et
Lambertuccio de' Amidei s'élancent et le ter-
rassent ; Oderigo Fanti lui coupe les veines avec
un petit couteau et lui enfonce son épée dans la
gorge. Le beau jeune homme blanc est un cadavre
rouge tout chargé de mouches sous le soleil qui
frappe. Les passants crient la nouvelle au hasard
de leur fuite. On prend ses armes. Les Buondel-
monti sont guelfes, les Uberti sont gibelins. — La
lutte commence.

Elle est terrible et unique, atroce et splendide.
Florence devient une cuve fantastique où fermen-
tent, bouillonnent, éclatent toutes les passions. Elle
se hérisse de tours crénelées ; les maisons boudent
à la rue ; les palais sont des forteresses. Chacun
cache chez lui des quantités d'armes ; tous les
citoyens se battent avec la même fureur sauvage.
Et cependant ils se réunissent, quand la guerre
avec Pise survient ; ils abandonnent leur haine
comme un manteau précieux qu'ils rangent avec
soin afin de vite le reprendre une fois les affaires
extérieures réglées. Pendant ce temps la vie devient
calme ; le commerce de la laine augmente ; une
série de boutiques s'ouvre via Callimala ; les marchands de drap font venir les matières brutes

d'Espagne, de France, de Flandre et même d'Angleterre. — Mais Frédéric II apparaît et revendique la souveraineté. La fureur reprend les deux partis décidés cette fois à s'exterminer à tout jamais. Les six sestiers de Florence vont être à feu et à sang. Le manoir des Uberti élève une masse carrée, trapue, aux murs épais ; la tour des Lancia est arrogante ; vers la porte de San Pietro, c'est un enchevêtrement formidable, une mêlée de maisons ennemies où dominent les palais gibelins ; au sestier de San Brancazio, les tours des Scaraffagio dont l'une a cent trente brasses semblent tenter le ciel ; celle des Tonghi en a quatre-vingt-dix ; elle est ornée de figurines de marbre et de colonnettes. C'est une lutte sans trêve et sans merci. On s'épie de partout ; on combat le jour et la nuit ; on se lance des sacs de feu. Les flammes montent tout à coup au son des cloches ; on est prêt derrière chaque fenêtre ; une arbalète tendue à la flèche encochée veille à la fente de chaque meurtrière ; d'une maison à l'autre on se traque ; les ponts volants s'abaissent sur les toits, l'assaut s'y rue, les corps tombent et avant de s'écraser sur le pavé sont déchirés par les piques vite jaillies des fenêtres ; si on réussit à entrer dans la demeure, on égorge tout, les vieillards, les enfants et les femmes, après les avoir violées. Des pierres énormes pleuvent de toutes parts. — Les Guelfes sont vaincus, mais avant de partir, ils reviennent déposer à San Lorenzo un des leurs, Rustico Marignoli. Ils sont huit. Ils portent sa bière sur leurs épaules, l'épée à la main, résolus à mourir pour enterrer leur camarade dans la patrie. Personne n'ose se jeter sur eux. Ils couchent le mort sous les dalles de l'église; puis ils rejoignent leurs troupes et se retirent avec elles vers Monte Varchi tandis que les Guelfes rasent leurs palais et trente-six de leurs tours.

La paix revient. Comme un oiseau étouffé par tant de guerres et qui, trouvant enfin du silence, ouvre ses ailes, la poésie insinue son vol. Les portes ouvrent leurs battants lourds ; un chant, timide encore, murmure derrière les grilles de fer où cliquetaient les armes ; les voûtes des palais, vers les cieux, montent. On s'abandonne ; on oublie de prendre son épée pour descendre dans la rue. Un parfum léger balaie l'odeur des cadavres. Les troubadours, la viole au dos, vont de demeure en demeure. Par les manuscrits arabes, les vieux récits de la Grèce apprennent pour la première fois qu'un héros, nommé Odusseus, erra sur la mer violette. Le commerce de Pise avec la Syrie fait entrevoir à l'horizon des perspectives architecturales. Par Venise, Constantinople révèle ses peintures étranges où des vierges malades portent l'enfant Jésus dans des châsses d'or ensoleillées de pierreries. Et Cimabue est venu au monde.

Mais cette paix-là encore reste grosse de haine couvée ; la lutte recommence. Frédéric fait crever les yeux aux chefs guelfes. Les Uberti ne cessent leurs vexations ni leurs vengeances. Le peuple se soulève à Santa Croce et affermit la république. La souveraineté est retirée au Podestat ; un nouveau capitaine du peuple est élu ; douze « anziani » sont créés ; une milice civile s'organise dont les compagnies seront appelées par la cloche de la Tour du Lion où flotte le gonfalon du capitaine. La législation nouvelle est établie dans quatre-vingt-six paroisses de campagne. Toutes les tours sont rasées à la hauteur de cinquante brasses et on bâtit avec leurs pierres les murs d'enceinte du nouveau quartier ; car Florence s'étend en même temps qu'elle commande et ses maisons apparaissent une armée qui domine la campagne. Di Lapo, l'architecte de l'église d'Assise et de deux ponts de la ville, commence le palais de la Seigneurie. Une invisible étoile protectrice se lève. Rinuto de Montemerle est tué par la chute d'un plafond qui l'écrase dans son lit. Frédéric meurt. Sept années de victoire pendant la guerre contre l'éternelle ennemie détestée, contre Pise, amènent le bonheur. Les guelfes sont rentrés et ont fait la paix avec les gibelins. Le lys rouge sur champ blanc remplace le lys blanc sur champ rouge. Pour la première fois, monnaie d'or est battue ; les florins roulent par le monde l'effigie de Saint-Jean. — Et l'étoile s'éteint.

Manfred aide les Uberti qui ont entretenu avec soin chez leurs descendants les passions de leur race. Le peuple leur fait trancher la tête et rase leur palais. Mais l'un s'est échappé, qui vengera les siens, reviendra dans sa ville en vainqueur et la sauvera. — Et Lorenzo songe à ce Phegghiaio Aldobrandini, à ce chevalier Cecc qui firent tout pour empêcher leurs concitoyens de marcher à leur perte en leur dissuadant l'entreprise qu'ils voulaient, mais ne le purent, parce que le peuple est aveugle et parce que ses lois sont plus implacables souvent, malgré l'apparence contraire, que celles des despotes.

La bataille est sinistre. Farinata de' Uberti, au premier rang, combat en maître. La trahison se glisse à travers l'armée guelfe. Jacobo del Vaca, qui porte l'enseigne de la main gauche, a cette main gauche coupée par un des siens. L'étendard tombe. La déroute commence. Reste le Carroccio. Les capitaines qui ont vainement appelé leurs soldats se rangent autour de lui. Il est tout couvert d'un tapis rouge qui semble appeler le sang ; les bœufs qui le traînent ont des harnais rouges ; les deux mâts aux longs oriflammes sont rouges ; la « martinella » tinte, éperdue. L'ennemi s'élance avec des forces énormes. Un à un les hommes s'affaissent. Les bœufs meuglent, écroulés à terre, frappés au garrot. Il ne reste bientôt que le vieux Tornaquinci âgé de soixante-dix ans et son fils. Tous deux se font tuer ; ils se renversent l'un près de l'autre, presque en même temps, en se serrant la main, contre une des roues ; et on craint tant qu'ils ne vivent encore qu'on les hache sur place, à grands coups. L'Arbia charrie des flots roses. Quinze mille Florentins jonchent la plaine ; quinze mille sont faits prisonniers ; l'armée gibeline a deux mille morts. — Les guelfes sortent de Florence, que ses nouveaux maîtres veulent détruire. Farinata se lève alors : « Essayez ! tant qu'il me restera une goutte de sang dans les veines, je la défendrai l'épée à la main, plus furieux qu'une bête fauve. » On n'insiste plus. Mais le peuple ne lui a pas pardonné son carnage et le déteste.

La paix va poindre enfin. Manfred est tué à Bénévent en combattant contre Charles d'Anjou. Giovanni Soderini se met à la tête des citoyens, et le lieutenant impérial Guido Novello se sauve lâchement. Les Guelfes exilés reviennent. Un Conseil des Trente est formé. Cependant les conciliations tentées ne réussissent point. Les Gibelins, sans que rien les y oblige, abandonnent tout à coup leur ville, et le récit des Vêpres Siciliennes ne leur fait reprendre courage que de loin, sans les engager à revenir. Le peuple crée une nouvelle magistrature. La paix dure enfin dix ans.

Lorenzo cherche le fil mystérieux de tant de vicissitudes, les lois de tant de meurtres, de tant de triomphes comme de tant de défaites. Il s'interroge. Il hésite. Il redoute de ne pouvoir, là où tous ont échoué, réussir...

Cependant il lui semble qu'il est prêt.

Il revient au passé. Il imagine Charlemagne qui fit rebâtir la ville après l'invasion d'Attila, avec quatre grandes rues principales, en forme de croix. Il cherche à se figurer le Hun féroce aux moustaches tombantes. Il se rappelle aussi que là fut une capitale étrusque. — Il remonte encore...

Et il songe à l'époque où, selon la légende, la terre de sa patrie était un immense champ de lys.

Et il regarde le présent :

Les exilés conspirent de leur mieux pour revenir, quitte à favoriser la politique des villes où ils se sont réfugiés. Venise, de plus en plus puissante, augmente ses territoires et rêve de les étendre à toute la Lombardie. Son commerce introduit partout une séduction riche et colorée. Gênes essaye vainement de se poser sa rivale. Florence certes est commerçante, mais reste tributaire de Venise à cause de sa situation même ; et Venise commande à la Méditerranée ; son gouvernement possède déjà cette constitution meurtrière et mathématique qui devait plus tard en continuer, jusqu'à la Révolution française, l'aspect immobile. Naples augmente sa prospérité ; le prince d'Aragon qui la gouverne surveille en même temps les autres États ; ses crimes ne dépassent pas un cercle restreint et n'influent pas sur le dehors. A Milan commande toujours Francesco Sforza, étrange figure de tous les vices et de toutes les qualités, brigand et maître, se détachant sur le fond d'une cour rouge et or où les arts ont l'air de s'épanouir dans du feu ; il s'adonne aux sciences, aux vols, aux femmes avec la même ardeur. A Rome, la chaise de saint Pierre est occupée par Paul II. Peu instruit, ce pape cherche à en imposer par son luxe ; il enferme sa dignité sacerdotale dans des vêtements d'icones raides et somptueux, brodés d'or et d'argent, sous des tiares cerclées de pierreries ; comme beaucoup d'êtres vulgaires auxquels le vrai désir et la vraie souffrance sont inconnus, il possède un visage faussement imposant, bouffi de satisfaction, qui s'efforce d'être grave et méditatif. Ses processions le font paraître surnaturel aux yeux du commun. Il déteste la littérature et en général tout ce qui est intelligence avec une ardeur extrême, et fait chasser de ses domaines les savants qui, pour leur malheur, y résident. Avare, il tire de ses populations le plus d'argent possible.

Comparée à ces Etats, Florence paraît faible et petite. Son territoire ne peut entrer en ligne de compte ; ses forces militaires restent variables, incertaines ; l'autorité de son gouvernement n'est pas encore établie... Cependant, si on se penche pour l'étudier, on remarque qu'elle occupe une position incomparable, ainsi située au milieu même des rivalités diverses avec la facilité de s'y introduire à son choix en s'y taillant habilement l'étoffe et le prix de son intervention. Ses habitants possèdent de plus une ardeur politique peu commune ; la plupart sont actifs, intelligents, orgueilleux de leur pays ; et leur pays est riche ; il achètera sans que cela le ruine les meilleures troupes. — L'heure a sonné.

LIVRE II

LA CONJURATION DES PAZZI

X

Le soir des obsèques de Piero de' Medici, cinq ou six cents citoyens amis de la famille se portent à Sant' Antonio. Là l'un d'eux se lève, Tommaso Soderini. Il est connu par son intelligence et ses services ; et on s'étonne presque de l'entendre parler pour un autre que pour lui-même : est-ce par manque de confiance ou par dévouement aux deux frères ? est-ce comme beau-frère de l'un d'eux et parce qu'il espère gouverner derrière le jeune homme en lui indiquant les tâches, en le désignant seul aux coups ? Les avis des historiens et de ses contemporains sont partagés ; je pense, quant à moi, malgré l'espèce de froideur qu'il manifesta dans la suite, qu'il agit de la sorte par dévouement naturel. Ridolfo Pandolfini l'aide. Tous deux rappellent Cosimo, ses bontés, l'excellence de ses actes ; ils signalent le danger permanent qu'installent aux portes mêmes de la ville les exilés; ils montrent que les Medici ont toujours cherché à établir la paix. Gianozzo Pitti, Mauno et Martelli se joignent à eux afin d'exhorter à l'union et déclarent « qu'il faut reconnaître un Seigneur en chef qui traite toutes les affaires concernant l'État de cette haute seigneurie ». Rinuccini nous raconte que les adversaires des Medici n'attachèrent d'abord aucune importance à cette réunion. Roberti rapporte au contraire que certains observateurs plus avisés pensèrent que Lorenzo, grâce au pouvoir et à l'argent qui étaient entre ses mains, « conduirait la barque au port qu'il voudrait ». Presque tous désiraient un gouvernement véritable. Déjà du temps de Cosimo la même lassitude s'était fait sentir; on commençait à en avoir assez de toujours combattre sans résultat; tant de paroles, tant de sang, tant d'essais divers gaspillés avaient fait comprendre qu'un gouvernement responsable est seul vrai, et qu'à ce gouvernement-là l'autorité est un don juste et logique; écœurée des déclamations creuses, jugeant que certaines forces étaient nécessaires, certaines richesses fécondes, la partie la plus grande des citoyens se montrait favorable.

Deux jours après, les principaux habitants venaient en foule demander aux deux frères de prendre soin de l'État. Lorenzo répondit avec hypocrisie qu'il s'y résignait, acceptait seulement pour le salut de ses amis ainsi que pour la conservation de leurs biens, et cela parce qu'à Florence on vivait mal riche si on ne possédait pas l'État. De la sorte on ne pouvait prétendre qu'il avait réclamé quoi que ce fût. Machiavelli écrit : « Malgré sa jeunesse il s'exprima avec tant de gravité et de modestie qu'il fit concevoir à chacun les espérances qu'il a depuis réalisées. » L'adhésion fut unanime au dedans comme au dehors. Les divers princes envoyèrent des ambassadeurs, des messages de félicitations, des témoignages d'amitié. Venise ratifia. Louis XI fit écrire une lettre flatteuse dans laquelle il nomma Lorenzo son chambellan, son conseiller, lui accordant les faveurs et les pensions de ces deux charges. Le duc de Milan vint à Florence avec sa femme Bonne de Savoie, la sœur d'Amédée. Ce fut l'occasion d'un luxe inouï. Le duc et la duchesse étaient précédés de douze chars couverts de draps d'or transportés à dos de mulet sur les pentes de l'Apennin, alors sans routes carrossables ; ils étaient suivis de cinquante haquenées conduites à la main, de cinquante couples de chiens, d'une quantité innombrable de faucons et d'éperviers ; ils avaient une garde de cent hommes d'armes, de cinquante fantassins, de cinquante estafiers vêtus de soie et d'argent et de cent gentilshommes. Tous furent entretenus aux frais de ce que l'on appelait encore la République ; on ne sait ce que ça lui coûta ; quant à Galéas il dépensa deux cent mille florins. Logé au palais Medici, il y remarqua un luxe raffiné qu'il ignorait, des collections précieuses qu'il désira sans savoir au juste leur valeur et sans les apprécier vraiment ; les sculptures, les morceaux antiques, les peintures lui révélèrent une finesse encore presque inconnue en ses domaines ; — et il en conçut une grande admiration pour son ami princier, en même temps qu'une certaine jalousie.

Il y eut trois spectacles sacrés, trois sortes de mystères ; on joua l'Annonciation à San Felice, l'Ascension au Carmine, la descente du Saint-Esprit à San Spirito qu'un incendie brûla le lendemain.

Une liberté que les écrivains autorisés qualifient de « licencieuse » ayant régné d'une façon violente à l'occasion de ces fêtes, certains esprits virent là le signe de la colère céleste. Lorenzo n'y prêta pas attention et chacun finit par se taire, s'étant trop amusé pour se plaindre. Lorenzo avançait vite ; la direction des affaires paraissait à ses concitoyens lui avoir été offerte ; il venait de s'attirer leurs sympathies en leur procurant de la liberté et du plaisir ; aucune contestation ne s'était élevée contre lui à l'étranger ; il était en excellents termes avec le roi de France ; le duc de Milan lui avait rendu visite. — Restait à établir solidement ce qu'il venait de faire, la base de sa force.

Bien des détails lui échappaient ; Soderini ne suffisait pas toujours ; et il n'avait pas encore la confiance qu'il devait lui accorder dans la suite. Il s'entoura donc de Giovanni Canigiani, d'Antonio Pucci, de Luigi Guicciardini, de Matteo Palmieri et de Paolo Minerbetti. Il s'en servait séparément, les faisait parler à part, entendait leurs avis sans y répondre d'une façon directe et en profitait ; il avait coutume de dire qu'écouter beaucoup de

conseils et en tenir compte, c'était avoir en plus de
sa cervelle celle des autres. Ces hommes, restant
toujours à portée de sa demande, l'aidaient singulièrement à certaines heures ; même s'il n'avait pas
recours à eux — ce qui arrivait fréquemment — il
savait qu'ils étaient là. Il en possédait en outre
trois autres, plus familiers, avec lesquels la con-
trainte devenait nulle ; il pouvait se livrer et les
contredire à son gré ; il laissait libre cours à ces
colères qui saisissent quelquefois l'homme et pèsent
d'un tel poids lorsqu'il faut en dévorer la fureur
dans le silence de la solitude ; c'étaient Roberto
Leone, Bernardo Bonhieronymo et Hieronymo
Morelli. A eux, il avouait avec franchise qu'il voulait agir surtout selon sa volonté. — Premier point
d'appui à l'intérieur.

A l'extérieur il cultive l'amitié de Louis XI. Celui-ci voulait marier le Dauphin à la fille de Don
Ferrante et, pour cela, eût volontiers abandonné
les prétentions de la maison d'Anjou sur Naples en
échange d'un appui contre celle d'Aragon ; il récla-
mait pour régler cette « affaire » un orateur florentin qui s'entendit directement avec lui, sans passer par l'entremise des grands ; il terminait sa lettre
en demandant un chien pour sa garde personnelle.
Le duc de Bourgogne faisait bien des menaces,
mais Lorenzo le savait retenu par ses différends
avec Louis XI ; il redoutait, il est vrai, une entente
imprévue entre les deux princes dans le but d'un
expédition contre Galéaz, crainte très répandue alors,
malgré tout ce qu'une pareille union présentait

d'improbable. Plus tard Lorenzo y vit clair ; il parla en ces termes de son allié dans une lettre à G. Guicciardini « la lâcheté du roi d'une part et « il grande e poco considerato animo » du Bourguignon ne me font plus douter ». — De plus, en 1471, l'ancienne ligue de 1454 entre Florence, Milan et Venise avait été renouvelée. Le peuple n'aimait pas cette union à laquelle son ignorance ne comprenait rien, mais il se taisait. Lorenzo eût d'ailleurs passé outre si on se fût opposé au traité. Il voulait la paix ; il la sentait indispensable ; il aimait trop profondément les arts et les lettres pour qu'il n'en fût pas ainsi. L'époque n'était pas à la guerre ; on s'était trop battu, on avait vu de trop près les meurtres, les douleurs et les atrocités qu'elle comporte pour en souhaiter le retour. Niccolo Benedei, écrit à Ercole d'Este, en 1474. « Il y a tant de loisirs en Italie qu'à moins d'incidents on écrira sur les batailles des chiens et des oiseaux plus que sur celles des hommes. Et je tiens pour assuré qu'il n'en résultera pas moins de gloire pour ceux qui gouvernent pacifiquement l'Italie que pour ceux qui la faisaient belliqueuse. » Une seule guerre menaçait de devoir bientôt occuper tout le monde, celle contre les Turcs ; mais alors Venise seule la soulevait et la chute de l'île de Negrepont faisait plutôt plaisir aux ennemis de la République masquée. — Le pouvoir s'établit avec solidité. Une sorte de consécration lui manque encore. — La conspiration de quelques exilés la fournit.

A Prato, le 6 avril 1470, Bernardo Nardi, banni

en 1466, las d'une existence misérable et sans
foyer, fort de ses alliances avec les Panciatichi,
tente de soulever le peuple en criant dans les rues
à la tête des siens : « Vive le peuple de Florence !
Vive la Liberté ! » Dietesalvi Neroni lui a promis
le secours de Bologne et de Ferrare s'il tient quinze
jours dans la place. Il espère. Mais le peuple se
groupe avec mollesse autour de lui. Giorgio Gi-
nori, chevalier de Rhodes, agit de suite énergiquement avant que le petit nombre des siens ne soit
reconnu par la foule grossissante, fait arrêter Bernardo ainsi que trente conjurés et les ramène à
Florence.

Pour la première fois, Lorenzo va avoir à décider en son nom sur la vie et sur la mort. Que se
passe-t-il en lui? Certainement il y a lutte. Mais
son autorité n'est pas affermie, toute récente encore ; il s'agit de ces exilés qu'il redoute tant ; il
craint qu'un acte de clémence, au début, ne soit
une faute capitale ; sa pitié sera jugée faiblesse par
ses ennemis et les encouragera vers de nouvelles
tentatives ; les conspirations se trament partout ;
il sait jusqu'à quel point on lui en veut ; des
gens ont tenté de le faire mettre à mort par un
peuple soulevé ; le fait est là, indéniable ; ils ont
voulu renverser un gouvernement que lui juge
essentiel, une autorité qu'il veut employer pour le
bien de tous ; ils ont tenté d'empêcher la possibilité de l'œuvre qu'il a juré d'entreprendre. — Et
qui sait s'ils ne répondront pas à sa générosité en
recommençant ? Cela est dur, mais il le faut ; décidé

à un grand exemple, il ordonne la mort de Bernardo et de dix-huit conjurés. — La suite prouve qu'il avait raison et que sa fermeté était nécessaire.

Volterre se soulève. Cette révolte est d'ailleurs un peu l'œuvre de Florence ; elle sert à établir populairement le pouvoir de Lorenzo, malgré qu'il paraisse n'avoir été guidé ici que par un désir de gain. Il poursuivra sans cesse ainsi dans la suite, au milieu des affaires les plus importantes, ses affaires personnelles ; c'est à peine s'il les sépare de celles de l'Etat ; il gouverne avec ce qu'il a sous la main ; toujours généreux, il dépense sans compter pour tout — et est en même temps toujours prêt à acquérir ; Cosimo avait dépassé la somme de 660.000 florins en établissements de charité ; — Lorenzo en fera autant et se donnera raison lui-même dans ses Mémoires, pensant avec justesse que l'argent bien employé procure plus de plaisir qu'à être gardé jalousement. Outre le rapport de ses banques et de son commerce, il avait celui de ses terres, qui était très important. — On va voir comment il se conduisit pour les agrandir.

Bernuccio Carpacci, natif de Sienne, avait obtenu à ferme de la commune de Volterre, toujours maîtresse jusque-là de son gouvernement intérieur, une mine d'alun située dans la maremme à Castelnuovo. Il craignait fort qu'on ne la lui retirât ou qu'on ne lui fît des conditions très onéreuses à cause des gros bénéfices qu'elle lui valait ; aussi avait-il pris cinq associés dont trois Florentins qui,

dans son idée, lui assureraient une protection efficace. Lorenzo eut beaucoup souhaité en faire partie. Il possédait déjà les mines d'alun de la Tolfa
dans le même pays ; il trouvait utile et lucratif de
les joindre à celles de Castelnuovo pour rester le
seul possesseur de ce revenu considérable, en
même temps que pour éteindre toute concurrence.
Peu à peu il s'insinua, obtint une part des bénéfices et se fit prendre pour arbitre au moment de la
discussion entre Volterre et Florence. Naturellement, il se prononça pour le fisc florentin, le 8 janvier 1472, en déclarant que Florence était la vraie
maîtresse et la seule, puisque c'était sous son protectorat que vivait justement Volterre. Est-ce qu'elle
ne payait pas un tribut annuel de mille florins ?
Est-ce qu'elle ne recevait pas dans ses murs un
podestat ? — Les volterrans comprirent qu'ils
n'étaient pas libres le moins du monde, repoussè-
rent la décision prise et retirèrent la concession.
L'agitation grandit avec rapidité. Bernardo Corbi-
nelli essaya d'apaiser les esprits en envoyant à
Florence les plus passionnés, mais aucune entente
ne réussit à s'établir et le peuple se souleva. Il
commença bien entendu par ne pas songer à la
défense, par ne pas s'unir et par faire sentir sa
colère à un des siens, concessionnaire de la mine,
Paolo Inghirami. Mais dès l'annonce que Lorenzo
approchait, maintenant que l'adversaire était là,
maintenant qu'on allait pouvoir combattre, cette
fureur meurtrière fut abandonnée ; ce peuple si
farouche contre un homme de son pays se montra

repentant envers l'ennemi et envoya une ambassade
chargée de présenter son offre de soumission.

Soderini conseilla la paix et la clémence ; mais
Lorenzo qui jadis avait donné le même avis à son
père, en vit cette fois le danger ; la ville se révol-
terait à nouveau : « Dans ces maladies graves, dit-il,
où le malade ne peut être sauvé que par une énergique décision, les médecins les plus cruels sont
les meilleurs. » De plus il désirait que son entreprise réussit et craignait que des discussions ne
fissent traîner les choses en longueur ; il pensait
que son autorité ne devait pas négliger une si bonne
occasion de se faire connaître et exigea la mort de
deux coupables. Volterre, bravement, n'accepta pas
et appela au secours. Elle comptait sur les autres
exilés, sur Sienne, sur certains seigneurs, même
sur Venise et Naples.

Lorenzo fit immédiatement préparer une armée
sous les ordres de Frederigo de Montefeltro, doubla
les Dix de la guerre, y introduisit de ses partisans,
se mit en quelque sorte à leur tête, et fit voter
la dépense de 100.000 florins. Le Montefeltro sans
même tirer l'épée se rendit maître des châteaux volterrans, grossit son armée de troupes auxiliaires
venues de Rome et de Lombardie, et mit le siège
devant la ville révoltée ; le parti de la paix y reprit
alors le dessus ; et une suite de calamités se
déchaîna sur la malheureuse. Ses soldats, pour la
plupart aventuriers de la plus basse classe et mer-
cenaires, tout à fait indifférents au combat, se plai-
gnirent d'être mal payés, redoutèrent d'être vaincus

et refusèrent de se battre. Il fallut se rendre, et Volterre se rendit. Mais aussitôt elle fut mise à sac à la fois par les deux armées et sans même que celles-ci eussent le plus petit instant combattu l'une contre l'autre. Le palais épiscopal fut rasé, une forteresse construite à sa place ; Volterre relevait désormais de Florence.

Lorenzo y vint, la guerre finie. Il s'y montra humain, bon et fit de son mieux ; il désirait qu'on oubliât des brutalités qu'il n'avait pu empêcher et la violence d'une annexion dont il reconnaissait lui-même l'injustice tout en l'ayant commise. Ses compatriotes lui en furent très reconnaissants.

Le pouvoir s'affermit.

XI

La conjuration des Pazzi, en essayant de le démolir, allait en cimenter la dernière pierre avec du sang.

Voici le terrain.

Le nouveau pape Francesco della Rovere avait été élu à Santa Croce de Florence en 1467. Quatre ans après, au mois de septembre, à la tête d'une ambassade de six florentins, Lorenzo alla à Rome le féliciter. Sixte IV se montra très aimable. Il n'oubliait pas que le jour de sa nomination, malgré de somptueuses fêtes, il avait failli périr et, peu fixé encore sur les alliances nécessaires à sa politique, il prenait l'une et l'autre au hasard, heureux de se fortifier par elles, se réservant à part lui le droit de les restreindre, de les supprimer même, ou d'en contracter d'autres par la suite. Il permit à Lorenzo d'établir à Rome une grande maison de banque dont il nomma d'avance le représentant trésorier du Saint-Siège. Ce poste fut occupé par l'oncle maternel de Lorenzo, J. Tornabuoni qui en profita pour faire la cour au pape et acquérir une partie des joyaux de Paul II qu'il revendit avec de gros bénéfices aux souverains de l'Europe.

Lorenzo, pendant son séjour, acheta quelques belles statues antiques; le pape lui donna les bustes en marbre d'Agrippa et d'Auguste ainsi qu'une grande quantité de médailles et de camées. Il le remercia d'une façon particulière destinée à lui faire entendre tout le plaisir dont ces cadeaux étaient la cause, et, au cours de la conversation alla jusqu'à blâmer Paul II; avec adresse, il compara l'ancien pontificat à ce qu'il jugeait devoir être celui-ci : « Jamais votre bonté, dit-il, n'aurait fait détruire comme son prédécesseur l'amphithéâtre de Flavius sous le prétexte de bâtir à sa place une église de Saint-Marc, comme si la terre n'avait pas assez d'endroits nus, pour qu'il faille, sans respect, s'acharner sur les ruines d'un monde. »

Mais il alla trop loin quand il demanda pour son frère le chapeau de cardinal. S'il eût réussi, sa combinaison était bonne. Par Giuliano, de la sorte, il possédait un agent renseigné, toujours prêt au cas d'une action nécessaire ; si sa politique personnelle déplaisait au Saint-Siège, une voix bienveillante en eût de suite atténué l'imprévu ; peut-être Giuliano eût-il même conquis au bout de quelque temps la chaire suprême ; l'Italie entière eût été alors sous sa domination effective, ou du moins n'eût rien osé contre lui ; il eût agrandi son territoire et se fût créé une nouvelle Florence plus forte, bien assise ; c'était de plus un moyen simple de se débarrasser de son frère dont il redoutait, à tort, mais désagréablement à certaines heures, la rivalité. Le pape promit vaguement et ne fit rien au contraire. Pédéraste, il entretenait autour de lui, sous le nom de neveux, toute une cour de mignons auxquels il réservait les postes les plus enviés. Il avait plusieurs enfants naturels. C'est ainsi qu'ayant fait épouser à l'un d'eux, Girolamo, une bâtarde de Galéaz, il acheta pour lui à Taddeo Manfredi, dès la mort du père de cette fille, la seigneurie d'Imola. Cette seigneurie, Lorenzo la voulait. Furieux de la voir manquer à son désir, il empêcha Francesco de' Pazzi, marchand, son compatriote, de se porter garant du prix de vente. Le pape rompit alors peu à peu au cours de relations épineuses.

Taddeo Manfredi et Francesco de'Pazzi devinrent ses ennemis acharnés. Les relations s'envenimèrent de plus en plus et finirent par devenir nettement hostiles. Lorenzo se déclara pour les villes pontificales révoltées ; il laissa prendre Todi et Spolète, sans importance pour lui, et se résolut à aider Citta di Castello. Bergo San Sepolcro, toute voisine, était une ancienne petite ville romaine cédée ; Sixte, entraîné, pouvait la reprendre et il ne le voulait à aucun prix ; il fallait arrêter Rome en train de devenir puissance militaire, et il n'était que temps. Il se mit en rapport avec les Vitelli, vicaires de Citta di Castello. Il exagéra l'horreur des deux victoires pontificales et fit un tableau atroce de Spolète, où tous les habitants — détail exact — avaient été passés au fil de l'épée sur l'ordre du général victorieux. Ce général était un fils même du pape, le cardinal Giuliano della Rovère ; il mêlerait ses intérêts de prêtre à ceux de capitaine, lèverait d'énormes impôts et ferait mettre à mort une centaine de citoyens en cas de soumission ; la résistance était indispensable ; il la représenta facile, certaine, victorieuse, et pour y aider promit des secours importants à condition que le secret lui en fût gardé. Il ne le fut pas. Sixte IV s'en blessa au plus haut point. Il avait aidé à la conquête de Volterre ; il comptait sur Florence malgré les récentes dissensions demeurées jusqu'alors vagues, voilées, et ne pensait pas que les affaires en fussent venues là si vite ; il se le tint pour dit et négocia avec Vitelli auquel il fit accepter la surveillance de deux cents soldats pontificaux. Le feu couvait sous la cendre.

A Florence même, Lorenzo ne perdait pas son temps. En 1471, à l'occasion des menées de Bardo Corsi, désireux de troubler la politique des Medici en faisant juste le contraire de ce qu'elle indiquait, ayant remarqué la liberté trop grande des gonfaloniers de justice, il résolut de la restreindre. Cela lui fut facile ; les grands avaient déjà appliqué l' « ammonizione » à ce Bardo Corsi. Le 3 juillet, il fit proposer par la seigneurie la création de cinq « accopiatori » ; les conseils la décidèrent ; ces « accopiatori », qui avaient déjà existé du temps de Cosimo, n'étaient jamais tirés au sort, ils nommaient les seigneurs et le gonfalonier ; on leur départit en plus la faculté d'élire quarante citoyens qui, à leur tour, éliraient les deux cents membres du grand Conseil. C'était posséder la clef initiale du rouage. Pour achever il proposa tous les pouvoirs à l'Assemblée, sauf celui de fixer le « castrato » et la « decima ». Malheureusement le conseil des Cent sur lequel il comptait pour faire passer la loi nouvelle fit défaut. Cela établit et entretint des haines. De plus les biens des Guelfes — car dans toute guerre civile, le désir de voler la fortune d'autrui et d'assouvir ses rancunes personnelles est encore le plus fort levier — et de la « mercanzia » étaient mis en vente pour que le revenu en fut appliqué à divers services, de telle sorte que l'ancienne magistrature de la « parte », autrefois si puissante, perdit toute sa force. Le peuple resta indifférent parce que cela se passait au-dessus de lui et qu'il avait assez des discussions, mais les magistrats auxquels on rognait les ongles ne pardonnèrent pas. Ce n'était pas tout.

Il réduisit à cinq les arts mineurs et fit confisquer les biens des arts supprimés. Cette mesure mesquine et honteuse éveilla la défiance. Il avait agi alors avec maladresse. Dans son désir violent de tout ramener à lui, il n'entendit pas la rumeur qui naissait dans certains milieux et reconnut, trop tard, son erreur; mais il dut presque l'avouer et c'était une défaite — quoique sentie par lui surtout. Il est probable qu'il ne l'oublia pas et en tira une leçon. Il devint plus modéré, surtout en apparence, et se fit encore accorder la balie viagère. — Ainsi, Lorenzo va agir derrière le gonfalonier. Celui-ci sera l'exécuteur, le mannequin docile et fidèle. Personne ne s'y trompe, comme cela arrive toujours: mais ce qu'on supportait par l'entremise du gonfalonier n'eût jamais été accepté de Lorenzo directement. Républicains peu convaincus, routiniers et peureux devant le gouvernement nouveau, les Florentins savaient gré qu'on ne heurtât pas leurs derniers scrupules en déchirant tout d'un coup la draperie des convenances où ils cherchaient un refuge ; cette draperie s'effaçait bien peu à peu, mais avec une lenteur calculée, si imperceptible que les yeux se refusaient à la voir. Et les nouvelles réformes continuent ; le capitaine du peuple est remplacé par un simple juge ; le podestat disparaît derrière les Huit de garde, l'exécuteur de justice descend de son piédestal ; le Conseil des Cent a certains de ses membres délicatement remplacés. La « mercanzia » est réduite à rien.

On raconte que les deux frères profitèrent de leur pouvoir pour commettre de nombreux abus. Est-ce vrai ? Rinuccini, Morelli et Gambi le prétendent, mais pourquoi croire ceux-là et non ceux qui établissent le contraire ? Plus tard Guicciardini, Michele Bruto et le génois Galli parlent de même, mais qu'on relise les ouvrages des deux premiers et on y sentira le parti pris. Ceux qui ont réussi, en effet, en quoi que ce soit, attirent toujours l'allégation hypocrite, la calomnie, — sûrement le blâme. Celui qui n'a rien pu faire ou n'a rien osé tenter pardonne mal à qui s'élève ; et les républicains à la logique étroite, qui prétendent vouloir niveler le monde, gardent rancune aux belles plantes humaines qui dépassèrent les limites prescrites, ramenèrent tout à elles et s'imposèrent comme les grands arbres des forêts qui, pour étendre leurs branchages et leurs racines, doivent anéantir quelques arbustes sans intérêt. Il est facile de déclamer, plus difficile souvent d'agir. Il y eut des milliards de républicains, car cela ne demande aucun génie spécial ; bien minime est le nombre de ceux qui surent être de bons souverains. On a oublié le nom des magistrats de Florence et leurs plus parfaites vertus, mais on n'oubliera jamais le nom de Lorenzo, et ses défauts demeurent, chargés de gloire. Qu'importe qu'il ait employé cent mille florins à sauver d'une faillite une maison de banque ! Qu'était la commune qui paya ces frais en comparaison de l'entreprise que cette perte pouvait faire hésiter ou reculer ? On lui a reproché de donner sa faveur à des gens de peu. On eût admiré le même trait chez un démocrate ; cependant l'acte reste le même de part et d'autre ; et, si les hommes employés étaient intelligents, la conduite de Lorenzo fut à la fois habile et juste. Il la jugeait ainsi lui-même : « Si mon père avait agi de la sorte en 1466, il n'eût couru aucun risque de perdre l'État. » On lui a reproché aussi ses savants, ses peintres, ses sculpteurs, et cette cour unique enviée par l'Europe intelligente. On lui a reproché enfin le peuple qu'on a appelé pour l'occasion populace, car les mécontents, disant qu'ils voulaient autre chose pour le bien du peuple, ne pouvaient convenir que ce peuple, — malgré qu'il en fût ainsi — se montrât fort peu désireux de changement. Un fait indéniable reste là : Florence est pacifiée ; aucune ville n'atteint à son développement intellectuel ; elle éclaire, elle forge, elle prépare l'avenir ; elle réveille une âme nouvelle. Or qui va la troubler ? — Des hommes qui voudront prendre la place des Medici, mais n'auront même pas le courage d'une opinion, et qui, sans savoir s'ils gouverneront mieux, sans autre plan arrêté que le meurtre, sans réfléchir qu'ils introduisent à nouveau la guerre civile, tenteront lâchement un assassinat et essayeront de gagner la foule en trompant une fois de plus l'éternelle aveugle par le cri, nécessaire en ce cas, de « Vive la Liberté ! »

C'était le moment des conspirations; elles devenaient à la mode ; on se répétait les noms de Stephano Porcaro, de Girolamo Gentile, de Niccolo d'Este. A Milan c'était pire encore. Un certain Cola Montano qui ne pouvait pardonner à Galéaz-Maria de n'avoir pas élevé au premier plan son manque d'érudition et d'intelligence prit une pose théâtrale et tonna contre lui tout au long de périodes plus ou moins ronflantes. Trois gentilshommes qui de leur côté le détestaient pour des raisons personnelles trouvèrent ces périodes d'une excellente justesse et bien dignes d'exciter leur admiration ; ils poignardèrent au nom de la patrie Galéaz-Maria sur les marches de l'église Sant' Ambrogio après avoir prié ce saint de protéger leur tentative. La patrie qui n'avait pas été prévenue remercia ces gentilshommes en les tuant tous les trois. Lampugnani fut abattu d'un coup d'alfange par un écuyer maure ; Visconti fut percé par les gardes et traîné ensuite par la foule dans la boue. Quant à Jérome Olgiati que son père refusa de recevoir, il fut coupé vivant en plusieurs morceaux tandis qu'il disait des paroles admirables. Résultat : le fils du défunt, malgré ses huit ans, fut désigné aussitôt. — Galéaz-Maria était un monstre, paraît-il.

XII

La famille des Pazzi remontait à la vieille
noblesse du « contado », mais, à la différence de
celle qui avait refusé tout travail, elle avait su
acquérir des biens importants. Connue dans l'Italie, elle y passait pour être la plus riche de Florence après celle des Medici, à laquelle elle devait
tout en quelque sorte, sa prospérité datant de
Cosimo. En effet, lorsqu'il releva l'aristocratie,
vers 1434, elle se mêla au peuple, reconnaissant
bien qu'il n'y avait pas d'autre moyen pour arriver
à la richesse et aux charges du gouvernement. En
1439, Andrea de' Pazzi siégeait à la Seigneurie,
recevait le roi René dans sa maison et devenait
son ami. Deux de ses fils atteignaient au gonfa-
lonat ; l'un d'eux, Piero se ruinait en festins de
telle façon qu'il se trouvait avoir dépensé à la mort
de son père onze mille florins « sans qu'il en restât
de traces ». Il aimait recevoir et cherchait à se créer
une sorte de petite cour. Cela suffit-il à irriter la
jalousie déjà latente entre les deux familles ? On lit
dans une lettre d'Alessandra Macinghi : « Sur tout
cela il ne faut pas faire grand fonds. Quelquefois,
à Florence, manifester et agir sont deux... rappelle-

toi mon avis : qui est avec les Medici s'en est généralement bien trouvé ; avec les Pazzi c'est le contraire ; ils sont toujours battus. » — Ce serait à faire supposer que la rivalité date de loin. Cependant Cosimo, pour essayer une alliance et malgré qu'il n'ait aucune confiance en Piero, donne au neveu de celui-ci en mariage sa petite-fille Bianca. D'un autre côté Jacopo, l'aîné des fils d'Andrea, avait été mêlé aux décisions à prendre au sujet de Volterre ; et deux des lettres adressées par lui à Lorenzo montrent — si on ne croit pas à leur sincérité — qu'il savait admirablement mentir ; elles sont gonflées d'éloges. Il est probable qu'il ne se fût pas passé grand'chose sans les affaires d'Imola et de Citta di Castello. Sixte IV soutenait tout du prestige de son autorité, de son appui. La meilleure preuve est qu'il continua la lutte ensuite pour son propre compte. Sans lui, les Pazzi eussent peut-être manqué d'audace. Il leur dit bien qu'il leur défend de tuer, mais en leur promettant une armée toute prête ; comme son neveu Girolamo lui jure d'éviter le sang tout en laissant entendre qu'il espère être pardonné au cas probable où il y aurait meurtre, il commence par lui répondre: « tu es une bête ». C'est à Rome que se prépare la conspiration ; c'est là que vivent beaucoup de florentins réfugiés et mécontents ; c'est là qu'ils se groupent autour de Francesco de' Pazzi, Franceschino, comme on l'appelle tant il est maigre et faible ; mais une âme furieuse bat dans cette poitrine étroite; il est riche, célibataire et ambitieux :

rien ne l'arrête ; il a été contrarié dans ses opérations de banque, dans sa vie privée, dans son
orgueil ; il veut se venger ; pour cela il profitera
de tout et soignera ses liaisons avec les neveux
du pape. Il compte donc trente mille ducats.

Lorenzo, exaspéré, lui fait donner par le Conseil
des Huit, l'ordre de revenir à Florence. Les Pazzi
se mettent à parler des Medici dans les termes les
plus offensants et cherchent avec un soin féroce
les moyens de leur nuire. Lorenzo qui sent de plus
en plus chaque jour la nécessité d'être le maître à
tout prix, répond de son mieux : Giovanni de' Pazzi
ayant épousé la fille de Giovanni Borromei dont
la fortune considérable doit revenir tout entière à
cette enfant unique, il favorise Carlo Borromei ;
les débats sont dérisoires, nuls ; il fait rendre une
loi tout à fait injuste qui donne priorité au neveu
de tout défunt sur la nièce de celui-ci. Giovanni
Borromei étant mort avant cette loi nouvelle, n'a
pu tester ; l'affaire passe. Là encore Lorenzo avait
tort malgré les vexations qu'on lui faisait subir,
mais il est beau de voir comment cette âme ardente
est toujours sur ses gardes et prête à la riposte.
Giuliano eut beau supplier son frère et lui expliquer qu'une faute grave venait d'être commise. —
« En voulant tout avoir, dit-il, nous finirons par
tout perdre. »

Cela fournit une plus grande violence aux conciliabules de Rome. Les conjurés s'en donnent à qui
mieux mieux. Salviati, archevêque de Pise, dont
la famille a été bannie, grossit leur nombre. Le

comte Girolamo Riario s'entend avec Franceschino. Les préparatifs durent toute l'année 1477. Il faut d'abord gagner le vieux Jacopo qui déclare l'entreprise impossible et demande qu'on ne lui en parle plus. Au contraire, son neveu Renato est certain de la réussite ; il déclare que les affaires des Medici ne vont pas du tout et que leur banqueroute est proche. On décide que la mort des deux frères est le seul moyen d'aboutir. Jacopo continue à se montrer « plus froid que glace » ; pour vaincre ses résistances on décide de lui envoyer Gian Battista de Montesecco qui est à la fois au service du Saint-Siège et de Girolamo Riario. Avant de partir, le condottiere explique les difficultés de l'entreprise et déclare penser, à part lui, que Jacopo a raison. L'archevêque de Pise démontre le contraire et, s'il ne lui fait pas partager sa façon de voir, le décide du moins à sa mission. Il convainc adroitement le vieux chef de la famille en l'assurant qu'on fera tout pour éviter un meurtre. On voit alors Jacopo, qui blasphémait autant d'heures par jour qu'il jouait, parcourir les églises. Deux Pazzi restent étrangers au complot, Guglielmo à cause de l'intimité qui le lie aux deux frères et Renato, par prudence, se disant qu'il sera temps de venir cueillir des fruits lorsque le terrain sera sans danger. Non loin, prêt à envoyer un renfort immédiat, le roi de Naples regarde d'un œil satisfait.

On ne perd pas de temps. Tandis qu'il continue de persuader Jacopo, le Montesecco va voir Lorenzo pour le consulter, soi-disant, au nom du comte Riario et s'introduire par la même occasion dans son intimité. A tant d'infamie qu'il ignore, Lorenzo répond avec bonté ; il prend la peine d'étudier la situation du comte, donne les conseils les meilleurs au sujet des rapports à tenir avec le seigneur de Faenza auquel il veut redemander certaines terres : il est aimable et bienveillant au point de désarmer l'homme payé pour être son ennemi, et, sans s'en douter, le confondre. Gian Battista est contraint de l'avouer : « Je le trouvai bien différent du portrait que vous m'en avez fait ; il est rempli de douceur et de prudence, il vous paraît très attaché, » écrit-il au comte Riario. Mais cela ne l'empêche pas, après un petit voyage en Romagne, de revoir Jacopo afin de lever ses derniers scrupules et de retourner chez Lorenzo tout en étudiant avec les autres conjurés le moyen le plus commode de lui donner la mort.

Le projet de venger une injure faite par le comte Carlo aux Pérugins et aux Siennois est mis en avant ; sous prétexte d'attaquer Mantoue, il est convenu qu'une armée pontificale s'assemblera dans l'état de Pérouse. A Citta di Castello, Lorenzo Giustini, rival de Vitelli, lèvera des soldats comme pour attaquer ses adversaires ; Gian Francesco de Tolentino gagnera la Romagne avec ses troupes ; Franceschino, Salviati et Montesecco reviendront à Florence même augmenter le nombre des conjurés.

— Montesecco y arrive le premier avec ses soldats, et est très bien reçu par Lorenzo, comme si le condottière était son fils, et comme si le jeune homme était son père, avec une affection que le misérable fut forcé de reconnaître dans la suite et d'avouer.

D'autres complices ont été enrôlés. Ils comprennent le frère et le cousin de l'archevêque, et le fils de Poggio Bracciolini, Giacomo, prêt à tout pour retrouver par un moyen quelconque sa fortune perdue, même à oublier combien les ancêtres de ceux qu'il voulait frapper avaient été bons pour les siens ; il y a encore Bernardo Bandini qu'on appelle aussi Bernardo de Bandino Baroncelli, Napoleone Francesi, Antonio Maffei, prêtre de Volterre, Stefano de Bagnone, célèbre alors pour son impudicité. — Des réunions secrètes se tiennent à Montughi sous les murs de Florence, dans une des maisons de campagne du vieux Jacopo.

On avait d'abord convenu de tuer les deux frères ensemble ; mais, la difficulté étant très grande pour les réunir au dehors, il eût fallu, afin de tenter le coup double, les frapper dans leur palais même où cela demeurait impossible à cause de leurs serviteurs. On pensa ensuite que les frapper séparément offrait de sérieux avantages, d'autant qu'ils ne pourraient de la sorte se porter secours l'un à l'autre. Giuliano devait épouser la fille du seigneur de Piombino ; pendant qu'il resterait près de sa fiancée, on attirerait Lorenzo à Rome ; pour le décider au voyage, on ferait miroiter à ses yeux une réconciliation avec Sixte, et, dès qu'il serait là, on l'abattrait ; pendant ce temps les autres conjurés agiraient à Piombino et soulèveraient Florence. Le plan avait un défaut initial, celui de retarder tout et de fournir les heures nécessaires à ce qu'il s'ébruitât. — On revint à l'idée première.

Le pape avait placé à l'Université de Pise un neveu du comte Riaro, Raffaelo Sansoni. Ce jeune homme de vingt ans étudie les matières ecclésiastiques; il reçoit le chapeau de cardinal et est nommé légat de Pérouse. Pour regagner son poste il doit passer par Florence. Les conjurés l'y font rester et espèrent à travers les fêtes auxquelles son passage donne lieu trouver le moment propice. Il est décidé que Raffaello sera reçu à Montughi et que Jacopo y invitera à dîner les deux Medici. On les poignardera pendant le repas même. Les invitations sont envoyées. On attend.

Giuliano souffre de la jambe gauche et laisse son frère aller sans lui. Il est probable que ce mal de jambe est la seule cause de son salut, car s'il y avait en lui-même quelque défiance, il aurait retenu Lorenzo. Sous son front expressif dominant les yeux trop baissés sur le nez trop mince, y a-t-il de l'indifférence, de l'égoïsme — ou même le secret espoir d'être le maître? Sûrement non. Il est faible de santé, il se désintéresse des affaires publiques; il sait qu'il perdra sa position si son frère ne s'en occupe; il songe à son mariage, à ses maîtresses; il préfère passer la soirée seul. Et quand c'est le tour de Lorenzo à fêter le jeune cardinal dans leur villa près de Fiésole, son refus le sauve une seconde fois.

Le dimanche 26 avril, un troisième repas doit avoir lieu au palais Medici même. Il va être forcé d'y paraître. Cependant il décide à nouveau de n'y pas aller. Est-ce toujours à cause de son mal ? Il est permis de le supposer. Mais le destin interrompt cette fois son avertissement mystérieux ; il se perd en annonçant à l'avance qu'il sera absent. Les conjurés veulent en finir à tout prix ; chaque instant nouveau porte un nouveau danger. Trop de gens sont dans la confidence pour qu'elle demeure inconnue. Ils décident de frapper pendant la messe, le jour même. Ils sont à peu près sûrs que Giuliano ne peut se dispenser d'y venir et ils le désirent tant qu'ils ont confiance. Au dernier moment ils apprennent que les deux frères comptent s'y rendre ensemble et emmener ensuite déjeuner avec eux Raffaelo Sansoni.

A la hâte, ils établissent la marche à suivre. Ils préviennent Montesecco qui arrive aussitôt à la tête de trente arbalétriers à cheval suivis de cinquante fantassins en prétextant qu'il est parti d'Imola afin de pouvoir escorter le cardinal, décidé à partir demain. On le désigne pour frapper Lorenzo. Il recule au dernier moment ; la pensée de tuer un homme dont il n'a reçu que des bienfaits l'arrête ; de plus agir dans une église lui retient le bras et lui semble monstrueux ; on insiste, on le raille, on le supplie, on lui fait honte, à lui guerrier, de reculer devant un homme à surprendre qui ne pourra pas se mettre sur la défensive : « c'est pour cela même, répond-il », et il refuse net. Là où l'homme d'armes recule parce qu'il respecte les lieux saints, on pense qu'un prêtre assez habitué aux églises pour ne plus en sentir la majesté, assez versé dans sa religion pour en sourire sera moins scrupuleux. — On raisonne juste ; c'est un avantage ; mais on ne peut pas donner à ce prêtre l'habitude du coup de poignard, ni l'habileté courageuse qu'il nécessite ; cette habileté-là, Franceschino et Bernardo Bandini la possèdent.

XIII

Les cloches sonnent.

Les maisons avec leurs portes ouvertes semblent bailler les fidèles dehors. Le Baptistère que le Dante aimait tant et qu'il appelait « mio bel San Giovanni », tasse sa masse octogone sous le soleil qui polit ses marbres colorés. Le Campanile, comme un bijou léger cerclé de pierreries, élève son collier de statues. Santa Maria del Fiore arrondit voluptueusement sa coupole sous le ciel vers qui monte sa lanterne audacieuse et pointue, achevée il n'y a pas encore seize ans. Elle semble fière d'être la plus grande et la plus belle église de toute l'Italie ; elle dresse avec sérénité sa masse heureuse ; elle accueille, elle aspire la foule par ses portails et la range au bord de son vaisseau. Les hommes s'arrêtent devant le portrait de Hawkood par Paolo Ucello, d'autres devant celui de Marucci de Tolentino par le Castagno ; tous tournent autour de l'énorme statue équestre en terre verte de Giovanni Acuto, capitaine, mort en 1393, et bien peu remarquent que le cheval, vivant, ne pourrait guère se tenir ainsi levant deux pieds du même côté ; les femmes regardent en se signant le couronnement de la Vierge de Gaddo

Gaddi ; tous sont orgueilleux que Santa Reparata
dont les récits des aïeux leur ont conservé le souvenir soit devenue si belle, et regrettent seulement
que la façade ne soit pas encore terminée. Ils
s'entassent entre les murs sombres et nus, où le
soleil, par les baies rondes et les fenêtres, glisse
ses rayons avec une sorte de timidité. — Lorenzo
est dans le chœur. La messe commence. L'officiant
porte une chasuble en fils d'or et d'argent donnée
par les Medici.

Cependant Giuliano n'est pas là. Franceschino
et Bernardo Bandini, décidés à risquer le tout, se
lèvent pour aller le chercher. Ils le trouvent dans
sa chambre en train de lire, étendu. Il souffre toujours de sa jambe, et refuse de les suivre, mais
comme ils insistent et que son livre l'ennuie, il se
laisse persuader et part, sans prendre le couteau de
chasse qu'il porte toujours à la ceinture. Il sait
que les Pazzi le détestent et s'étonne de leur démar-
che, mais incapable quant à lui d'une action aussi
horrible que la leur et les sachant de bonne famille,
il ne la soupçonne ni ne la redoute. Les trois hommes causent. Bernardo Bandini l'interroge sur sa
solitude, raille sa mine grise et cherche à faire sourire sa mélancolie. Franceschino lui parle de sa
fiancée et prétend qu'il lui a semblé la voir à
Santa Maria. Il déplore les dissensions de leurs deux
familles et déclare être reconnaissant au cardinal
dont la venue a été le motif d'une sorte de rapprochement. Tout en causant, ils lui ont pris chacun un bras. Bernardo Bandini vante son costume,

lui demande où il pourrait se procurer une étoffe
semblable et, tout en passant longuement la main
sur sa poitrine, s'assure si Giuliano a la cotte de
mailles qu'il porte d'ordinaire sous son pourpoint.
Il lui semble que non, mais il voudrait en être sûr.
Franceschino qui a suivi la ruse de son camarade,
prend Giuliano dans ses bras pour l'embrasser.

— Que ce soit notre baiser de paix ! dit-il. — Il l'a
bien serré et palpé, il est certain qu'il n'a pas l'arme
protectrice et le fait comprendre au Bandini par
l'éclat de ses yeux. Ils entrent à Santa Maria et se
placent à côté de lui.

La messe a continué pendant ce temps. L'encens
monte des encensoirs de bronze balancés réguliè-
rement. Pour les âmes pieuses, le seigneur de Florence, le sire Christ va descendre dans le taber-
nacle. Le prêtre a devant lui la coupe de vermeil. Les
prières se font plus attentives. L'un des enfants de
chœur a pris la sonnette. Le sire Christ est là maintenant dans l'hostie consacrée. Les têtes se baissent.
L'hostie est haussée au bout des mains du prêtre
dont la chasuble remonte, étincelante aux flammes
des cierges. L'hostie est parfaitement ronde et mystérieusement blanche. L'enfant de chœur sonne
dans le silence...

C'est un cri étouffé, et une chute sous quelque
chose qui frappe à coups drus, martelés vite, sac-
cadés, puis une clameur. Bernardo Bandini s'est
rué sur Giuliano et l'a percé en pleine poitrine d'une
lame courte bien aiguisée. Giuliano a chancelé et
lourdement est tombé. Franceschino penché sur lui

continue à le poignarder avec fureur comme s'il
ne devait s'arrêter jamais, avec une rage telle
qu'il s'atteint lui-même à la cuisse. Les deux prêtres
se sont jetés sur Lorenzo ; mais avant de le tuer,
Antonio Maffei lui a mis la main sur l'épaule ;
Lorenzo s'est méfié, et, quand le coup est venu, il
était prêt. L'arme du prêtre remonte et glisse au
long du cou qu'il blesse légèrement. Stéfano de
Bagnone, curé de Montemurlo, auparavant secrétaire des Pazzi et « percepteur chargé d'apprendre
le latin à une jeune demoiselle », attaque sans
adresse et mollement. Vite dégagé, Lorenzo tire son
épée, roule son manteau, tout en se défendant,
autour de son bras gauche et fait face à ses deux
adversaires. Auprès de lui les deux frères Caval-
ranti le soutiennent. La foule épouvantée hurle
et cherche à sortir. Les prêtres perdent courage.
Lorenzo appelle à lui. Ses amis se réunissent à sa
voix rude et cherchent à le rejoindre. La foule
s'échappe, se bouscule aux portes. Les prêtres s'en-
fuient. Le vacarme est tel que l'église semble
s'écrouler.

Mais Franceschino a vu que Lorenzo est debout ;
il lâche le cadavre qu'ils s'obstinait à ensanglanter
encore et court au Medici ; Bernardo Bandini en
voulant le suivre poignarde Bernardo Nori qui lui
barrait le passage. Lorenzo saute la grille du chœur
et gagne la sacristie dont Angelo Poliziano assujettit
solidement les portes de bronze. Ces portes avaient
été faites sur l'ordre particulier de son père Piero.
Pendant ce temps le cardinal épouvanté reste sur

place immobile contre l'autel, d'une pâleur telle qu'il la gardera toute sa vie et que les cheveux lui deviendront blancs sous peu. Les autres conjurés, une fois Giuliano mort, sûrs que son frère tomberait aussi, appellent la foule aux armes en criant : Liberté! Liberté! Vive le peuple!

Dans la sacristie tous s'inquiètent de la blessure de Lorenzo. Poliziano redoute que l'arme n'ait été empoisonnée. Antonio Ridolfi se propose pour sucer la blessure, et, quoique son protecteur s'en défende, il y colle ses lèvres. On y serre ensuite un premier pansement fait avec des linges malpropres trouvés dans les armoires. Tout à coup la porte est secouée; des cris montent : Sortez! Sortez! Poliziano craint que ce ne soient des ennemis et conseille de rester ; les portes sont bonnes ; ils pourront tenir longtemps ; avant qu'elles ne cèdent on sera peut-être secouru. Mais un des jeunes gens qui se trouvent là, Sismondi della Stuffa se dévoue ; par un petit escalier il atteint la tribune de l'orgue et regarde. Au premier moment il ne voit que le cadavre de Giuliano autour duquel des hommes s'empressent; puis il redescend vite. Ce sont des amis. On ouvre. On s'embrasse. Tous promettent à Lorenzo de se faire tuer s'il est nécessaire pour le défendre et tous parlent à la fois. Lui court vers Giuliano et s'assure s'il est mort. Il n'y a pas de doute possible. Le corps tout entier n'est plus qu'une large plaie; ses vêtements sont tellement percés et coagulés de sang qu'il semblent rivés à la peau. C'est une sorte de charpie rouge; les jambes elles-mêmes ont été

frappées la tête est à peine reconnaissable. On jure
de le venger. Mais tous le pressent, ignorants de
ce qui se passe au dehors, et ils gagnent la maison
médicéenne qui est proche.

Cependant, à l'heure accoutumée, le sonneur
enfermé dans sa tour, a sonné de confiance la fin
de la messe. Salviati pense que l'événement est
terminé. Avec ses parents, ses amis et trente pérugins il se porte au palais ; il en place quelques-uns
à l'entrée pour la défendre et assurer sa sortie ; il
monte avec les autres et les cache dans la chancellerie. Les prieurs sont à table. Il écoute un instant la rumeur de la place et, quoiqu'elle lui
paraisse faible, demande le gonfalonier. Cesare
Petrucci est un homme méfiant ; il était à l'échauf-
fourée de Bernardo Nardi et s'en souvient ; il s'é-
tonne que l'archevêque soit là, se lève de table et
reçoit l'intrus dans la salle d'audience. Là il le regarde
en face et lui demande ce qu'il désire. L'autre se
trouble. Petrucci paraît sourire. L'autre pâlit et se
tourne vers la porte en essayant de parler, mais il y
parvient mal, d'une voix hésitante, se contredit,
raconte des faits vagues, invoque des raisons incohé-
rentes et tousse comme pour jeter un signal tout
en continuant à se rapprocher de la porte. Alors
Petrucci gagne l'escalier et appelle de toutes ses
forces. Soudain Jacopo Bracciolini apparaît, l'arme
à la main. Petrucci n'hésite plus, l'empoigne par
les cheveux, le donne à garder à ceux qui accou-
rent, fait arrêter Salviati et rejoint les prieurs ; ils
les emmène à la cuisine où ils se fournissent d'ar-

mes improvisées ; lui-même va se mettre de garde à la porte de la tour, avec une broche.

Salviati, malgré les estafiers qui l'enchaînent, crie au secours. Les conjurés ne peuvent l'entendre. La porte de la chancellerie possède une serrure secrète qui ne s'ouvre, une fois déclenchée, ni de dehors, ni de dedans, sans sa clef spéciale. Ils sont pris et essayent de sauter par les fenêtres ; elles sont trop hautes. Les autres conjurés restés en bas fidèles à leur consigne, ont fermé sur eux la porte d'entrée et se défendent à la fois contre les gens du Palais qui les prennent par derrière et contre la foule qui heurte les lourds battants de bois bossués de clous en vociférant. Petrucci fait ouvrir la chancellerie. C'est un massacre, une lutte sourde affreuse ; ceux qui essayent de combattre sont tués sur place, les autres sont jetés vivants par la fenêtre aux applaudissements du peuple qui se les arrache, encore tout haletants, fracassés, les achève et les coupe en morceaux qui sont promenés ensuite au bout de longues piques.

Voyant le coup manqué, Bernardo Bandini s'enfuit adroitement sans recevoir la plus petite blessure. Franceschino se retire chez son oncle en traînant la jambe ; il n'a plus de force et essaye vainement de se tenir à cheval. Il se jette aux pieds du vieux Jacopo, lui montre que tout n'est pas perdu, le supplie de tenter la dernière chance. Jacopo se met à la tête d'une centaine d'hommes jusque-là cachés dans son palais et marche vers la place d'armes en appelant les citoyens. Personne ne le suit. Aucun cœur ne bat plus à ce mot de liberté qui a servi à cacher tant de mensonges. Et quand Jacopo arrive sur la place, les prieurs, du haut du palais le font reculer sous une véritable pluie d'énormes pierres. Il hésite. Serristori, son beau-frère, qui erre seul par les rues, à sa recherche, l'appelle, lui reproche tant de désordre et lui conseille de rentrer. Le vieux Pazzi sent la partie perdue ; il gagne par de petites ruelles la porte « alla Croce » et prend la route de Romagne.

Le tocsin sonne au haut de la Tour ; le gonfalon de justice y est déployé. Le peuple afflue de partout, l'épée haute, aux vieux cris de « Palle ! Palle ! » Une grande multitude déjà au courant de l'affaire gagne le palais Medici et y appelle le blessé pour être bien sûre que lui au moins est vivant. Il paraît à la fenêtre, le cou enveloppé de linges. Une énorme acclamation monte, roule, enfle, semble secouer la ville et la déraciner pour l'offrir à l'élu : « Viva Lorenzo » !

Petrucci fait pendre aux fenêtres du palais l'archevêque Salviati, son frère, son cousin et Jacopo Bracciolini. Un seul des conjurés a réussi à se cacher ; on le retrouve quatre jours après sous un tas de bois. et on lui pardonne à cause de sa faim, de sa terreur et de la position courbée qu'il avait dû garder si longtemps afin de ne pas faire de bruit.

Mais la rage de la foule est sans pitié. Tous ceux qu'elle pense ennemis des Medici sont massacrés. Elle se rue vers le palais des Pazzi, arrache Franceschino du lit où le clouait sa blessure, l'emporte tel qu'il est, presque nu, à peine couvert. Elle le menace, elle réclame sa mort, lui promet des supplices, se bat pour approcher et lui cracher à la figure. Il ne répond pas ; il ne desserre pas une fois ses lèvres rouges comme une blessure sanglante dans sa face livide ; il n'a pas une plainte, à peine de temps en temps un soupir étouffé ; et il fixe doucement ses larges yeux noirs sur la meute humaine. La fureur s'en augmente. On l'emmène plus vite au palais. On le monte. A une des fenêtres on le présente avec triomphe. Il voit un cadavre raide dans sa robe violette qui retombe et le laisse à nu jusque plus haut que les cuisses ; il devine que c'est Salviati à ses ornements religieux ; le long de chaque fenêtre ce sont ses autres amis pendus, la tête en bas. Il n'a qu'à mourir ; il n'y a plus rien à faire ; il est vaincu. On lui passe brutalement la corde, mais au cou, et on le pousse. Il balance ; il heurte l'évêque à plusieurs reprises, tandis qu'il étouffe, perd connaissance, voudrait appeler, remue les jambes, ouvre une dernière fois les yeux sur le mur qu'il frôle, sur ce mur où un simple petit crochet pourrait être son salut d'un moment et meurt sans entendre vers lui les huées obscènes de la foule.

Guglielmo se réfugie près de Lorenzo qui le sauve. Il est condamné seulement à la rélégation à plus de cinq milles de Florence et à moins de vingt. Renato ne se trouvant pas en sûreté à la villa où il se cache depuis le jour où il parut

vouloir être de la conjuration, part sous un habit
de paysan qui le déguise mal ; il est reconnu,
emmené à Florence et pendu. Le vieux Jacopo qui
continue à fuir est arrêté par des montagnards au
passage de l'Apennin. Il les supplie de le tuer de
suite et leur promet une forte récompense s'ils le
font, mais il ne peut les décider. Il est également
pendu. Des mains pieuses viennent le détacher
pour l'ensevelir au tombeau familial. C'est le quatrième jour déjà. Les quatre jours suivants il pleut,
puis quatre jours encore, puis encore d'autres.
Pour le peuple c'est le signe évident que la terre
se refuse à garder le corps d'un aussi grand cri-
minel et que le ciel veut punir la ville de l'avoir
accueilli, au lieu de laisser sa charogne se déchi-
queter au hasard des oiseaux, dans les champs, loin ;
lui qui avait tant blasphémé doit encore invoquer
le diable. Le peuple le retire, creuse un trou près
des murailles, le traîne jusqu'à ce trou par la corde
qu'il a au cou et l'y laisse. Il commence à faire
chaud et le cadavre déjà entré en décomposition
exhale une odeur infecte : la tête ballote si fort
qu'on redoute qu'elle ne se détache; un sang épais
putride et pourri reste avec des morceaux de peau
arrachés, le long des rues suivies, aux pavés pointus et rocailleux. Ce n'est pas tout. Des enfants
viennent encore le déterrer le lendemain et le traînent à nouveau par toute la ville. Il n'a plus forme
humaine, la tête laisse voir le blanc du crâne.
« Ne sachant plus que faire de son cadavre, écrit
Lucca Landucci, ils l'allèrent jeter dans l'Arno, au

ponte Rubaconte, en chantant une chanson improvisée :

« Messer Jacopo giu per Arno se ne va...

« Ce fut tenu pour un grand miracle, car les enfants ont peur des morts et celui-là puait tellement qu'on n'en pouvait pas approcher. Du 27 avril au 17 mai, pensez s'il devait puer ! Et ils durent le toucher de leurs mains pour le jeter dans l'Arno. Les ponts étaient garnis d'une foule curieuse de le voir s'en aller en aval de Florence. Un autre jour, du côté de Brozzi, d'autres enfants le retirèrent de l'eau, le pendirent à un saule, le bâtonnèrent et le jetèrent au fleuve. Il est dit qu'on le vit passer sous les ponts de Pise. » Un autre conteur prétend qu'une fois jeté dans l'Arno il ne fut plus retrouvé parce que les diables l'avaient emporté après avoir dérobé son âme déjà pendant sa vie. — Il avait payé toutes ses dettes la veille de la conjuration et remis avec une exactitude prodigieuse à leurs propriétaires celles de leurs marchandises qu'il possédait soit à sa maison, soit à la douane. On retira des églises deux frères de Jacopo Bracciolini ; à Santa Croce on trouva Galeotto de Pazzi ; au monastère des Anges on arrêta Giovanni d'Antonio. Pour avoir aidé Napoleone Francezi à s'enfuir, Piero Vespucci fut jeté en prison. Après un interrogatoire où il fit des aveux, le Montesecco eut la tête tranchée. Les deux prêtres qui avaient manqué Lorenzo furent arrachés d'un couvent de bénédictins et le peuple les éventra après les avoir mutilés. — Si l'on en croit

Allegretti, il aurait péri en tout trois cents personnes.

Restait le Bandini. Pendant vingt mois la haine de Lorenzo le traqua partout, le surveilla de loin, l'épia, le cerna, l'attendit. Il s'était réfugié à Constantinople. Lorenzo l'y fit chercher et le demanda au Sultan ; le Sultan le livra. Le chroniqueur Burselli dit naïvement que Mahomet II agit de la sorte par horreur que le meurtre ait été commis dans une église. Le Bandini fut pendu aux fenêtres du Bargello, le 29 décembre 1479. — Il y a un croquis de Lionardo da Vinci qui le représente : il y paraît avec le nez légèrement crochu. Ce croquis fait partie de la collection de M. Bonnat, le mauvais peintre bien connu.

Lorenzo agit cruellement dans la suite vis-à-vis de quelques individus accusés de préparer une nouvelle conjuration et même d'avoir tenté l'assassiner. Un ermite, notamment, mourut au milieu de supplices. — A qui la faute ?

Niccolo Machiavelli a écrit justement : « Comme le succès de ces conspirations est difficile, elles produisent le plus souvent la perte de leurs auteurs et la prospérité de celui contre lequel on les dirige. Un prince attaqué par des moyens pareils en sort presque toujours plus puissant et souvent, de bon qu'il était, devient mauvais. Tel est l'ordinaire résultat des complots à son sujet, à moins qu'il n'y périsse comme le duc de Milan, ce qui n'arrive pas souvent. De semblables exemples effraient un prince, et la crainte l'engage à pourvoir à sa sûreté.»

XIV

Voici Lorenzo en face d'un cadavre. Il voit de près ce qu'est la mort hâtée, reçue de main d'homme, tout à coup, par le jeu de la haine. Il est aux prises avec tous les lieux communs d'une pareille aventure ; il a failli être tué ; il a paré l'instant terrible ; il est sain et sauf : il n'a rien ; il est là dans son palais entre les vieux murs, parmi l'intimité des choses familières, au milieu de ses amis ; il vit ! Il savoure tellement la joie d'exister qu'il en regrette moins son frère. Le peuple l'a défendu et acclamé ; sa victoire présente une double réussite. Il se juge un peu ivre. Car son frère est bien mort, mort... Il se le répète ; il subit douloureusement l'émotion physique dont tout cadavre charge celui qui le regarde ; cette émotion doit se doubler, se double de ce que le cadavre est un peu de lui-même, tient du même sang... cependant il n'est pas très bouleversé, et il est surpris de ne pas l'être davantage. Devant cette séparation éternelle qui s'installe définitive, irrévocable, il s'en veut presque de penser surtout à l'avenir et de se pénétrer sans cesse de cette constatation qui l'allège de joie : les Pazzi ont

manqué leur but, je suis bien le maître. Il regrette
Giuliano avec vérité. Il se rappelle avec attendris-
sement leur enfance, leurs jeux, leur mère. Comme
il l'aimait sans s'en douter ! Comme il s'en aperçoit aujourd'hui !... Malgré lui, il pense qu'il est
seul, sans rival. Il s'en veut affreusement de cette
pensée-là qui domine, tenace, mais il l'a eue, il ne
peut plus ne pas l'avoir eue, il ne peut pas l'empêcher de revenir, de se préciser tandis qu'il essaie
de la chasser loin, de l'oublier, de la perdre dans
une grande douleur. Il voudrait des larmes à tout
prix. Elles viennent, parce qu'il a des nerfs et
qu'il est comédien dans sa sincérité. Et, heureux
de ses larmes qui alourdissent ses cils, heureux
de la chaleur un peu cuisante qu'elles coulent sur
ses joues, il prononce lentement comme pour se
prouver à lui-même la possession du sentiment
vers lequel il s'efforce : Giuliano !

Une consternation violente l'entoure. Son frère
était très aimé. La plupart de ses amis sont atteints ;
bien des exagérations intéressées se devinent ; mais
l'ensemble de tous ces battements de cœurs rythme
un regret profond. C'est un groupe de figures rai-
dies ou abandonnées, toutes à peu près expressives
sans arrière-pensée. Les têtes sortent pâles de la
masse unique que semblent dessiner les vêtements
dans le demi-jour de la salle basse. Et — encore
malgré lui — Lorenzo songe qu'il est beau d'être
pleuré ainsi. L'impression qu'il éprouve et qu'il
qualifie de douleur au bienveillant tribunal intime
où il l'étiquette à volonté, cette impression dispa-

raît dans sa haine pour les meurtriers. Seule sa
haine est violente ; elle est faite des larmes versées
difficilement et du désir naturel de sa sécurité. En
somme il a été joué ; il n'était pas assez sur ses gardes ; c'est miracle qu'il en soit revenu. Sans croire
à Dieu, il sent grandir en lui-même sa confiance
instinctive au penchant mystérieux qui le porte à
protéger Florence ; et il lui semble que cette ville
l'a sauvé malgré ceux de ses enfants qui voulaient
sa mort. Il prend de l'assurance ; il pressent qu'on
lui obéira. Le terrain prêt attend le semeur. Il est
tranquille. Il s'excuse de ne pas sangloter. La fermeté lui est nécessaire en tant qu'homme d'État ;
son devoir avant sa famille. Il s'est créé une tâche ;
il a le droit de songer avant tout à elle et par conséquent à lui. Il n'y a plus rien à faire ; les larmes
ne creuseront pas la pierre tombale ; ses cris n'ar-
racheront rien à l'ombre ; sa douleur heurtera vainement à la porte noire par où nul ne repasse. La
fatalité a laissé tomber sa hache ; il n'y a rien à
tenter contre le résultat. Une seule possibilité s'offre,
la vengeance. Le peuple s'est chargé de la plus terrible ; il l'achèvera.

Les armes des Pazzi sont effacées de tous les édifices et remplacées par celles du peuple florentin.
Le carrefour qui porte leur nom en prend un autre.
Tous les survivants de la famille changeront leur
nom et leurs insignes dans l'espace de deux mois ;
s'ils sont en dehors du territoire, six mois leur sont
accordés. Celui qui épousera une descendante d'Andrea ne pourra prétendre à aucune dignité et en

privera d'avance tous ses enfants mâles ; même mesure est décidée pour la jeune fille qui épouserait un Pazzi et pour les parents s'ils y consentent. — Et il joint à sa vengeance l'accomplissement de ses desseins. Il faut que ce meurtre serve et fixe à jamais un exemple. Il prie donc Lionardo da Vinci de peindre les conjurés sur la muraille de la Tour, au Bargello, tel qu'ils furent exécutés ou pendus. Lionardo, après quelque temps de travail, abandonne l'œuvre sans donner d'excuse. Sandro Botticelli la reprend et la mène à bien d'une façon admirable, paraît-il, en même temps qu'un autre peintre[1] auquel toute la fresque devait plus tard être attribuée, jusqu'à ce qu'un magistrat stupide la fît gratter. Antonio Pollajuolo frappe une médaille commémorative. Orsino exécute un moulage de cire[2]. — Les Pazzi ne se relèveront jamais.

[1] C'était le Castagno, dit-on.

[2] On lit dans Vasari (t. III. p. 270) à la vie d'Andrea Verrochio : « Lorsque Lorenzo de' Medici eut été blessé à Santa Maria del Fiore, ses amis et ses parents résolurent d'élever son image en plusieurs endroits pour rendre grâce à Dieu qui l'avait préservé de la fin de son frère Giuliano. Orsino, sous la direction d'Andrea Verrochio, fit trois figures en cire de grandeur naturelle dont il forma la carcasse de pièces de bois entrelacées de joncs coupés en deux et recouvertes de draperies cirées et jetées avec un tel art que l'on ne peut rien voir de mieux et qui approche davantage de la nature. La tête, les mains, les pieds en cire épaisse étaient isolés et peints à l'huile. Les cheveux, les sourcils, la barbe étaient arrangés de telle sorte que l'on croyait voir non des figures de cire mais des hommes bien vivants. L'une de ces figures, couverte des habits que portait Lorenzo quand il se montra au peuple, blessé à la gorge, se trouve dans l'église des religieuses de Chiarito, en face du Crucifix qui opère des miracles. La seconde figure, revêtue du costume florentin est au-dessus de la petite porte de la Nunziata, à côté du banc où

Des funérailles splendides sont faites à Giuliano. Toute la ville y assiste. L'exaltation populaire est véritable. En marchant derrière le cercueil, seul, la tête nue, Lorenzo s'en pénètre et la goûte tant qu'il se sent manquer de tristesse. Un sentiment grave le fait aller droit et ferme. Il est heureux de reconnaître Florence attachée à lui de la sorte ; et, dans ses prières, il remercie son frère ingénument de tout ce que sa mort lui procure de puissance ; il réfléchit même qu'après tout la religion n'a peut-être pas tort, qu'il existe une survie et qu'il est entendu. Il lui plaît que l'église porte son nom. C'est une vieille basilique à colonnes ; sous la coupole principale, en avant des marches, sous une dalle très simple, reposent Cosimo et Donatello. Des pensées vagues et tristes le frappent un moment ; mais la conscience du présent l'emporte ; il a le temps, il veut vivre ; il adore la vie. Il se sent regardé. L'assistance, en effet, devant sa mine grave et dure, se retient pour ne pas l'applaudir. Les hommes admirent ce qu'ils jugent son stoïcisme ; « povero ! » pensent les femmes.

L'église est éclairée par d'innombrables cierges. Ils emplissent la nef de leurs montées blanches ou jaunes comme des lances séraphiques étoilées d'or.

l'on vend des cierges. La troisième fut envoyée à Santa Maria degli Angeli d'Assise et fut placée devant la madone. C'est dans cette ville que Lorenzo de' Medici fit percer celle des rues qui mène de Santa Maria jusqu'à la porte d'Assise et restaurer les fontaines construites par son aïeul Cosimo. Mais pour en revenir aux figures de cire, toutes celles qui sont à la Nunziata marquées d'un R renfermé dans un O surmonté d'une croix, sont dues au talent d'Orsino que presque personne n'a su égaler. »

Il y en a d'énormes dans de lourds chandeliers de bronze à l'entrée du chœur ; il y en a d'épais autour du cercueil ; il y en a de minces et d'effilés sur l'autel. Des nuages légers s'enroulent au long de leur veillée ardente. L'odeur de l'encens se mêle à l'odeur de la cire.

Et Lorenzo songe que c'est un spectacle admirable.

D'après Poliziano, Giuliano avait les épaules larges, la poitrine proéminente, des bras pleins et nerveux ; il était solide sur ses jambes et doué de plus de force physique qu'un homme n'en a besoin. Ses yeux vifs semblaient brûler leur lumineuse eau noire, ainsi qu'il convenait à son teint olivâtre ; il portait ses cheveux, très noirs également, en arrière. Il montait bien à cheval et lançait non moins bien l'épieu ; il se montrait le premier au gymnase et aux jeux de toutes sortes ; il s'entraînait à vaincre les fatigues et les veilles, s'exerçait à supporter pendant plusieurs jours la faim et la soif. Son âme haute possédait de la fermeté ; il avait un instinct naturel des choses élégantes ; il écrivait des vers habiles ; il laissa des pages « en langue vulgaire » sur des sujets graves ; toutefois il se plaisait beaucoup à la lecture des pièces légères. Plein de mépris pour le mensonge, il demeurait toujours d'une grande urbanité, « abondant et fécond, » mais n'oubliait presque jamais une injure. La recherche de ses vêtements restait discrète et d'une grande distinction. Il professait le respect des amis et des supérieurs ; il aidait de son mieux les pauvres.

Ce jeune homme parfait laisse un fils naturel. Antonio de San Gallo vient en informer Lorenzo. La mère est de la famille des Gorini ; l'enfant a un an. Lorenzo le prend sous sa protection, le confie à Antonio jusqu'à ce que sa septième année soit révolue et le fait élever ensuite près de lui. Le petit l'en remercia plus tard en unissant la famille des Medici à la maison de France et — ce qui était moins heureux — en contribuant à l'avènement du protestantisme par la honte infligée à Henri VIII lorsqu'il le chassa de l'Église romaine : l'enfant naturel était alors devenu le pape Clément VI.

Lorenzo a réussi. Les circonstances l'ont secondé. Tout est venu au-devant de lui en quelque sorte ; les choses n'ont été terribles ou favorables tour à tour que pour le servir. Le peuple promet de se dévouer à sa cause et le supplie de prendre toutes les mesures nécessaires à sa sûreté. Cette conjuration manquée, une des mieux ourdies cependant, empêchera les suivantes ; si quelques-unes se tramment encore, c'est avec l'assentiment public qu'il frappera. — Les événements le portent, le grandissent, le placent.

Le pouvoir est établi.

Ici il est intéressant de connaître la vie privée des deux frères, à partir de leur puissance jusqu'à maintenant. Ce sera une sorte de réponse aux historiens qui soutiennent les Pazzi au nom de la République ou à ceux qui déclarent avec un mécontentement mal dissimulé que l'échec de Lorenzo leur eût été aussi indifférent que son triomphe.

X V

Il n'a pas pu ne pas retourner à son âme. Ses anciens maîtres toujours autour de lui sollicitaient par le seul fait de leur présence le souvenir du passé, le charme des causeries, l'union parfaite avec lui-même. Un désir inavoué de ne pas se perdre, de se revenir, de reprendre ses études lui était demeuré vivace. Et il n'a pas pu attendre ; il lui a fallu son rêve de suite ; au milieu des intrigues, des difficultés, au cœur même de la politique, il l'a installé. — Émouvante leçon, celle de cet homme qui prend le pouvoir comme en se jouant des trames meurtrières et garde une sérénité capable de travail spirituel en arrivant à réaliser la force de commander absolument. Pour le libre jeu d'une volonté partout répartie sans obstacles de lois ou autres niaiseries tracassières — bornées à la foule devant, hélas ! être réglée, néfastes aux caractères qui savent mériter d'en sortir — il a essayé l'impossible. Une seule route reste inexplorée, perdue, inquiétante, celle de la guerre ; il n'y entend rien ; il y répugne ; il ne l'aime pas, la juge stupide un peu, mais en reconnaît le poids et se prépare à faire face à son éventualité fatale : il a de l'argent ; il est presque sûr de sa diplomatie. — Avec cette puissance dont le sceptre lui procure une efficacité souveraine, il tentera l'aventure d'une cour littéraire où l'épée paraîtra enfin à côté de la pensée, non au-dessus d'elle, et, ce qu'elle doit être, sa servante.

Les éléments qu'il possédait pour la constituer étaient uniques. Autour de lui les hommes les plus parfaits de son époque se trouvaient naturellement réunis ; c'étaient, outre les assidus de Camaldoli, Lionardo da Vinci et Sandro Botticelli ; c'était Pico della Mirandola.

Giuliano, en protégeant le Vinci, en avait fait en quelque sorte son camarade ; tous deux, fervents d'alchimie, poursuivaient la science à travers la recherche du grand œuvre ; il est probable que le peintre se plaisait à ce travail obscur surtout par curiosité et que le Medici y croyait davantage. C'est peut-être en compagnie de Giuliano que le Vinci disposait des boyaux dans la chambre où on l'attendait pour les gonfler ensuite invisiblemen de la pièce voisine au point de faire fuir les visiteurs auprès desquels il s'excusait après coup en disant qu'il avait voulu leur donner une image de la vertu, si petite, il semble, au premier moment, si encombrante et terrible ensuite. Quoiqu'on l'ait prétendu, toute leur alchimie ne consistait pas cependant en farces de ce genre ; il est certain qu'ils possédèrent — au moins pour le décor — la pièce classique bossuée de fourneaux, de cornues, d'alambics, de grimoires, d'ossatures, de têtes de morts et ornée de l'araignée mélancolique dont les peintres, lorsqu'ils veulent évoquer un intérieur nécromancien, représentent la tâche éteinte au centre d'une toile trop grande et trop irrégulière, entre les lumières colorées d'un vitrail et la pâleur de tapisseries symboliques. Dans la suite de sa vie le Vinci eut un élève qui s'affubla du nom de Zoroastre, et que Lasca, dans une de ses nouvelles, nous montre possesseur de sceaux, d'amulettes, de pentagrammes et de secrets bizarres. Cependant, en général, il n'aimait pas les alchimistes; il avait exploré le vide qu'ils recouvraient d'étrangeté ; il écrivait : « Les interprètes qui rénovent la nature affirment que le vif-argent est une semence commune à tous les métaux ; ils oublient que la nature varie la semence selon la diversité des matières qu'elle veut enfanter » ; et il écrivait encore : « Un grand nombre, vendant leurs mensonges et leurs faux miracles, trompent la multitude sotte. »

On s'étonne que Lorenzo ne se soit pas attaché davantage cet homme extraordinaire. C'est la seule vraie faute de sa vie. Il ne le devina pas ; il l'admira, mais sans la passion qu'il devait inspirer, et ne sut pas le retenir ; peut-être même n'y pensa-il pas. D'autre part il ne faut pas oublier l'humeur très particulière du Vinci, toujours amoureux de nouveau luxe et en général de nouveauté, subtil et moqueur, trop fin et trop réservé dans son attitude hautaine pour se faire comprendre souvent. Autour de Lorenzo il y avait peut-être aussi, chez quelques savants, une certaine pédanterie qui exaspérait l'artiste ; les deux frères étaient des maîtres mais non des tyrans, et, à cause de cela même, certaines folies ne se produisaient pas ; et puis la cour de Milan, un peu lointaine, parée de légendes, représentait l'inconnu ; ses seigneurs remplaceraient avec avantage les marchands ; la richesse y devait être insolente. Toutefois un biographe anonyme du peintre nous le montre n'allant trouver Ludovic le More que sur l'instigation de Lorenzo ; le fameux luth en forme de tête de cheval ne serait plus alors qu'un cadeau adressé par l'entremise du Vinci et dont rien ne dit qu'il aurait été l'inventeur. Vasari est en désaccord complet avec ce biographe. Lequel croire ? — Le Vinci atteignait alors trente ans. Il avait peint la tête de la Méduse et cet ange qui fit jeter les pinceaux à son maître, le vieil Andrea Verrochio à la grosse figure intelligente, sévère et têtue ; il avait offert de canaliser l'Arno ; il avait proposé de soulever le temple de San Giovanni et de l'exhausser sur des degrés sans le renverser ; il s'était dégoûté de son travail de la chapelle de San Bernardo ; il venait d'abandonner son adoration des mages au couvent de San Donato, malgré les prières des moines.

Sandro Botticelli peignait sur les murs du palais Medici une grande Pallas et un saint Sylvestre. Ses contemporains ne l'admiraient probablement pas selon son mérite ; on ne trouve en effet presque pas d'éloges sur lui dans les écrivains de son temps ; mais, les admirations officielles une fois épuisées, ils avouaient que ses œuvres étaient charmantes et lui faisaient peindre dans leurs chambres « quantité de femmes nues »[1]. Il ornait aussi l'espace qui est, à Santa Maria Novella, entre les deux portes de la façade principale.

Andrea della Robbia décorait l'hôpital de San Prado degli Innocenti. Le miniaturiste Gherardo enluminait des pages de livres précieux pour Mathias Corvin, roi de Hongrie. Les deux Pollajuolo tenaient une boutique renommée piazza del Mercato nuovo. — Et il y avait l'étonnant Leon-Battista-Alberti.

Il faut s'arrêter à cette figure typique dont nous avons essayé une esquisse au bois des Camaldules. Il composait des vers et ce qu'il est convenu d'appeler des proses galantes. Il travailla quelque temps à Santa Maria Novella et à San Brancazio. Il fut architecte, sculpteur, peintre, graveur et ingénieur. Il fut aussi secrétaire de la cour romaine, car il était prêtre. Poliziano fait l'éloge de ses peintures; Vasari dit qu'elles manquent de perfection. Sa gloire principale est San Francesco de Rimini, là où dorment Sigismondo Malatesta et sa maîtresse, dont le sarcophage, sur le mur où il s'allonge, est dominé par deux têtes d'éléphants aux trompes recourbées en l'air.

L'année où Gutenberg découvrit l'imprimerie, en 1457, il inventa un instrument pour reproduire les perspectives et donner une grandeur apparente aux objets de petite dimension. Il fit la porte de

[1] Vasari.

Santa Maria Novella pour le palais des Rucellai ; dans la rue della Scala, il construisit une loggia « d'une beauté extraordinaire », ainsi qu'un palais dans la via della Viqua[1]. Pour Lodovico Gonzagua, il bâtit la tribune et la grande chapelle de l'Annunziata, et, à Mantoue, l'église Sant' Andrea ; le long de la route de Mantoue à Padoue il échelonna de petits temples. Il cherchait sans cesse ; il prétendait qu'un sens mystérieux était caché sous les récits de l'*Énéide* ; il écrivait au livre VII de son traité d'architecture : « les fictions antiques me plaisent assez pourvu que leur fin tende à quelque chose ». Sa ferveur avait commencé dès son enfance, sous l'éducation un peu sévère de son père Cipriano. « Nos heures de travail étaient distribuées de telle sorte que pas une minute ne fut perdue... J'aurais été tout à fait heureux si les journées n'eussent pas été si courtes. » Il avait une sorte de ferveur pour le grec, et s'en servait pour pénétrer dans l'âme antique, en humaniste autant qu'en architecte. Il savait si bien le latin qu'à vingt-cinq ans il composait une comédie dont le style réussit à tromper

---

[1] Vasari, paraît-il, aurait fait erreur ; le palais de la via della Scala près du Lungarno serait de Bernardo Rossellino ; ce qui le ferait supposer serait qu'il ressemble aux palais des Piccolomini à Sienne. Mais on se contente de dire que *probablement* ceux de Sienne seraient de Rossellino ; et M. Milanesi qui attaque Vasari se contente pour baser son opinion d'un manuscrit anonyme de la Magliabechiana. Je sais que l'on a avancé aussi pour soutenir cette thèse que ce palais ne fût construit qu'en 1498. Mais j'ai eu beau chercher et je n'ai jamais trouvé sur quoi se basait cette affirmation. Je considère que Vasari a raison. De plus Rossellino était l'élève de l'Alberti et ne fit que suivre les idées de son maître.

Aldo Manuzio au point que le vieux lettré la publia comme l'œuvre retrouvée du poète Lepidus. A un moment, il fut obligé de réapprendre presque l'italien. Cela est navrant d'avoir à constater ainsi l'erreur de tant d'excellents esprits d'alors. Toutefois il écrivit en toscan très pur son traité « della Famiglia ». — Il en avait puisé l'observation dans sa propre famille dont la plupart des membres le haïssaient parce qu'il leur était supérieur ; ces gens cherchaient sans cesse mille moyens de le rendre malheureux. Ils considéraient avec pitié cet homme qui raillait leur inconcevable sottise et dont on parlait avec éloges, malgré la mauvaise réputation qu'ils cherchaient à lui faire. Sa conduite envers eux avait cependant toujours été parfaite ; et elle fut vraiment superbe dans la suite quand, se montrant prêt à leur pardonner, il écrivit en envoyant son ouvrage à ces monstres : « Si vous êtes enfin sages, vous me rendrez votre estime et votre tendresse, sinon votre malignité mauvaise se tournera contre vous pour vous damner. » Aujourd'hui le nom de sa famille ne vit que grâce à lui et la malédiction pèse trop légèrement sur ceux qui le firent tant souffrir.

Il tomba malade deux fois à force de travail ; la seconde ce fut à Bologne où il étudiait le droit. Sa maladie fut curieuse ; ses fibres se relâchèrent et il s'alanguit dans une atonie totale. Il en triompha, et, comme les médecins lui défendaient de fatiguer sa mémoire, il se mit aux mathématiques. Il reprit ensuite la littérature et publia

un ouvrage sur les avantages ou les inconvénients
des lettres. Après quelques opuscules de toute sorte,
il revenait à la comédie avec *la Veuve et le
Défunt.* — Il n'avait pas le côté odieux de beaucoup d'érudits chez lesquels le savoir devient un
fardeau et un motif d'assurance : lui s'en était fait
des ailes. Il était plutôt triste ; il reconnaissait le
néant de tous ses travaux, mais n'aurait pu
vivre sans eux ; il ne voulait plus jamais lire à
certains jours et déclarait que chaque lettre se
transformait pour lui en scorpion : il se mettait
alors à la musique ; c'était un habile organiste. Il
se montrait fort aux jeux et aux armes. Une flèche
lancée par lui traversait une épaisse cuirasse de
fer ; il sautait à pieds joints par-dessus dix hommes debout sans même effleurer leurs cheveux ;
d'un coup de doigt, il lançait une petite monnaie
avec une vigueur telle qu'il atteignait une muraille
de trois cents pieds de haut. Il avait des habitudes
délicieuses. Il se déguisait pour parcourir les
boutiques et les ateliers afin de dérober quelque
secret aux ouvriers ; il le leur rapportait ensuite,
expérimenté, perfectionné, et le leur abandonnait. Il construisait des machines de guerre. Après
son appareil d'optique, il avait inventé un instrument pour mesurer la profondeur de la mer.
Il avait aussi trouvé le moyen de démonter et de
remonter en quelques instants le pont d'un vaisseau. Il souleva la coque d'un navire qui gisait au
fond des flots depuis Trajan. Il avait du cœur, se
montrait généreux. Il était harmonieux et char-

mant. Il comprenait tout. Il a donné ce conseil
dans un de ses ouvrages : « Quand tu te promè-
neras dans la ville, quand tu monteras à cheval ou
parleras en public, fais en sorte que l'art préside
à ces trois actions ; mais prends bien soin de couvrir cet art d'un voile si discret qu'il échappe aux
regards les plus investigateurs. » — A propos de
l'instrument d'optique inventé en 1457, on lit dans
un manuscrit anonyme de l'époque conservé à Florence : «L'Alberti fit des choses si prodigieuses
qu'on ne pouvait en croire ses yeux. Il avait renfermé dans une petite boîte des peintures qu'il montrait par un petit trou pratiqué dans une des parois.
On voyait des montagnes dont les cimes se perdaient
dans les nues et de vastes provinces dont la mer
baignait les rivages ; la campagne s'étendait si loin
qu'elle finissait par échapper à la meilleure vue ;
les savants comme les ignorants se pensaient
devant la nature et non devant une peinture.
Alberti appelait ces choses des démonstrations. Il
y en avait de deux genres, les diurnes et les noc-
turnes. Dans ces dernières brillaient l'Arcture, les
Pléiades, Orion et d'autres corps lumineux ; la
lune s'élevait derrière les montagnes ; on distin-
guait aussi les étoiles qui précèdent l'aurore. Dans
les premières, le soleil frappait de ses rayons les
objets environnants. Alberti excita l'admiration la
plus grande chez les hommes les plus remarquables de la Grèce auxquels les moindres effets
de la mer sont connus. Lorsqu'ils eurent appliqué leur œil au trou de sa petite boîte, il leur

demanda ce qu'ils voyaient. Eh ! répondirent-ils, nous voyons une flotte sur les flots ; elle arrivera ici avant qu'il soit midi si elle n'est pas arrêtée par l'affreuse tempête que présagent les vagues écumeuses où se reflètent les ardents rayons du soleil. »

Je possède son traité d'architecture traduit en français par Jean Martin dont la tombe fut chantée par Ronsard. C'est une édition admirable ornée de gravures sur bois parfaites. Elle date de 1553. Le portrait d'Alberti y est un peu fantaisiste et rappelle à peine la plaque de bronze de la collection G. Dreyfus à Paris. L'épître d'Angelo Poliziano à Lorenzo pour lui recommander la lecture de cet ouvrage y est ainsi traduite : « Baptiste Léon, florentin, de la très renommée maison des Alberts, personnage de bien gentil esprit, de très subtil jugement et de savoir fort exquis après avoir laissé beaucoup d'autres tesmoignages de foy à la postétérité, enfin composa dix livres de l'Architecture : mais, quand il les eut presque du tout emôdez et achevez de polir, pour les mettre dehors en lumière, et vous les dédier, fut surpris par la mort. Quoy voyant Bernard, son frère, homme prudent et curieux de vous entre les premiers, les vous représente tous extraits de leurs originaux et réduits en un volume afin qu'il satisface à la mémoire et volonté de si grand personnage, et que par mesme moyen il vous remercie des choses pour lesquelles il vous est attenu. Or vouloit-il que je louasse envers vous l'ouvrage mesme, et

Baptiste, auteur du présent qui vous est faict. Ce que ie n'ay aucunement trouvé bon à faire ; de peur que ie ne diminuasse, par le défaut de mon esprit, les louenges d'un ouvrage si parfaict, et d'un personnage tant excellent : pour cause que, quant à l'œuvre, il acquerra de ceux qui le liront, beaucoup plus grandes louenges que ie ne lui en pourroye donner par mes paroles, et, quant à celles de l'Auteur, non seulement craignent-elles les réserves d'une épître, oins encore totalement la pauvreté de quelconque harangue que ie puisse faire. Car il n'y aurait science ou discipline (tant fut-elle secrette et cachée) qui luy demourast incogneue. Encores eussiez-vous peu douter s'il estoit plus faict à l'art oratoire qu'à la poésie, et s'il tenoist plus de gravité que d'urbanité en parlant. Il a tôt cherché et fouillé les traces et demourans de l'antiquité qu'il a trouvé et remis pour patron de toute la façon de bastir des antiques : de sorte qu'il a excogité non seulement des machines et pegmates et plusieurs automates, oins aussi des emerveillables manieres de bastir. D'avàtage il estoit réputé très bon peinctre et statuaire : encores que ce pédant il comprist parfaictement toutes choses, ainsi qu'il y avoit peu d'hommes qui comprissent chacun sa chascune. A raison de quoi (comme Saluste disoit de Carthage) il vaut beaucoup mieux me taire de lui que d'en parler. Mais biè voudroy-ie, Laurent, que vous attribuissiez, en vostre librairie, mesme le principal lieu à ce livre, qu'en fissiez vous mesme diligente lecture, que procurissiez tant que le vulgaire le peust lire, et qu'il fust mis en lumière publique. Car il est digne de voleter entre les paroles des personnages doctes : et en vous presque seul gist le soustènement des lettres qui par les autres sont abandonnés. A Dieu. »

Outre la plaque de bronze où il s'est représenté lui-même, nous connaissons encore les traits de l'Alberti par une médaille de Matteo de' Pasti ; cette médaille porte au revers un œil ailé avec la devise : « Quid tum », cerclée d'un laurier.

C'est avec Alberti, Ficino, Poliziano, les trois frères Pulci, Matteo Franco et d'autres que Lorenzo gagnait, aux heures libres, ses trois villas des environs. L'une étageait son jardin sur les rampants de Fiésole ; l'autre découpait ses larges créneaux à Careggi ; la troisième haussait sa terrasse à Caffagiolo ; celles de Careggi et de Fiésole avaient été construites par Michellozo.

Poliziano était né à Monte-Pulciano. On le favorisait. Il avait appris le grec avec Andonic le Thessalonien. Il était plutôt laid, avec une bouche aux grosses lèvres et un nez un peu recourbé ; il possédait l'exagération confiante de son temps et admirait beaucoup sa propre intelligence. D'abord prieur au collège de San Giovanni, il s'était fait nommer chanoine de la cathédrale ; cela ne l'empêchait pas de détester la Bible et d'affirmer qu'il n'avait jamais rien lu d'aussi ennuyeux ; avec Ficino et un autre savant, ils célébraient mystérieusement certains rites païens ; du haut de leur chaire, à l'église, ils commentaient la doctrine platonicienne, en la déclarant équivalente à celle de Jésus-Christ, et ils indiquaient certains passages du Phèdre ou du Gorgias en guise de prières. Le pensaient-ils réellement, ou agissaient-ils de la sorte afin de ménager une religion qu'il leur était impossible de renverser et qui, d'ailleurs, leur demeurait commode à élargir pour y faire vivre bien des beautés qu'elle ne contenait pas? Il devait y avoir en eux un singulier mélange de scepticisme et de ferveur; ils ne croyaient pas à l'absolu du dogme, et, voulant y retrouver quand même les doctrines aimées, ils forçaient le cadre pour y introduire un nouveau tableau. Cela leur était facile; le style gothique ne commandait pas comme en France[1]; les églises permettaient des fantômes étrangers dans l'ombre de leurs voûtes rondes et dans leurs cryptes lombardes.

La doctrine platonicienne allait tout envahir. Tandis que le Pomponace se préparait à continuer celle d'Aristote avec une ardeur singulière qui le conduisait à préparer un peu de la philosophie moderne, tous les savants de Florence ne dépassaient guère l'auteur du Banquet. Il leur était universel, leur tenait lieu de tout; il faut y joindre Plotin, Porphyre, Jamblique et ce faux Mercure Trismégiste qu'on admirait tant. Ficino, qui les avait traduits, ne pouvait écrire trente lignes sans les citer ou les prendre à témoin. Ce travail colossal avait

---

[1] Alfieri écrira dans ses mémoires, tout à fait à la fin du xviii° siècle : *La saleté des églises gothiques*

introduit dans son intelligence mille éléments qui s'enchevêtraient, se bousculaient et s'amalgamaient au hasard ; mais il allait quand même, avec une belle confiance et un indéracinable optimisme. Une seule question en réalité inquiéta cette philosophie, celle de la destinée humaine, et le point de vue d'où il fut envisagé le rendit facile. Cette question avait divisé l'école péripatéticienne ; les uns soutenaient Alexandre d'Aphrodise, les autres Averroës ; les alexandrins pensaient que l'âme périt avec le corps, les averroistes qu'elle retourne au lieu d'où elle est venue pour s'y perdre, lieu dont ils admettaient d'emblée l'existence. Ficino voulut combattre les deux doctrines ; aux premiers il répondit par la croyance des seconds, et aux seconds il apprit que l'âme se perdait effectivement en Dieu, mais n'abdiquait pas sa personnalité, étant donné que cette personnalité même ne faisait que retourner au nid d'où elle était éclose. Il disait que la mort du corps ouvrait à l'âme l'heure de la délivrance au lieu de l'anéantir, ainsi que le pensait la plupart ; il le prouvait en montrant ici-bas l'âme préoccupée du bien et du beau, du juste et du vrai qu'il identifiait avec Dieu ; il l'affirmait en établissant que, s'il n'en était pas ainsi, l'homme serait la plus malheureuse de toutes les créatures terrestres. Il indiquait l'univers comme une chaîne dont le monde physique cerclait le dernier anneau, Dieu l'anneau supérieur, l'homme l'anneau intermédiaire. Le monde physique lui paraissait passif, son activité vague et sourde ne

venant pas de sa masse même, mais d'une force
étrangère qu'il ne définissait pas autrement qu'en
l'appelant sa forme ; au-dessus, l'âme raisonnable
comprenait trois espèces, celle du monde, celle des
douze sphères, celle des animaux ; au-dessus de
l'âme raisonnable, la nature spirituelle, indivisible
et immuable, qui se réalise dans l'ange ; l'ange lui-
même se multipliait en une ascension jusqu'à Dieu,
point suprême. Toutes ces âmes subsistaient par
elles-mêmes, restaient indépendantes de la matière,
du temps, de l'espace — et immortelles. Le christianisme vivifiait le tout.

Rien de nouveau en somme, sauf la ferveur
avec laquelle ces hommes crurent à cette doctrine,
la créèrent, la bercèrent, la caressèrent comme un
oiseau enchanté aux longues ailes douces. Ils la
révélèrent au monde passionnément. Elle leur ver-
sait le remède suprême ; ils ne voyaient rien au
delà. Ficino en écrivant à une de ses cousines qui
pleurait la mort de sa sœur pensait lui donner
d'irrésistibles consolations en lui parlant de l'ordre
universel, en comparant l'existence à une prison
dont la mort délivre et en soutenant que la mort
est un bien pour l'affection portée par nous aux
êtres chers en ce sens que pendant leur vie nous
ne savons ni les voir ni les connaître, trompés que
nous sommes par leur apparence mortelle, leur
ennemie justement ; tandis que nous pouvons enfin
contempler leur âme dans toute sa transparence
une fois que leur corps a rejoint l'éternelle nuit de
la terre. Il allait plus loin encore ; il écrivait à son

ami Braccio Martelli : « Numénius qu'Origène pré-
férait même aux Pythagoriciens affirme qu'en lisant
les œuvres de Moïse et de Platon, il retrouvait l'un
dans l'autre, et que Platon n'est qu'un autre Moïse
ayant écrit en langue attique. Aussi devez-vous
vous apercevoir que ceux qui enseignent dans notre
académie vous exhortent autant à étudier la doctrine de Platon que la loi de Moïse. » Après avoir
affirmé que beaucoup de philosophes antiques, sans
s'en douter, avaient été de fort bons chrétiens, il
terminait avec enthousiasme : « Voilà ce que disent
ce qu'enseignent les platoniciens ! Et vous, mon
ami, qui avez été admis dans cette académie, qui
avez entendu dire ces choses et d'autres beaucoup
plus importantes encore par les grands hommes qui
la composent, peut-être vous écrierez-vous comme
Pierre : il est bon de rester ici ! Etablissons-y non
pas trois, mais trois mille tentes! » Outre ses traductions, ses livres sur la vie céleste, sur l'immen-
sité des nues et sur la religion chrétienne, il avait
écrit trois traités sur le soleil, la lumière et la
volupté.

Pico della Mirandola, son élève, développa les
mêmes idées. Ce curieux jeune homme avait
aussi travaillé en France où son neveu raconte
qu'il visita les écoles « en théologie et en philosophie encore imberbe ». Dans son portrait, aux
Uffizi, on retrouve un peu de la figure de Poliziano
mais avec des traits beaucoup plus fins ; tous deux
accusent un profil au sémitisme mélancolique. Il
eut le mérite de sentir le mal des travaux d'alors,

de reconnaître une faiblesse dans tout cet enthousiasme ; s'il ne sut pas la découvrir, il est en tout
cas probable qu'il en souffrit obscurément et cela
est déjà bien ; il n'y remédia par exemple même
pas par son vague mécontentement ; il ne lui vint
jamais à l'esprit de remonter, à travers tant de manuscrits faux, à la source véritable. Cela se conçoit ;
sa sécurité demeura partout trop naïve pour laisser
place à la critique ; cette philosophie un peu facile
dont il se sentit devenir un des maîtres l'enchaîna ;
elle était trop consolatrice et souriante ; il la suivit
s'y plongea, s'y oublia ; il était comme quand on
découvre Hegel à quinze ans. J'imagine, quant à
moi, pour comprendre son émotion, celle dont je
fus enfiévré quand je lisais Platon le soir à la lueur
de bouts de bougies dérobés dans le tiroir de l'an-
tichambre, chez le professeur qui m'avait pour in-
terne alors que j'étais élève de quatrième. Il dépassa
Ficino dans l'étude des langues ; en plus du grec il
savait l'hébreux, le chaldéen et l'arabe ; il se pas-
sionna pour la Kabbale qu'il expliqua d'ailleurs
beaucoup avec son imagination et dans laquelle il
découvrit naturellement une donnée de philosophie
platonicienne ; il y avait été amené par la lecture
assidue de Raymond Lulle. Connut-il Reuchlin ?
C'est peu probable, ni que Reuchlin l'ait connu ;
dans leurs écrits ils ne parlent jamais l'un de l'autre.
En tout cas, il fut un des premiers qui poussèrent
et répandirent les doctrines kabbalistiques ; et
Agrippa, Postel, Joseph Voysin, Abravanel ne
parurent qu'après lui. Ses explications de la genèse

furent étrangement fantaisistes ; il disait par exemple que la phrase : Dieu créa le ciel et la terre, signifie qu'il créa l'âme et le corps ; les eaux, sous le ciel, seraient l'image de notre faculté de sentir. On devine qu'il s'inspira d'Origène et de Philon. Toutes ses œuvres restent superficielles et hâtives ; ce sont des thèses brillantes mais vite méditées. Une préoccupation les domine, celle de tout ramener à l'église ; et cependant il sera plus tard presque poursuivi par Rome, dont un des censeurs, goûtant peu la métaphysique du *de Ente et uno*, prenait Kabala pour un nom d'homme. Au cours de son traité *de Hominis dignitate*, il cherchait à fournir « les armes saintes pour vaincre le monde dans le combat spirituel ». Il s'occupait de magie et d'astrologie. Il avait écrit des poésies amoureuses qu'il avait brûlées ; il avait dit adieu, avant d'avoir vingt-cinq ans, à ce qu'il appelait ses liaisons de jeunesse. Sa sœur Catarina Pia et lui furent très liés avec Aldo Manuzio. Aldo envoyait à Catarina des conseils sur l'éducation de ses enfants ; il écrivit souvent à Pico pour lui demander des manuscrits à imprimer et ce fut lui qui publia en 1501 son *de Imaginatione*. — Son défaut principal fut de trop se hâter dans son désir d'être un grand homme, et de désirer être un grand homme au lieu d'étudier tout simplement.

Ces philosophes inventèrent donc peu. Jean Scot Erigène au temps de Charlemagne et certains autres moines irlandais avaient presque dit les mêmes choses en cherchant à concilier la théologie

chrétienne avec le néo-platonisme d'Alexandrie.
Une partie de leurs idées existait chez Dante Ali-
ghieri ; on les retrouve dans son Banquet et même
dans son traité de la monarchie ; elles sont voilées
chez Pétrarque ; les troubadours provençaux Guit-
ton d'Arezzo, Cino da Pistoia et les autres en possédaient l'intuition ; une des forces de l'académie
Platonicienne venait même de cette liaison avec le
passé. Il y eut là la poursuite sincère — qu'on ne
rie pas ! — d'un idéal. Par des routes spéciales, ces
hommes parvinrent à l'humanité et contribuèrent à
son effort. Il ne faudrait pas non plus les prendre
au mot ; ils tiennent tous à la vie, et leur rêverie
est un peu aussi la recherche d'une consolation
pour le jour où il faudra la quitter. S'ils ont
voulu autre chose, c'est que la religion ne leur suffisait pas ; on découvre derrière les motifs de leur
action, un premier pas hors du dogme, de longs regards vers l'âme antique à travers un dernier vitrail
déjà bien pâli, un appel mystérieux qui s'ignore,
timide, à peine désobéissant, mais un appel que
l'écho recueillera pour le répéter dans un autre
vallon d'où quelque frère sonnera encore à son tour
jusqu'à ce qu'enfin la vraie route de l'Acropole soit
retrouvée. Lorenzo a lui-même écrit :

> Sono infinite vie e differente :
> E quel che si ricerca solo e uno.

Dès sa première jeunesse, Lorenzo avait étudié
cette philosophie platonicienne. Il l'aimait comme

tous les hommes de son temps, mais avec une lucidité froide qu'ils ne possédaient pas ; un instinct très dur de la réalité le préservait du nihilisme pernicieux qu'elle évapore vers ceux qui l'adoptent par trop ; elle lui fut surtout une curiosité, une spéculation ; il se trouvait heureux à l'encourager et y sentait un obscur germe d'avenir ; de plus, elle l'aidait aux heures noires, à envisager les contrariétés dangereuses ; le ciel si bleu du pays, la végétation ardente des plantes, l'atmosphère de beauté où elle palpitait la rendaient singulièrement attirante ; elle lui devenait une étape de son esprit ; comme telle, il la nota dans un poème. En voici le titre dans l'édition sans date où il fut imprimé probablement pour la première fois : « Altercazione overo dialogo composto dal Magnifico Lorenzo di Piero di Cosimo de' Medici, vel quale si disputa tra en cittadino el pastore quale sia più felice vita, o la civile o la rusticana, con la determinatione facta dal philosopho doro solamente si trovi la vera felicita. » Lorenzo qui avait une grande facilité composa vite cette « Altercazione ». Il s'y délassa de ses ennuis, y rêva autre chose que sa situation présente qu'il ne consentait d'ailleurs à quitter que dans ses vers, et se prouva qu'il était toujours poète. J'imagine qu'il l'écrivit par quelques réveils tristes où il mesurait — maintenant qu'il en avait l'expérience — le vide de la politique et des ambitions humaines. Il parla de Dieu et du souverain bien, parce que le rêve d'alors s'étiquetait de la sorte ; à une autre époque, il eût conclu au scepticisme, ces deux doctrines se touchant plus qu'on ne pense et ne différant l'une de l'autre que dans le résultat d'une même constatation, l'une lâche devant elle-même et ne pouvant se soumettre, l'autre plus virile, acceptant avant tout la suite logique de la vérité découverte.

Dans ses vers, Lorenzo représente le poète quittant la ville pour se perdre pendant quelques jours dans la campagne, « ayant fui l'âpre tempête civile ». Mille pensées abandonnées s'élèvent de sa fragile nature humaine ; il a laissé celles qui sont tristes et soucieuses dans la belle enceinte des murailles florentines ; il est parvenu à un endroit ombreux et bas, à une vallée bienveillante que fraîchissent les montagnes, et il s'y assied à l'ombre d'un vert laurier ; un berger survient qui conduit son troupeau ; il s'étonne de trouver là l'étranger : « Dis-moi pour quelle raison tu es venu ? pourquoi, les théâtres, les grands palais et les temples, pourquoi les as-tu laissés ? Pourquoi l'âpre sentier te plaît-il davantage ? Ah ! dis-moi ce que tu contemples dans ces bosquets. La pompe, la réclame et les délices, peut-être veux-tu les apprécier davantage en les comparant à notre exemple. — Mais moi à lui : Je ne sais de jouissance divine ni de bonheur qui soit plus suave et plus doux que le tien, éloigné de la malice civile. Chez vous, heureux pasteurs, chez vous, bucoliques, aucune haine ne règne ; aucune perfidie et aucune ambition ne naissent de vos soucis. Si vous possédez du bien, il n'excite pas l'envie ; votre avarice a de petites racines ; vous restez heureux dans la douce paresse ; on ne dit pas une chose pour une autre ; la langue n'énonce pas le contraire de la pensée... » Le berger paraît peu convaincu et désire vivre à la ville ; il répond en dévoilant les peines et les travaux des champs qui paraissent de loin plus beaux qu'ils ne le sont de près. Pendant la discussion, survient le philosophe Marsile ; et il est choisi comme arbitre. Il en profite pour développer aussitôt quelques données platoniciennes ; il examine soigneusement la valeur réelle des différents biens de la ville ; il conclut que le bonheur n'est ni dans une condition élevée et brillante, ni dans un état pauvre et obscur, mais dans la connaissance et l'amour de la cause première, de Dieu.

Le 7 novembre 1477, un an avant la conjuration des Pazzi, à Careggi, l'Académie célébrait la fête de son philosophe. Dans son banquet, qui ressemble beaucoup à celui de Platon, mais épuré en quelque sorte, sans le cynisme du texte grec, Ficino parle ainsi : « Le jour natal de Platon ayant cessé d'être célébré par un banquet comme l'usage s'en était continué depuis ce philosophe jusqu'à Porphyre, le très illustre Lorenzo de' Medici voulut le renouveler de son temps ; il en confia le soin à Francesco Bandino qui invita neuf platoniciens pour être reçus et régalés d'une façon royale à la villa de Careggi ; ce furent Antonio degli Agli, évêque de Fiésole, maître Ficino, père de celui qui écrit, Cristophoro Landino poète, Bernardo Nuti, rhétoricien, Tommaso Bensi, qui a traduit le banquet de Ficino

en italien, Giovanni Cavalcanti que la force de son
esprit et sa beauté corporelle firent surnommer le
héros par les convives du banquet, les deux fils du
poète Marsuppini, et enfin moi, Marsile Ficino que
Bandino voulut introduire en neuvième, afin que
notre compagnie fût égale en nombre à celle des
muses... Les mets une fois enlevés, B. Nuti prit le
livre de Platon intitulé Banquet d'amour et, après
en avoir lu tous les discours, pria les convives d'en
commenter un, chacun à son tour. L'évêque de
Fiésole et Ficino le médecin, l'un pour le salut de
nos âmes, l'autre pour celui de nos corps, cédèrent
la parole à Giovanni Cavalcanti qui disserta pour
eux deux. Tous les assistants écoutèrent attentive-
ments. — Maintenant je vais rapporter les discours
prononcés à ce banquet. »

On les devine. Le beau rêve de Camaldoli continue. Il peut sembler primitif sans pour cela qu'il
soit moins beau. Le tableau date de ces hommes
groupés autour de cette table symbolique où aux
douze apôtres s'opposent les neuf servants des muses. Les premiers coups sont portés à la scolasti-
que; la liberté d'investigation commence en Europe; c'est par l'effort de ces grands enfants lettrés
que peu à peu, au cours des recherches de plus en
plus poursuivies s'établiront l'archéologie, la juris-
prudence, la grammaire. — En dédiant son banquet
à Bernardo del Nero et à Antonio Manetti, Ficino
fait cette prière : « Que le Saint-Esprit, amour
divin qui nous a été soufflé par Diotime, nous éclaire
l'intelligence et nous mette dans une disposition

telle que nous l'aimions en toutes ses belles œuvres
et que nous aimions toutes ses belles œuvres en
lui pour goûter en dernier résultat le beau infini
qu'il recèle. » — Ce Saint-Esprit là est tout
païen.

En 1470, Lorenzo avait fait élever à Filippo
Lippi qui venait de mourir un mausolée dans la
cathédrale de Spolète où on le voit encore, dominé
par la figure fine et sensuelle du peintre.

En 1472, sous la magistrature de Donato Acciajuoli, traducteur de Plutarque, le roi de Suède,
Christiern, était venu à Florence. On l'y considérait
comme un barbare. Il visita tout en détail, voulut
voir la copie des Evangélistes grecs et celle de Justinien ; il se montra émerveillé. « Ce sont de vrais
trésors de princes, » dit-il. Ammirato déclare que ce
fut beau de voir en Italie, désarmé, ce roi dont
les ancêtres avaient porté la désolation jusqu'en
Espagne.

Vers la fin de cette année, tandis que la famine
menaçait, Lorenzo avait été à Pise pour y rétablir
l'académie, en ajoutant des sommes considérables
prises sur sa fortune personnelle aux six mille florins consacrés par la ville.

En 1487, Niccolo di Lorenzo della Magna im-
prime la *Divine Comédie*, en 1488, Bernardo Nerli
l'*Iliade* et l'*Odyssée*.

Lorenzo est bien le Magnifique.

LIVRE III

LA LUTTE AVEC LA PAPAUTÉ

XVI

Il manquait peut-être à sa puissance la consécration suprême d'une longue lutte compliquée. — La haine du pape la lui fournit.

Le pape est d'autant plus aigri que la conspiration a échoué ; il comptait sur elle et qu'elle le masquerait ; l'entreprise réussie, personne ne se serait avisé de rechercher son mécanisme ; au contraire, chacun pouvait maintenant s'appesantir sur lui, et il n'y avait pas besoin d'une perspicacité bien grande pour en découvrir le demi-secret. C'était en même temps avertir son adversaire, le mettre sur ses gardes, l'encourager à toutes les précautions et se fermer pour toujours à soi-même la possibilité d'une nouvelle surprise. Tout devenait plus difficile et tout était à recommencer cependant. Sa défaite révélait au monde son ambition et les procédés qu'elle employait pour réussir, et cela, au début de son pontificat.

comme pour le faire détester à l'avance. L'avertissement ne serait pas inutile ; chaque prince ne dédaignerait pas de se le tenir pour dit. Il avait gaspillé là tout un arsenal considérable. Il fallait agir au plus vite pour rehausser une partie du prestige déjà perdu.

Au cas où sa haine s'attiédirait, il a près de lui Girolamo Riario. Le comte ne le quitte pas, l'excite de son mieux, lui représente sans cesse l'étendue de son échec ; il affirme que Lorenzo a surtout eu de la chance, que le peuple ne l'aime pas en réalité, et qu'en deux mois la réussite est certaine ; afin de le prouver, il invente des histoires. Sixte sourit, mais, comme il souhaite qu'elles soient vraies, en retient la moitié. Le comte s'acharne ; il le blesse dans son amour-propre, il rappelle que des prêtres ont été tués, qu'un archevêque a été pendu publiquement, que son neveu bien-aimé est en prison. Si quelque difficulté survient entre Rome et Florence, il l'exagère, la rend odieuse, y découvre un outrage direct. De toutes les façons possibles, happant les moindres occasions, avec une patience attentive, d'une main habile et féroce, il brouille les cartes. Sa colère ne se contente pas de Lorenzo ; elle guette le peuple ; elle le dénonce comme naturellement impie, rebelle à toute autorité ecclésiastique. Puis il s'humilie avec une dévotion très bien feinte dont personne n'est dupe et invoque l'intérêt sacro-saint de l'Église. Enfin, comme tout ne va pas assez vite à son gré, il fait tout à coup arrêter un représentant florentin,

Donato Acciajuoli, malgré qu'il n'y ait rien à rele-
ver contre lui, et qu'il soit respecté pour sa probité
parfaite.

Donato Acciajuoli se conduit lâchement. La peur
occasionnée par cette surprise en est-elle la cause
ou quelque côté de son caractère inconnu jusque-
là? Espère-t-il de la sorte gagner son salut et ruse-
t-il ? A coup sûr il ne s'attendait à rien de ce
genre. Il demande qu'on le conduise au pape. Girolamo voulait le garder mais ne le peut plus sans
mécontenter celui dont il attend tout. Il cède.
Devant le Saint-Père, Donato se prosterne avec
des démonstrations d'humilité, renie toute parti-
cipation aux·actes de ses concitoyens, les désap-
prouve, invoque les saints et les saintes à l'appui
de ses dires et ne pense ni à défendre ni à excuser
son pays. Pendant ce temps les ambassadeurs de
Venise et de Milan protestent contre le procédé
employé vis-à-vis de leur confrère, et s'en déclarent offensés. Leurs réclamations jointes aux
paroles inattendues de Donato empêchent le pape
de garder son prisonnier ; il le laisse libre. Donato
se conduit plus lâchement encore. Au lieu de
retourner à Florence, il reste à Rome sans faire
entendre la moindre plainte. Dans ses dépêches il
ment avec tranquillité, paraît très heureux de lui-
même et recommande de relâcher le cardinal Sansoni.

Cet incident augmente la fureur de Sixte. Il
voudrait souffleter Lorenzo et en cherche autour
de lui le moyen. Il l'a vite trouvé. Les marchands

florentins qui sont à Rome ont reçu l'ordre secret de s'en aller au plus vite, après avoir mis leurs marchandises en sûreté. Il le sait. Aussitôt il empêche de partir les otages précieux, placés d'eux-mêmes à portée de ses prisons ; il poste ses troupes le long des rues pour saisir ceux qui ne sont déjà plus là ; quand aux retardataires, il les arrête sans autre forme de procès ; puis, le nombre de ses prisonniers lui paraissant insuffisant, il en découvre d'autres et les fait arrêter également, bien qu'aucuns préparatifs de départ n'aient été découverts chez eux, comme soupçonnés d'avoir voulu sous peu les entreprendre. Les marchands, moins craintifs que Donato Acciajuoli, réclament énergiquement ; quelques-uns menacent. Étant dans son tort d'une façon trop flagrante pour que cela passe inaperçu, Sixte les relâche presque tous ; désireux de les retenir sous sa main, il leur fait jurer qu'ils ne dépasseront pas les frontières de ses États.

C'était un bien petit morceau pour son appétit. Toujours aussi mécontent, sinon plus, il cherche encore. Mais il ne peut plus attendre. Il établit à brûle-pourpoint qu'il y a lieu de juger la conduite de Florence et nomme cinq membres du sacré collège afin d'en instruire le procès. — Lorenzo est averti par le cardinal d'Ostri qui lui conseille de céder, tant la puissance papale est grande alors ; et Venise intervient dans le même sens en représentant que la liberté de Raffaelo Sansoni peut terminer le différend ; afin d'y encourager, elle rappelle qu'il fut enfermé surtout pour être soustrait aux fureurs populaires, et que, ces fureurs étant tombées depuis bien des mois déjà, sa captivité ne présente plus de raisons suffisantes.

Sixte, toujours insatisfait, continue. Maintenant qu'il est parti, rien ne lui coûte. Il ne pardonne pas au Magnifique d'être vivant et, le 1er juin, l'excommunie ; la Seigneurie et les Huit partagent son sort. Il s'en donne à cœur joie. Sa bulle est inouïe de rage et de grossièreté ; l'indiscutable consécration divine en garantissant la sainteté, il s'y permet tout largement. Il n'oublie rien ; il rappelle les secours fournis à Niccolo Vitelli, les promesses faites à Carlo Fortebracci, l'asile procuré à un fugitif de Rome, Deifobo de l'Anguillara. Il compare les Huit à des chiens ; il les déclare monstrueux de s'être défendus ; il en veut surtout par exemple à Lorenzo qu'il considère comme l'auteur de toutes les discordes survenues ; il le traite d'usurpateur ; il lui souhaite le plus terrible avenir qu'il soit possible d'imaginer parce qu'il n'a pas laissé la tentative des Pazzi suivre son cours normal. Il le dit plein d'une « soif dévorante d'injustice contre les clercs ». Ce n'est pas tout. Il lui reproche enfin que la conjuration ait eu lieu un dimanche et dans une église. — Il n'y a peut-être pas dans l'histoire du monde un écrit qui établisse de façon plus significative l'instinct de mensonge, de mauvaise foi et de haine qui règne au cœur de tous les clergés.

« Iniquitatis filius et perditionis alumnus »,

Lorenzo est donc condamné ; le sont aussi ses amis que le bon plaisir de Sixte déclare abominables et infâmes jusque dans leurs enfants. Avec ces hommes maudits personne ne doit plus parler sous peine de péché grave ; prendre leur fortune pour la donner au fisc devient une action légale autant que sainte ; leurs maisons doivent être détruites et laissées en ruines afin que la postérité ne perde pas le souvenir de leur scélératesse ; Florence doit livrer Lorenzo, les Huit, les prieurs, le gonfalonier et leurs complices afin qu'ils soient punis de leurs crimes ; si elle refuse — ce qui serait incroyable ! — elle sera soumise à un terrible interdit que partageront Fiésole et Pistoïe. « Parce que les citoyens, dit la bulle, en étaient venus entre eux à quelques discussions civiles et d'ordre privé, ce Lorenzo, avec les prieurs de la liberté, etc.... ayant tout à fait rejeté la crainte de Dieu, et se trouvant enflammés de fureur, vexés par une suggestion diabolique et emportés comme des chiens par une rage insensée, ont sévi avec le plus d'ignominie qu'ils ont pu posséder sur des personnes ecclésiastiques. Oh ! Douleur ! Oh ! crime inédit ! Ils ont porté leurs mains violentes sur un archevêque, et le jour même du Seigneur, l'ont pendu publiquement aux fenêtres de leur palais ! »

Quand on accuse Sixte d'avoir pris part à la conjuration, il juge inutile de se défendre et ne répond même pas. Il entasse bulles sur bulles sans qu'il en soit question. Il est le Saint-Père. Il est au-dessus de tout et, bien entendu, de l'évidence. Il a tous les droits, et celui d'être injuste. On devine par lui quelle était alors la tyrannie de Rome et combien la lutte médicéenne est courageuse. Pour la première fois en Italie, un homme seul, sans armée, se lève ouvertement, et tient tête au monstre mitré. Le pape se révèle d'ailleurs mauvais politique; il abuse de sa force comme si elle existait seule; il la juge invincible; il compte trop sur le mouvement acquis. Le préjugé toutefois a encore des racines si profondes que les florentins répondent comme s'ils étaient vraiment coupables; ils s'accusent d'avoir fait mourir l'archevêque de Pise; ils regrettent d'avoir tué les deux prêtres conjurés. A part eux, ils pensent bien autrement, mais ils n'osent le dire et tout le secret de l'arrogance pontificale réside là. Dans l'occasion présente elle a d'ailleurs plutôt servi le Magnifique; chacun ne peut faire autrement que de remarquer ce qui s'étale et que les prêtres défendus sont des assassins indiscutables. Peu à peu, on commence à penser que les affaires temporelles regardent les particuliers; les guerres guelfes et gibelines sont encore trop proches pour qu'on souhaite les voir renaître à propos d'un conflit quelconque.

Lorenzo hésite longtemps sur le parti à prendre. Puis il réfléchit que le cardinal Sansoni ne lui sert pas à grand'chose et qu'il vaut juste un essai de conciliation.

Il met ainsi le beau rôle de son côté, et ses dispositions pacificatrices, en s'affirmant aux yeux de

tous, forcent son ennemi à dévoiler que les siennes
sont belliqueuses ; il est sûr en effet que cette mise
en liberté ne le satisfera pas encore. Le 5 juin il
fait donc sortir le cardinal de sa prison pour être
conduit au couvent des Servi ; le 12 juin le jeune
homme pâle et blanc revient au monde ; dès le lendemain il gagne Sienne. A Rome, lui et le comte
Riario dressent deux sentinelles de haine à droite
et à gauche du trône où devrait revivre saint
Pierre.

Lorenzo ne perd pas son temps. Le lendemain
du jour où le cardinal gagne Sienne il se fait nommer parmi les Dix avec Tomaso Soderini. — Une
invasion de sauterelles survient. La guerre, bien
moins dangereuse, passe au second plan. A Mantoue et à Brescia les bêtes vertes ont tout ravagé ;
des milliers d'hommes sont employés à les tuer et
à les enlever ensuite. Des champs entiers suintent
une odeur infecte ; la décomposition à ciel ouvert
de tant de milliards de petits cadavres jette dans
les vents les ferments d'une peste terrible. En
moins d'un mois Venise perd mille soldats et ses
principaux officiers ; la ville est déserte ; les conseils ne peuvent plus y être rassemblés. Tout le
monde est dans l'effroi. — Lorenzo est ravi. Cette
invasion imprévue d'un nouveau genre le sauve et
lui donne du temps. Il fait tout le nécessaire
pour garantir son territoire et, sûr que le
pape n'enverra pas de troupes, de peur qu'elles ne
soient atteintes du fléau, il s'enferme dans sa ville,
la prépare, rit tout à son aise et fait répondre aux

bulles excommunicatrices. Bartolommeo Scala
chargé de ce soin, met beaucoup de temps à fignoler
ses phrases ; elles ne sont prêtes que le 11 août ;
elles alignent une argumentation assez serrée qui
rendrait la défense impossible pour tout autre
homme que Sixte ; la confession du Montesecco y
est consignée toute au long. Le Magnifique prend
en même temps les avis du dehors. Cipolla et Reu-
mont pensent qu'il réunit un synode, Fabroni le
nie ; Capponi en doute ; Machiavelli l'affirme ; il est
donc impossible de fixer une certitude ; ce qui reste
certain, c'est l'appui cherché auprès des prêtres des
environs. Ces prêtres déclarèrent qu'ils étaient
prêts à passer outre et qu'ils considéraient les or-
donnances du Pontife comme sans valeur. Les trois
diocèses continuent donc comme par le passé leur
existence monotone. — Le 3 juillet une seconde
réponse est rédigée à Santa Maria Novella. Lorenzo
songe que le pape va tout travestir encore, les faits
et cette réponse ; il la fait recopier plusieurs fois et
l'envoie aux rois de Hongrie, de France et d'Espagne ; désireux en même temps de se ménager les
princes de la péninsule, plus intéressés que personne
à la lutte entreprise, il leur en fait parvenir quelques exemplaires. C'est la guerre formellement déclarée. Il révèle au monde d'une manière officielle
la politique de Rome et semble demander appui
contre. Il sait qu'on ne lui viendra pas en aide de
suite ni surtout ouvertement, mais qu'on n'oubliera
pas son signal.

Ce coup d'audace est en effet trop beau ; on com-

mence par ne pas le suivre. Florence, qui doit tout
à Lorenzo, le soutient, avec paresse — car les peuples ont peur de leurs grands hommes et cherchent
avant tout à se ménager des portes de sortie. La
Seigneurie écrit au pape une lettre où elle feint
de croire qu'il désire seulement faire expulser
« le tyran ». Cela flatte Sixte de songer qu'on
donne dans son piège ; lui aussi parle au nom de la
liberté : Il écrit à Frederigo d'Urbino, qu'entre
temps il a racolé pour son service, qu'il en veut
seulement au « geôlier de son neveu » — on sait
ce que neveu voulait dire. « Dieu a ôté aux Florentins l'intelligence et le sentiment pour les punir de
leurs péchés » — Ah ! que ce Dieu est donc un
Deus-ex-machina complaisant ! Girolamo Riaro,
Raffaelo Sansoni et le roi de Naples en tirent les
ficelles avec un entrain tout diabolique, et Sixte qui
n'y croit pas, est cependant content qu'il fasse les
grimaces désirées. C'est qu'un autre Dieu est également mis en mouvement autour de lui ; Jacopo
Ammanati, et le cardinal de Pavie découvrent dans
les mêmes livres saints où les autres ont vu surtout
des textes guerriers des paroles d'apaisement et de
concorde ; ils conseillent tout au moins de laisser
les choses traîner en longueur afin de gagner du
temps. Dans une de ses dernières lettres — il allait
mourir le 2 septembre, — le cardinal de Pavie
donnait cet avertissement. « Je sais qu'il vient à
nous de la part du roi de France un ambassadeur
fort estimé dans le pays des Gaules et dont la com-
mission est toute pleine d'orgueil. Il est chargé de

nous retirer l'obéissance des Français et d'en appeler à un concile si nous ne révoquons pas les censures prononcées contre les Florentins, si ceux qui ont tué Giuliano, qui ont même approuvé ce meurtre ne sont pas punis, enfin si nous ne renonçons pas à la guerre que nous voulons entreprendre. » Mais, reconnaissant la situation, et, en tant que prêtre, pensant que l'autorité pontificale est au-dessus de tout : « Cependant que pourrions-nous faire de plus honteux, quelle plus grande plaie, quelle mort plus cruelle pourrions-nous infliger à l'autorité de Rome que de révoquer notre sentence avant même que l'encre avec laquelle elle a été écrite soit séchée ? Le seul fléau que Dieu nous ait accordé pour notre conservation tomberait de nos mains ; le bâton apostolique ne conserverait plus la force de briser les vases inutiles ; la puissance séculière obtiendrait alors un refuge contre les censures et ce que notre faiblesse aurait abandonné une fois, notre courage ne pourrait plus jamais le recouvrer. » Ce serait conclure à la guerre, mais ici il fait intervenir le grand pantin et, avec un aplomb vraiment inouï, ose écrire : « Que votre Sainteté se confie entièrement en Dieu ; celui qui règne dans les cieux est plus grand que celui qui vit sur la terre. Le premier a soutenu ses prêtres dans les plus graves contentions, il ne leur manquera pas dans un moindre péril ; d'ailleurs nos ennemis combattraient pour le péché ; eux voudraient notre perte et nous ce que nous voulons — (entendez bien) — c'est leur salut et leur vie. Dans une si dissemblable situation, et quand notre cause à pour elle une aussi grande justice, nous devons sans aucun doute placer en Dieu toute notre espérance. » — Fort de l'appui céleste, Sixte fait piller pour son compte personnel les comptoirs florentins de Rome et de Naples. C'était, par nouvelle maladresse, bien montrer à Florence qu'il lui en voulait autant à elle qu'au Medici.

Le Medici ne perd pas la tête. Il poursuit la route que ses lettres aux rois et aux princes lui ont ouverte et revendique le passé guelfe de sa ville pour atteindre même à l'empereur et se préparer au cas échéant, s'il se peut, une autre alliance. Avec Louis XI, ses relations lui permettant plus encore (le roi allait jusqu'à lui demander un anneau magique et la manière de s'en servir), il en profite. Pour allécher le vieux compère, il lui promet, outre la sienne, l'alliance de Venise et de Milan ; il démontre qu'il n'est pas coupable et que son seul crime consiste à ne pas s'être laissé tuer ; Comynes se trouvant là en qualité d'ambassadeur, il ajoute qu'il est fier d'avoir auprès de lui le « très illustre seigneur d'Argentan ».

Louis XI riposte en appelant le comte Riaro « homme naguères comme incogneu, de basse et petite condition » ; à côté de cette affirmation qui ne lui coûte rien, prévoyant une demande de fonds, il se prépare d'avance à la refuser en gémissant sur la « grant vuidange d'argent qui se tire de nostre royaume ». En même temps il renouvelle les disputes de la pragmatique sanction et écrit au pape une lettre assez dure où il cite l'Apocalypse et excommunie à son tour au nom des livres saints ceux qui ont causé des scandales et y persistent ; il dit regretter que sa bonté ne sache pas ce qu'elle fait ; il s'écrie : « Plaise au ciel que votre Sainteté fût immaculée de tant de choses horribles ! » Et comme Sa Sainteté ne répond pas à son désir de convoquer un concile, il en réunit un lui-même à Orléans, composé de prélats français lui devant soumission. — Lorenzo sait que son allié ne fera pas grand'chose ; mais il espère quand même en l'importance d'une pareille lettre suivie aussitôt d'action, la lettre devant grossir l'apparence d'un danger encore bien problématique et montrer en tout cas que Paris ne craignait pas Rome ; la convocation du concile cacherait peut-être de plus le désir intime qu'avait Louis XI de rester tranquille. — Il envoie Braccio Ugolini, revenu sous peu d'une ambassade auprès de l'empereur, au concile d'Orléans.

Braccio Ugolini y révèle en pure perte son éloquence. C'était fatal. L'envoyé pontifical avait ordre de filer doux devant le roi de France. Il l'étourdit par de séduisantes promesses et des affirmations de dévouement ; il déclare que son maître a la plus grande affection pour son cher fils et qu'il s'agit uniquement de l'usurpateur florentin. L'Assemblée comprend trois cents députés du clergé et deux cents seigneurs ; elle est présidée par Pierre de Bourbon. Les intérêts du royaume étaient sauvegardés, ceux de l'Italie passent au second plan. On lit dans un manuscrit de la bibliothèque nationale (3880, Relation exacte de la négociation faite par les ambassadeurs du roi Louis XI pour traicter de la paix entre le pape Sixte IV et le roy de Naples d'une part, et la république de Venise, les ducs de Milan et de Ferrare et la république de Florence d'autre part, ès années 1478 et 1479) : « Le royaume italique et les autres puissances confédérées avec le roy très chrestien ayant intérest à ce qu'un concile général soit tenu tous les dix ans, le pape sera requis d'en convoquer un le plus tôt possible, et jusqu'à ce que ledict seigneur pape ait déposé les armes prises par luy contre les chrestiens, aucun argent ne sera envoyé à la chambre apostolique, dans la crainte qu'il ne serve à la continuation de la guerre. » C'était encore une question de finance. Louis XI n'en envoyait pas ; il devait être ravi.

Lionardo de Rossi écrit à Lorenzo : « L'assemblée des prélats français s'est tenue à Orléans au milieu d'une grande affluence, mais je ne crois pas, qu'il y ait un arrangement pour l'espoir que votre évêque a formulé au roi quant au pape. »

Du côté de Venise, l'alliance demeure aussi peu certaine et surtout belle en paroles. Sixte la craignait à certains moments mais tournait vite la difficulté ; il expliquait à Frederigo d'Urbino avec la mauvaise foi qui le caractérise : « Quant aux Vénitiens, j'aurai comme riposte justificative qu'ils se mêlent à une cause injuste et que Dieu est au-dessus qui rétribue les œuvres qui se joignent aux siennes. » Venise avait envoyé en effet un représentant à Lorenzo pour l'assurer des rapports qu'elle entretenait avec Ferrare et Milan au sujet des secours à lui fournir ; le 7 juillet elle avait averti le pape qu'elle serait contre lui ; et, son ambassade, au cas où elle eût été renvoyée au comte Riario, avait ordre de répondre qu'elle n'avait plein pouvoir que pour traiter avec le pape sans intermédiaire.

Sixte ne bouge pas. Deux mois après, Venise revient à la charge et démontre que l'intérêt commun est de combattre les Turcs. Sixte ne bouge pas davantage. Venise écrit alors à Louis XI pour lui demander la convocation d'un nouveau concile. La réponse est évasive et le concile n'a pas lieu.

XVII

En réalité, le Magnifique reste donc seul. Il a même à craindre que Venise ne lui en veuille de l'avoir mêlée à la guerre ; il ne peut d'aucune façon compter sur elle. Au contraire, son ennemi est sûr du roi de Naples ; il possède un excellent homme de guerre, Frederigo d'Urbino, élevé à l'école de Piccinino et de Sforza, célèbre pour son courage et sa circonspection, sa discipline et sa rapidité ; nul mieux que lui ne sait former ses hommes, régler une « condotta » et la mener à bien. Il n'a rien d'égal à lui opposer. Son ennemi a une influence mille fois plus étendue que la sienne, la consécration d'une routine séculaire et d'un prestige de terreur. Lui, au contraire, est à peine le maître dans sa propre ville. Les ressources dont il dispose ne peuvent entrer en ligne de compte. Ses compatriotes ne sont pas guerriers ; les troupes achetées sont déplorables ; Milan qui seule a répondu à son appel ne lui a envoyé que deux cents hommes ; Alberto Visconti est un capitaine de second ordre ; Gian Jacopo Trivulzio — le futur maréchal de France — en est encore à ses débuts. — Et Frederigo d'Urbino, aidé d'Alphonse de Calabre, apparaît sur la frontière le 3 juillet. Le 11, ils sont près de Montepulciano. Un simple trompette vient apporter la déclaration de guerre. C'est un bref pontifical promettant la paix au cas où on chasserait « le Tyran » de Florence.

Sa situation est terrible. Il regrette d'avoir laissé quelques libertés inutiles au lieu de ramener à lui le pouvoir absolu ; il se promet d'aviser à cela si le destin ne l'emporte pas ; et il avise. Il pense que, pour le moment, le mieux est de tenir bon coûte que coûte. L'heure n'est pas aux réformes ; il ne peut que se servir des armes déjà possédées ; la force ne fera rien ; il doit la garder comme avant-dernière ressource et la voiler au contraire jusque-là ; il sait que sa parole rallie ; le danger fera le reste. Il rassemble trois cents des plus hauts citoyens, les réunit aux seigneurs assemblés dans le palais, et il se pose devant eux, le geste ferme : « Je ne sais, dit-il, si je dois m'affliger avec vous de ce qui s'est passé ou si je dois m'en réjouir. Quand je songe à la perfide fureur de ceux qui m'ont assailli et qui ont fait périr mon frère, la tristesse l'emporte, mon âme s'abandonne à la plus profonde douleur ; mais, si je considère ensuite l'empressement, le zèle, l'affection, l'unanimité des vœux de toute la ville pour venger mon frère et me défendre, je ne puis m'empêcher de me livrer tout entier à un sentiment d'exaltation fière. L'expérience m'a prouvé que j'avais plus d'ennemis dans cette ville que je ne le pensais, mais elle m'a fait voir aussi que j'avais des amis plus ardents et

plus dévoués que je n'aurais osé le croire ; de telle
sorte que si je suis forcé de gémir avec vous sur
les injures d'autrui je dois aussi me flatter moi-
même de vos bontés à mon égard. Toutefois, plus
ces injures sont exagérées, et sans que j'y aie
donné lieu, plus elles doivent me causer de tristesse. Voyez, illustres citoyens, à quel degré de
malheur ma maison avait été entraînée par une fortune contraire puisque au milieu de ses amis, de ses
parents, même sous la protection des églises elle
ne se trouvait plus en sûreté. Ceux qui ont quelque sujet de craindre pour leur existence implorent
généralement le secours de leurs amis, de leurs
parents ; eh bien, moi, je les ai trouvés armés pour
me détruire ; les églises offrent un asile assuré à
tous ceux qui sont poursuivis pour des raisons
d'État ou pour des causes particulières ; eh bien,
ces mêmes églises qui défendent les autres se sont
faites meurtrières pour moi ; oui, les Medici ont
trouvé la mort dans le lieu où les assassins, que
dis-je, où les parricides même trouvent une sûreté
absolue. Dieu, qui n'a jamais abandonné ma maison, m'a sauvé ; il a protégé mon innocence. Car
qui donc ai-je outragé pour qu'une telle fureur de
vengeance le saisisse? Ceux qui se sont montrés nos
ennemis à moi et à mon frère, et des ennemis à
quel point acharnés, avaient-ils reçu de nous quelque offense particulière ? Je vous le demande, en
vérité ! Si nous leur avions fait éprouver de mauvais traitements, il ne leur eût pas été aussi facile
de nous attaquer. S'ils nous attribuent les sujets de

plaintes que peut leur avoir donné l'État, en admettant qu'il leur en ait donné, ce que j'ignore, c'est vous qu'ils offensent avant nous. Leur procédé est plus injurieux pour ce palais, pour la majorité de ce gouvernement que pour notre maison puisqu'il tend à prouver que vous maltraitez vos concitoyens en notre faveur, et sans qu'ils vous en aient donné aucun motif ; et cela est en tout contraire à la vérité, parce que nous, alors que nous l'aurions pu, nous ne l'eussions pas plus fait que vous ne l'eussiez souffert si nous l'avions désiré. Quiconque recherchera bien la vérité saura que notre maison, élevée au milieu d'un assentiment général, n'a dû cet avantage qu'à ses efforts pour l'emporter sur tous par son humanité, son obligeance et ses libéralités. Si nous avions ainsi traité des étrangers, comment aurions-nous outragé nos parents ? si la passion de dominer les a portés à en agir de la sorte, comme ils l'ont prouvé en s'emparant du palais, en paraissant armés sur la place, on voit combien cette ambition était tout à la fois absurde et condamnable, s'ils ont été guidés par leur haine et leur jalousie envers notre pouvoir, ce n'était point nous qu'ils insultaient, mais — j'y reviens encore — vous-mêmes dont nous tenions ce pouvoir. Sans doute toute autorité doit être détestée quand elle n'est que le fruit de l'usurpation, mais peut-on traiter ainsi celle qui n'est due qu'à la générosité, à la douceur, à la munificence ? Vous savez que notre maison ne s'éleva jamais à aucun degré d'honneur qu'elle n'y ait été portée par cette Scigneurie et par votre consentement unanime. Ce furent vos vœux réunis, non les armes et la violence, qui rappelèrent Cosimo, mon aïeul, de son exil. Mon père, infirme et âgé, ne put se défendre seul contre tant d'ennemis ; mais votre autorité et votre bienveillance lui servirent de bouclier. Après sa mort, j'étais encore trop jeune pour pouvoir soutenir encore le rang de ma maison, mais vos conseils ont secouru mon inexpérience. Ma famille n'aurait pu et ne pourrait diriger cette république si vous ne l'y eussiez aidée et si vous ne l'aidiez encore à tenir les rênes du gouvernement. J'ignore sur quoi peuvent être fondés le ressentiment et la jalousie de nos ennemis contre nous. Qu'ils accusent leurs ancêtres qui ont perdu par leur orgueil et leur avarice le crédit que les nôtres se sont acquis par une conduite opposée. Enfin, en supposant — car il faudrait en arriver là pour expliquer leur conduite — que nous leur ayons donné de justes raisons de se plaindre de nous et de souhaiter notre ruine, pourquoi s'en prennent-ils à ce palais ? Pourquoi se liguent-ils avec le pape et le roi de Naples contre la liberté de cette république ? Pourquoi viennent-ils troubler la paix dont l'Italie jouissait depuis si longtemps ? Ils sont sans excuse, car ils devaient attaquer ceux par lesquels ils se jugeraient offensés, et ne point confondre les inimitiés particulières avec les injures publiques. Il résulte de là que leur perte augmente notre malheur puisque c'est pour eux que le pape et le roi font avancer leurs troupes sur Florence, en affirmant faussement que cette guerre n'est dirigée que contre ma maison et contre moi. Ah ! plût à Dieu qu'ils disent vrai ! le remède serait prompt et certain ; je ne serais pas assez mauvais citoyen pour préférer ma propre conservation au danger de l'État, et je me sacrifierais volontiers pour détourner l'orage qui nous menace. Mais comme ceux qui ont la puissance en main colorent toujours leurs injustices de quelque prétexte honnête, nos ennemis cherchent à couvrir leurs projets ambitieux d'un voile. Néanmoins, si vous en jugez autrement, je me remets à votre disposition ; vous pouvez me servir d'appui ou m'abandonner. Vous êtes mes pères et mes défenseurs ; je me soumettrai toujours avec plaisir à votre volonté. Vous me voyez tout prêt, si vous le jugez utile, à éteindre de mon sang le feu d'une guerre commencée par l'effusion du même sang déjà, de celui de mon frère [1]. »

C'était un coup de maître. La récente conjuration des Pazzi retenait le regard sur une réalité horrible ; il en avait habilement joué ; et il disait vrai au sujet de l'ambition papale qui visait bien plus loin que sa personne. Les larmes avaient coulé pendant ce discours. Elles redoublent quand il est fini. Giacopo de' Alexandri, chargé de lui répondre au nom de tous, le fait avec une sensibilité attendrie qui s'arrête aux paroles pour les faire plus douces encore. Il lui exprime la gratitude de Flo-

[1] D'après Machiavelli.

rence ; il le supplie de ne plus être inquiet ; il lui
jure de le défendre comme au moment de la
mort de Giuliano ; il fera tout pour lui conserver
le pouvoir. Et, tout de suite les citoyens qui jugent
sa garde insuffisante lui en votent une nouvelle,
composée de cent hommes. — Là encore il avait
gagné.

Aussitôt il rassemble de nouvelles troupes, il
réalise tout l'argent qu'il peut trouver ; il fait agir
les Dix et il envoie sa femme à Pistoïe avec ses
enfants. Giacopo Giucciardini est nommé commissaire civil de l'armée ; Ercole d'Este est engagé
comme chef général. Cela mécontente bien Venise
qui trouve les terres de ce seigneur trop voisines
des siennes pour qu'il lui soit allié, mais il n'a pas
le choix, et pour sa part, il lui reproche déjà bien
davantage d'être le cousin du roi de Naples. Il passe
outre.

Quant à Louis XI qui paraît également mécontent, il est trop loin pour agir. Lorenzo dans l'Italie entière accuse le pape d'impiété, d'injustice
et de trahison ; il prouve que son autorité a été
obtenue par des voix illégitimes ; il démontre qu'il
en veut à Florence parce qu'elle s'est bien conduite ;
il continue en un mot le sillon déjà ouvert par ses
lettres précédentes. A Florence même, on décide
que le cardinal du pape lui sera renvoyé.

Le 13 septembre, Ercole d'Este établit le camp
devant Poggio Imperiale. Le 27, selon la date fixée
par les astrologues, à 10 heures et demie du matin,
il reçoit son bâton de commandement. Soixante

mille florins en temps de guerre, quarante en temps
de paix lui sont alloués. Il a une tâche peu facile.
Son armée se compose d'éléments trop disparates
pour être unis ; les autres condottières lui obéissent
à regret ; les soldats de ces condottières méprisent
les ordres qui n'émanent pas de leurs officiers
directs. Ercole d'Este lui-même, occupé avant tout
de littérature, juge, à part lui, les combats fasti-
dieux ; il n'est guerrier que parce qu'il faut vivre ;
de plus, tient à sa peau un peu plus qu'il n'est convenable. Sans énergie, il ne sait maintenir aucune
discipline. Seules, comptent les troupes lombardes.
Aussi Trivulzio se montre-t-il très choqué de compagnons pareils ; dans ses lettres il dépeint les
hommes épars, les compagnies mêlées ou distantes
l'une de l'autre d'un demi-mille, les armes défec-
tueuses et mal entretenues ; il se plaint du manque
de provisions. Lucca Landucci écrit de son côté :
« Voici comment guerroient nos militaires ; tu
voleras là et non ici ; aucun besoin de trop nous
rapprocher les uns des autres ; on laisse bombar-
der plusieurs jours un château et jamais du secours
n'arrive. Il faudra qu'il vienne un jour des ultramontains pour nous enseigner la guerre. » Et
Comynes, au contraire, en parlant des pontificaux :
« ils prenoient toutes les places qu'ils assiégeoient
mais non pas si promptement comme on feroit ici
car ils ne sçavoient point si bien la manière de
prendre places, ne de les deffendre, mais de tenir
un champ et de y donner bon ordre tant aux vivres
que aultres choses qui sont nécessaires pour tenir

les champs, ils le sçavoient mieux que nous. » L'ennemi en effet parcourt le Chianti, le val d'Elsa et les hauteurs qui dominent le val d'Arno. Il s'empare de Rodda ainsi que de quelques châteaux, dont ceux des héroïques Ricasoli, et ravage tous les environs. Il met ensuite le siège devant Castellina. Tommaso Soderini est envoyé à Venise pour demander du renfort. Ercole d'Este, soit inaction soit impossibilité, ne secourt pas la place; ses défenseurs désespérés se rendent après quarante jours. L'ennemi prend ensuite Mortaio et Brolio qu'il pille malgré l'engagement pris au cours de la capitulation de respecter la petite ville; Ercole d'Este accourt assez à temps pour voir tomber encore Cacchiano. L'ennemi revient alors dans le val de Chiana et attaque l'importante place forte de Monte San Savino qui commande les plaines d'Arezzo et de Cortone, d'un côté, le val d'Ambra et le val d'Arno de l'autre.

Ercole d'Este n'a qu'à marcher en avant pour attaquer au plus vite l'ennemi sur ses derrières, l'envelopper autour de Monte San Savino et le faire prendre ainsi entre deux feux. Mais il perd son temps en discussions stériles avec ses officiers et Guicciardini. Il déclare toujours trouver son camp mal établi et le recule au fur et à mesure que l'ennemi avance. Vainement Florence lui expédie-t-elle lettres sur lettres pour le supplier de combattre; il manœuvre de façon à manquer l'ennemi tous les jours. Comme cette stratégie spéciale est quelquefois difficile à soutenir, les conciliabules

deviennent nécessaires. Ça se passe alors très
gentiment. Les deux chefs s'entendent. Des trêves
de huit jours s'établissent tout à coup sans rime ni
raison pendant lesquelles Ercole permet à l'ennemi
de continuer ses travaux de siège. A la fin il déclare
que son armée sera compromise à jamais s'il livre
bataille, et il regarde tomber Monte San Savino
dans le plus parfait état d'esprit, sans lui porter le
plus petit secours. C'est le 8 novembre. On l'accuse de trahison ; on rappelle que son frère Alberto,
au service du roi de Naples, est venu le voir pendant les opérations. Il ne se trouble pas davantage,
laisse Frederigo d'Urbino loger ses troupes vers les
frontières de l'État de Sienne sur les petites montagnes qui surplombent le val de Chiana et place
les siennes entre l'Olmo et Pulicciano. Les deux
adversaires étaient — la discipline près — de forces
presque égales : Ercole avait sept mille cavaliers et
six mille fantassins ; Frederigo mille cavaliers de
plus et deux mille fantassins de moins.

XVIII

Lorenzo aurait envie d'aller au camp, mais il
sent que sa présence ne changerait rien, qu'elle y
envenimerait même peut-être les choses et qu'il est
aussi préférable de ne pas s'éloigner. Il faut supporter le choc et faire face au danger autrement.
Il ne peut pas remédier à l'insuffisance militaire ;
il n'y a pas de chef à l'horizon ; la guerre va devenir inutile ; il vaudrait presque mieux qu'elle fut
supprimée ; mais c'est impossible, et l'inertie d'Ercole pouvant lui servir, il l'emploiera. Il sait que
l'ennemi, au fond, n'est guère plus brave ; Ercole
fixera une sorte de barrière mouvante passive qui
suffira pour maintenir en respect l'adversaire.
Pendant ce temps il suppléera à tout. La diplomatie
lui reste ; il sera là sur son terrain, bien à son aise.
Et rien ne lui semble perdu. Son âme réfléchie
enfante les combinaisons à développer ; elle rit au
fond d'elle-même de tous ces hommes qui, dans la
plaine, font tant de bruit sans résultat ; elle caresse
et prépare une série d'armes plus efficaces, tout un
carquois de flèches invisibles à longue portée qui
vont, mystérieusement, en volant dans l'ombre,
gagner la cible prévue.

Il recommence les négociations. Il va essayer d'isoler le pape au milieu du monde chrétien dans l'espoir qu'il tombe, ainsi réduit, en même temps que la guerre même. Il remplace Donato Acciajuoli qui meurt à Milan, tandis qu'il se préparait à gagner la France, par Antonio Vespucci. Apprenant que Frédéric III convoque une diète en Allemagne, il y envoie un ambassadeur pour expliquer à nouveau sa cause et exagérer auprès de l'empereur les dangers qu'il courrait malgré sa puissance si l'ambition de Sixte se réalisait. Il entretient soigneusement ses relations avec Mathias Corvin qui lui propose peu à peu sa médiation. Il se crée de nouveaux partisans parmi les magistrats de la République Sérénissime, et Venise, ainsi préparée en sous-main, libre du côté des Turcs, réclame contre l'attitude arrogante du pontife, déclare qu'il dévoile des appétits déshonnêtes, et s'écrie même : « Au fond c'est non à Lorenzo, mais à l'État de Florence, à la forme de son gouvernement qu'on en veut. »

Au mois de décembre 1478, Louis XI envoie huit ambassadeurs dans la péninsule, à Milan, à Rome, à Naples et à Florence, deux par cité. Ils doivent à nouveau proposer le projet d'un concile à réunir à Lyon pour défendre les Florentins qui — ceci est inattendu — « se sont toujours montrés et exhibés bons et loyaux françois ». Le 15 janvier 1479 les ambassadeurs arrivent dans la capitale de la Toscane. En audience officielle, ils apprennent à tous que le pape « avait fait sçavoir au Roy.....

qu'il estoit content luy remettre la pacification de
la dissention qui estoit entre notre dict Saint-Père
et le roi Fernand d'une part, icelle seigneurie de
Florence, le Magnifique Laurens et la dite illustrissime Ligue d'autre ». Les ambassadeurs français
sont les seuls qui croient à ces belles paroles, s'ils
y croient ; il est fort possible, en effet qu'ils parlent
de la sorte d'après les ordres établis sans avoir
reçu de la part du pontife une assurance qu'il
devait être peu disposé à donner. Lorenzo, en tout
cas, n'a aucune illusion sur les sentiments du vieux
monarque malade cherchant à cacher sa faiblesse
physique par des menaces et de grandes phrases,
peu porté à des entreprises qu'il ne pouvait ni
suivre ni régler, il n'attend pas les cinq cents lances
promises ; dans une de ses lettres à Tommaso
Soderini, voici comment il s'exprime : « Le roi de
France a révoqué les ambassadeurs que j'avais
demandés en Italie ce qui sera tenu pour mon
ouvrage, car la première chose que le roi de France
dira à nos ambassadeurs sera que Lorenzo de' Medici a voulu qu'ils soient révoqués » ; et, en décembre, à propos de l'ambassade présente, avant
qu'elle n'arrive : « de leur venue il adviendra que
nos compagnons qui sont naturellement froids le
deviendront davantage encore par l'espoir de la
paix. A cela il y a deux remèdes : d'abord hâter les
préparatifs de la guerre ; puis que les membres de
la Ligue adjoignent chacun un orateur aux ambassadeurs français afin d'empêcher un trop long
séjour à Rome si les réponses du pape étaient seule-

ment belliqueuses ou dilatoires » ; et enfin « Je n'ai que peu d'espérance de la paix par l'entremise de la France pour beaucoup de raisons que vous entendez mieux que moi ».

Les conditions proposées par Sixte étaient inacceptables. Il exigeait que tout le soin des négociations fut remis aux rois de France et d'Angleterre aidés de l'empereur, de son fils Maximilien marié à l'héritière de Bourgogne et d'un légat. On voit d'ici l'entente. C'était une façon de tourner la difficulté puisqu'il fallait une réponse ; et, l'apparence étant sauve par la proposition de cette impossibilité, comment Florence pouvait-elle poser les conditions ? Il était entendu que si elle refusait cet arrangement elle devait se soumettre, implorer son absolution, faire des aumônes considérables, dire de nombreuses messes, bâtir une chapelle expiatoire en souvenir des prêtres tués, effacer l'effigie de Salviati, promettre de ne plus attaquer les États de l'Église, payer une lourde indemnité, enfin restituer Borgo San Sepolcro, Modigliano et Castrocaro. Ç'aurait été acheter bien cher son pardon. On ne pouvait mieux avertir le monde entier qu'on voulait perpétuer les disputes à tout prix et que le principal but de la politique divine était de râfler le plus possible de biens terrestres.

Devant une situation aussi embrouillée, Lorenzo sent que ses alliances ne lui suffisent pas ; il ne peut d'autre part rejeter les conditions papales, ce qui ramènerait la guerre ; et il veut, sinon l'éviter, du moins la retarder longtemps. Il agit donc doublement, fait part à ses simili-alliés des conditions papales en les suppliant de les adoucir. Il prie Venise de lui prêter son condottière préféré, Fortebracci.

Il n'est que temps. Tout se complique encore. Sienne pactise avec Rome. A Lucques, une sorte de fou ennemi de toute grandeur, agitateur vague de son métier, Carlo Montano soulève le peuple ; et Pier Capponi, fils de Neri, envoyé à la hâte pour arrêter la révolte, manque d'être tué dans la bagarre. Venise empêche Bentivoglio, tyran de Bologne et Manfredi, tyran de Faenza, d'attaquer la principauté d'Imola appartenant au comte Riario sous prétexte qu'elle ne veut pas la guerre en Romagne. Cependant Venise, malgré sa conduite équivoque, demeure un des derniers saluts. Les négociations qui continuent laissent-elles de l'espoir ? Et Lorenzo de loin, fixe la figure pontificale, la fouille, la dévore, cherche à trouver ce qui se décrète derrière ce front incliné qu'allonge la tiare, scrute le Vatican, perce ses pierres, cherche la fissure à l'édifice qui s'oppose au sien...

Sixte n'a plus la même sûreté, peut-être ; ses affaires menacent ; les seigneurs les plus soumis à l'Église ont été travaillés secrètement et n'attendent qu'une occasion de redevenir leurs maîtres. Il a tenu tête au roi de France, mais ne sait au fond ce qui se prépare et si, tout à coup, il n'agira pas enfin...

Lorenzo attend. — Sixte propose une armistice.

Le 22 mai, nouvelle audience. Badoer, l'ambas-

sadeur Vénitien, renouvelle les éternelles propositions en insistant sur la nécessité immédiate de
l'armistice promise. Tous les autres envoyés le
pressent : « Au cas que le Saint-Père, dans huit
jours, n'auroit accordé la paix selon les offres des
dix Etats, que les desputez se despartissent de
Rome et s'en allassent devant leurs seigneurs, lesquels mettoient peine à se deffendre et de chasser
les mauvaise herbes d'Italie, ce dont ils avoient
ordre sous peine de perdre la tête. » Ils avancent
que la paix est indispensable afin d'agir contre le
Turc.

Sixte guettait une parole maladroite pour en
profiter. Il saute sur celle-ci et s'esquive en demandant si c'est vraiment pour combattre les Turcs
qu'on désire la paix, ce qui serait extraordinaire
puisque Venise vient de traiter avec eux ; il ne laisse
en même temps pas passer l'occasion d'attaquer
Venise et parle du traité avec des sous-entendus
et des sourires. Badoer défend sa patrie. Il la
montre abandonnée de tous, épuisée par une lutte de
soixante-dix ans soutenue sans que personne lui
soit venu en aide ; il la représente toujours prête à
défendre les intérêts communs de la chrétienté quand
d'autres et de plus repoussables, ne font effort que
pour servir leurs intérêts particuliers. Et comme
si le pape n'avait pas encore eu assez de chance,
les ambassadeurs de Florence et de Milan introduisent une nouvelle faute. Exaspérés, tout coup à
coup ils se lèvent, s'écrient que les tergiversations
ont assez duré, qu'il est superflu de continuer à se

tromper par des mensonges et que, tous le savent
bien ici, le pape le premier, les Turcs servent de
prétexte, de paravent, et qu'il n'y a rien à faire
devant une mauvaise foi aussi obstinée. Sixte saisit
la seconde arme qu'on lui offre avec tant de maladresse et déclare prendre note d'un tel aveu pour
conclure au contraire à la mauvaise foi de ceux qui
l'en accusent et répondre catégoriquement non. Le
2 juin, le lendemain, les représentants de la Ligue
quittent Rome.

Lorenzo est de plus en plus seul.

XIX

L'année précédente, Sixte avait habilement poussé
les Suisses à envahir le Milanais ; à Milan même, il
avait promis son aide aux oncles de Gian Galeaz,
alors tout jeune. De son côté, le roi de Naples retenait toute l'attention de Bonne de Savoie par ses
machinations ; il avait traité avec le chef du parti
libéral, Adorno, qu'il avait chargé d'entretenir une
effervescence révolutionnaire dans la ville de telle
sorte que le jour où l'évêque de Como vint en
prendre le gouvernement, elle se souleva. — Les
Milanais ont pour eux les familles nobles. Les
Doria et les Spinola s'enferment dans leurs palais
aux gros murs solides et s'y défendent avec de
l'artillerie. Une multitude de petits combats se
livrent dans les rues, dans les îles du port et sur
les collines. L'issue ne serait pas douteuse si à
Prosper Adorno ne s'étaient joints Roberto de
San Severino et l'ancien doge Fregoso qui apparaît
tout à coup dans le port avec sept galères napolitaines. Les nobles appellent les troupes qu'ils
possèdent aux environs ; la bataille se déplace et
a lieu à sept mille de l'enceinte près de deux forts
qu'on a continué depuis d'appeler les deux jumeaux.

Sforzino commande l'armée milanaise. Il ne sait pas la conduire et essuie une grave défaite. Justement Bonne qui comptait sur la victoire lui avait donné l'ordre, aussitôt la lutte finie, de conduire son armée en Toscane. L'armée ne peut y venir; ses rares survivants ont été dépouillés par les paysans au point qu'ils rentrent presque nus dans leur patrie.

L'impasse où se débat Lorenzo resserre encore ses gorges étroites et escarpées. Quatre de ses galères, chargées de valeurs montant à trois cent mille florins, doivent entrer dans le port de Gênes sous peu. A tout prix, leur perte doit être évitée. Au risque de se brouiller avec Milan qui, seule, se montrait sincère, il envoie ses félicitations à Fregoso et l'assure de son amitié; pour ne pas tout perdre cependant et pour tenter même de tout maintenir, il s'excuse auprès de la régente en lui démontrant la nécessité où il se trouve; peut-être aussi agit-il de la sorte en pressentant d'après ce qu'il sait se passer à Milan qu'il n'aura bientôt plus affaire à la régente et que Lodovico, celui des oncles que le pape soutient particulièrement, la remplacera. Gênes était indispensable au commerce maritime de Florence et son principal, pour ne pas dire son seul entrepôt.

Les événements se précipitent d'une façon menaçante et de toutes parts, sans qu'une issue, il semble, soit possible. Roberto de San Severino vient d'être chassé de Gênes, quoiqu'il ait contribué pour une bonne part à sa liberté, ses façons de militaire fac-

tieux et turbulent ayant déplu à tous ; ne sachant où
aller ni comment nourrir ses quatre mille hommes,
il s'entend avec Sixte et don Ferrante pour attaquer
la Toscane du côté de Pise, là où justement on
n'aime pas Florence. Lorenzo est menacé en même
temps du côté de Sienne par les ducs d'Urbino et
de Calabre. — Les Dix avisent au plus pressé. Des
commissaires sont envoyés en avant pour lever
des hommes un peu partout et former au val de
Nievole une avant-garde capable d'une assez longue défense, chargée de surveiller l'ennemi, d'a-
vertir au plus vite s'il dessine un mouvement quelconque et de lui tenir tête jusqu'à l'arrivée du renfort. Puis, malgré l'incapacité dont il a fait preuve,
Ercole d'Este est rappelé au commandement général. Il se rend à Pise ; de là, il met trois semaines
à parcourir les cinquante milles qui la séparent de
Sarzane. Une fois au camp, il ne s'occupe de rien ;
et, comme San Severino recule devant lui, il prend
soin, afin de n'avoir pas à livrer de combats, de
maintenir toujours entre les deux armées un espace
de trois marches au moins. Les Dix écrivent et
menacent en vain ; il se contente de leur répondre
qu'ils sont des marchands et, comme tels, n'entendent rien au grand art de la guerre. San Severino
recule toujours. Il juge qu'il recule trop et trouve
ce dérangement perpétuel ennuyeux ; sans même
qu'il y ait eu la plus insignifiante escarmouche, il
revient à ses positions premières où il constate
tout à loisir sans s'émouvoir la façon parfaite dont
les ducs de Calabre et d'Urbino se sont préparés.

Les Dix qui ne peuvent s'en débarrasser lui adjoignent Carlo Montone, Deifobo de l'Anguillara, Roberto Malatesta de Rimini, Constanzo Sforza de Pesaro et Antonello Manfredi, ces deux derniers à la solde du pape précédemment. Cela coûtait cher à Florence sans pour cela qu'elle fût beaucoup mieux défendue; mais il y a lieu d'admirer son effort en la circonstance. Ces nobles généraux se jalousaient entre eux bien plus qu'ils ne détestaient ce qu'ils avaient convenu d'appeler l'ennemi; Carlo Montone haïssait Roberto Malatesta, et il fallait sans cesse ajourner la bataille pour laisser le champ clos libre aux soldats qui partageaient la haine de leurs maîtres; c'étaient des défis et des duels qui n'en finissaient plus; il y eut même un instant fort critique où la lutte faillit devenir générale. Afin de l'éviter, on dut faire partir Carlo Montone pour Pérouse avec mission d'y diviser les forces papales. — Il meurt alors subitement. Cela aide beaucoup les Dix qui le remplacent par son rival. Le Malatesta, ravi de cette mort, tient à cœur de se distinguer et remporte près du fameux lac Trasimène une victoire qui attire sur lui le gros des forces adverses. Ercole va être forcé de marcher enfin; mais, après la prise d'une misérable bourgade, — son seul fait d'armes jusqu'ici — il trouve le moyen, de se disputer avec le duc de Mantoue au sujet du butin; la dispute devient même si violente que leurs hommes manquent de se ruer les uns sur les autres. Ce différend permet à d'Urbino de couper les deux corps d'armée, de les traverser sans coup férir et d'occu-

per l'entrée du val de Chiana. Les circonstances
forcent les deux ducs à se revoir ; ils se réconcilient
en tombant d'accord sur un projet de retraite qu'ils
excusent en écrivant aux Dix qu'ils reviennent
vers les pays de Reggio afin d'empêcher les Sforza
exilés de passer l'Apennin. C'était un peu faible
comme justification. Sigismondo d'Este, le frère
d'Ercole, et auprès duquel Ercole atteignait au
génie, garde le reste de l'armée. Les Florentins
n'ont pour ainsi dire plus de chef.

On lit dans Niccolo Machiavelli : « Les exemples
de pareille lâcheté étaient alors très fréquents. Il
suffisait qu'un cheval tournât tête sur queue pour
qu'une panique s'en suivît ainsi que la perte de
l'entreprise. » C'est ce qui arriva à Poggio Imperiale. L'armée florentine, mal gardée, s'enfuit en
abandonnant son artillerie, ses vivres et ses munitions à la seule vue de la poussière que soulevait
au loin sur la route l'avant-garde ennemie. Derrière ce désordre, les habitants du val d'Este et du
val de Pesa couraient à toutes jambes en poussant
des cris de terreur.

Lorenzo agit énergiquement. C'est le sort de sa
ville qui est en train de se jouer. Il fait rappeler
au plus vite les troupes de Pérouse, les réunit
aux fuyards qu'il arrête sur les hauteurs de San
Casciano, les y fait tenir bon coûte que coûte et
réussit à obtenir d'elles au moins qu'elles attendent l'ennemi. Le spectacle devient alors tout à fait
comique. C'est cette fois l'ennemi, habitué à voir
fuir devant lui. qui perd courage, hésite en consta-

tant avec surprise qu'on lui résiste, et s'arrête. Les deux armées se regardent de loin assez longtemps sans que l'une ou l'autre ose décider la bataille. Cependant, comme le pays par derrière n'est pas défendu et présente quelques chances peu dangereuses de vol, le duc d'Urbino fait piller plusieurs châteaux dépourvus de garnison et de petits villages qui ne se défendent pas ; au cours de ces glorieux exploits, il met quand même soixante jours à s'emparer du château de Colle où les femmes et les enfants aident les hommes sur les remparts. Puis les deux armées continuent à ne pas troubler l'ordonnance de leurs positions parallèles et refusent obstinément d'en venir aux mains. La nécessité d'une trêve s'impose. Le pape en prend l'initiative ; elle comptera trois mois à partir du moment présent.

Tandis que ces épopées déroulaient leurs reculades, le pape a poursuivi ses intrigues. Inoccupé depuis sa dernière expédition, Roberto de San Severino s'est retiré dans les montagnes qui bossèlent entre Parme et l'état de Gênes, près de Borgo-di-val-di-Taro, d'où il menace à la fois les Milanais et les Florentins. La duchesse de Milan, annulée de plus en plus, va perdre bientôt tout pouvoir. Lodovico Sforza empoisonne son frère afin de n'avoir plus de compétiteur et lance San Severino contre Tortone qui se rend le 23 août ; il déclare la prendre au nom de la duchesse et de Gian Galeaz afin de paraître les servir et de paralyser toute action contre lui ; et comme on s'étonne

néanmoins de le voir s'approcher à la tète d'une
aussi grande quantité de troupes, il répond qu'il
en est ainsi de par le fait même de la guerre et
qu'il veut seulement débarrasser la régente de ses
ministres infidèles. Il s'attache de la sorte le peuple
qui rejetait la faute de ses souffrances sur ses ministres, et intimide les garnisons qui lui font parvenir leur soumission d'avance ; il arrive même un
jour — c'est Alberto de Ripalta qui l'assure — où
quarante-deux forteresses lui envoient leurs clefs.
A la cour les mécontents le favorisent; les courtisans s'y classent en deux parties, celui de Cecco
Simoneta et celui d'Antonio Tassini, ancien valet
de chambre; et Tassini, par haine de Simoneta,
conseille à Bonne de recevoir « son protecteur » le
mieux du monde. Une fois dans la place, le More,
fait arrêter Simoneta et ses partisans, et bientôt
après couronne son héroïque conduite en lui faisant
trancher la tête au château de Pavie. Il déclare ma-
jeur son neveu Gian Galeaz pour ôter à Bonne la
direction des affaires et flatter le jeune prince. Tassini devenant gênant à son tour, il le fait enfermer
à Porta Zobbia. Mise tout à fait à l'écart, Bonne,
avertie par l'exemple de ses ministres et redoutant
le même sort, quitte la lutte. — Il semble peut-être
qu'ici Lorenzo fit une faute légère. Maintenant
qu'il avait profité de l'appui pontifical, Sforza ne
devait plus y tenir, le découvrir contraire à l'action
nouvelle qu'il avait en main, et il se trouvait à
même de le rejeter facilement au cas d'une entente
avec « l'illustrissime Ligue ». Milan et Florence

possédaient des intérêts presque communs ; grâce
à cette nécessité, Lorenzo aurait pu le conduire au
point voulu ; Sforza était une fine mouche et y
alla de lui-même. Mais il est juste de reconnaître
l'affolement dont Lorenzo devait être saisi et de
penser qu'il oublia sans doute d'envisager la question sous cette face ; peut-être aussi cachait-elle
au début un élément d'impossibilité qui échappe
aujourd'hui où cette époque apparaît si lointaine
déjà.

L'Italie dans sa pensée ne lui offre plus rien. —
Il regarde au dehors.

La maison de Lorraine paraît propre à fournir un
appui. Il se dit que ranimer l'ancien parti d'Anjou
est possible afin de l'opposer à la puissance despo-
tique de Ferdinand dans le royaume de Naples ; et
il fait proposer à Venise de se joindre à lui. Elle
accepte. Deux ambassadeurs partent vers l'héritier
du vieux roi René.

Ce vieux René, comte de Provence, rival direct
de Ferdinand, survivait à sa descendance mascu-
line ; son grand âge lui enlevait toute force ; et il
songeait surtout à la tombe qu'il allait connaître
l'année suivante, en juillet. Son fils Jean était mort
en 1470 ; les deux fils de Jean étaient morts aussi ;
restait une fille du vieux René, Yolande, mariée au
comte de Vaudemont qu'elle avait rendu possesseur
des droits de sa mère : ce mariage avait produit un
enfant mâle, René II, devenu, par la mort de ses
cousins, héritier des prétentions de la maison d'Anjou sur le royaume de Naples. Cependant le vieux

René n'avait pas pardonné à son petit-fils le sang des Vaudemont, bien que ce ne fût point de sa faute, et, dans son testament, afin de lui soustraire l'héritage auquel il avait droit, désignait Charles du Maine. Et ce fut, plus tard en revendiquant les droits de Charles du Maine, que Charles VIII envahit la péninsule. — L'alliance à solliciter présente pour être conclue une tâche assez facile ; le testament du vieux René reste par la suite sans valeur, le royaume de Naples, en tant que fief féminin, ne pouvant échoir à des collatéraux s'il reste un descendant de lignée directe. C'est auprès de René II qu'agissent les ambassadeurs. Il promet de leur venir en aide.

Pendant ce temps, le Sforza fait des avances au Magnifique. Il cherche à le détacher de Venise ; essaie d'autre part d'enlever le roi de Naples au pape en attisant la discussion qui s'établissait entre eux. Il rappelle à Lorenzo ce que nous lui reprochions d'avoir oublié ; il montre clairement à don Ferrante que Sixte seul l'a poussé à la guerre sans souci du véritable intérêt de ses alliés, avant tout occupé du sien qui est de diviser tout le monde afin de posséder les éléments d'une domination plus facile et plus productive ; à don Ferrante et à Lorenzo, en leur parlant à chacun de l'un l'autre, il expose le malentendu.

C'est tentant, surtout que tout va mal à Florence. Les Conseils eux-mêmes ont changé d'avis avec l'incroyable rapidité qui caractérise les assemblées politiques. Ils accusent Lorenzo, et, comme ils ne savent pas de quoi, l'accusent avec une extrême violence afin de pouvoir remplacer le manque d'arguments par des périodes plus ou moins tonitruantes et des gestes courroucés ; ils excusent les condottières avec des phrases obscures sur la difficulté des batailles et ils lui reprochent au contraire les dépenses en oubliant de le remercier de celles qu'il a soldées de sa fortune ; ils établissent qu'il s'est enrichi par des impôts injustes et qu'il a toujours fait preuve de la plus écœurante avarice ; ils en arrivent presque à lui imputer l'invasion des sauterelles ; bien peu le défendent, et ces malheureux sont de suite décrétés mauvais patriotes. Un de ses plus intimes confidents, ce Girolamo Novelli pour lequel il n'avait pas de secrets dans ses lettres, le rend responsable de la guerre elle-même qu'il sait très bien avoir été fomentée par le pape, lui apprend qu'on a assez de sa personne, déclare que Sixte n'a peut-être pas tort après tout et que tant de combats ne servent qu'à défendre son crédit.

La partie semble perdue à jamais. Tous l'ont lâché de la plus honteuse façon. Demain une conjuration autrement grave que celle des Pazzi risque de l'emporter ; personne ne le défendra ; le peuple même sera contre lui...

Il sauve tout par son habileté. Et voici comment il sort de l'impasse terrible, prépare, au long de l'escalade, des rochers de repos, découvre des sentiers invisibles, profite de tout pour se guider vers la grande route qu'il gagne enfin.

Filippo Strozzi est à Naples, il s'y est enrichi, a lié connaissance avec les habitants les plus célèbres et entretient d'excellents rapports avec le roi. Lorenzo le charge d'aller dire à don Ferrante, que lui, le Magnifique, se remettra sans condition entre ses mains s'il veut bien restituer à Florence les villes qu'il lui a enlevées, et aider au rétablissement de la paix. — Il démasque ainsi d'un seul coup la politique papale en la contraignant à s'avouer enfin; il se lave à tout jamais d'une accusation de tyrannie; il révèle une bravoure généreuse qui se rehausse du meurtre récent de Piccino[1]. — Et, pour hâter l'effet du coup de théâtre, il décide de partir immédiatement.

Au fond il ne redoute pas grand'chose; le duc d'Urbino et de Calabre l'ont invité secrètement à ce voyage après avoir reçu de don Ferrante l'assurance qu'il serait bien accueilli. Déjà il pense à son retour, et qu'il retrouvera tout en bon ordre ainsi qu'il le laisse.

La mise en scène est préparée avec soin. Il écrit le 6 décembre à ses nouveaux amis; puis, la lettre relue et expédiée, il convoque quarante des principaux citoyens. Il recommence une partie du discours prononcé précédemment mais en changeant la conclusion; il insiste sur son sacrifice, sur la grandeur de son action et fait voir, sans s'y arrêter, ce qu'elle représente d'héroïsme; il affirme ne pas leur en vouloir; il les supplie au contraire d'accep-

---

[1] Ce Piccino avait été assassiné sur l'ordre de don Ferrante simplement parce qu'il s'en méfiait.

ter son départ comme s'ils avaient envie de s'y opposer ; il leur donne de l'assurance, déclare compter sur eux, leur recommande sa maison et sa famille, — jette son défi au pape. Puis il part au plus vite, quoi que ce soit déjà le crépuscule.

Le lendemain, il s'arrête à San Miniato al Tedesco. Il pense que son départ n'a peut-être pas produit assez d'effet et qu'il serait bon qu'on s'occupât encore de lui. Il écrit alors une longue lettre où il continue son panégyrique ; il l'adresse aux États de Florence. «..... Il me semble que la paix est devenue d'une nécessité indispensable. Comme tous les moyens employés pour l'obtenir n'ont pas abouti, j'ai mieux aimé m'exposer moi-même à quelque danger que de laisser la ville dans la détresse où elle se trouve ; je prétends donc me rendre directement à Naples. espérant que je vous rendrai la paix en me livrant moi-même à vos ennemis, puisqu'ils prétendent que leurs coups sont dirigés contre moi. Ou le roi de Naples n'a que des intentions favorables à la République, comme il l'a souvent assuré et comme quelques-uns l'ont cru, et il aspire par sa conduite hostile envers vous. à cause de moi. à vous rendre service, plutôt qu'à vous ravir la liberté, ou dans le fait, il veut la ruine de Florence. S'il est favorablement disposé à votre égard, il n'y a pas de meilleur moyen pour éprouver ses intentions que de me livrer moi-même entre ses mains et c'est la seule manière de nous procurer une paix honorable. Si, au contraire, les projets du roi sont d'anéantir votre liberté, nous

nous en apercevrons bientôt; et il est préférable d'acquérir cette lumière par la ruine d'un seul que par celle de tous......... D'un autre côté, comme j'ai joui au milieu de vous de beaucoup d'ornements et de considération, je me crois plus particulièrement obligé de servir les intérêts de mon pays, même aux dépens de ma propre existence. C'est dans cette volonté que je suis parti ; peut-être le désir de Dieu est-il que cette guerre, commencée par le sang de mon frère et par un peu du mien se termine par mon intervention. Si mes vœux sont exaucés, je me réjouirai d'avoir rendu la paix à mon pays et retrouvé, quant à moi, la sécurité. Si le destin en décide autrement, mon malheur s'adoucira de la pensée qu'il était nécessaire au bien public ; si les ennemis en effet ne veulent que ma ruine, ils m'auront entre leurs mains et pourront l'achever. Si leur ambition menace la liberté publique, je ne doute point que mes compatriotes s'unissent pour la défendre jusqu'à la dernière extrémité et avec autant de succès — je veux l'espérer — que nos ancêtres autrefois. Tels sont les sentiments avec lesquels je vais poursuivre l'exécution de ma volonté, suppliant le ciel de m'accorder en cette occasion la grâce de faire tout ce que chaque citoyen doit être prêt à faire dans tous les instants pour le bien de sa patrie. — De San Miniato, le 7 décembre 1479. »

Il est à Pise le 10. De là, il écrit à Antonio Montecatino que les galères napolitaines envoyées par don Ferrante sont arrivées. A Livourne il est

rejoint par les Dix qui voudraient en faire leur
orateur auprès du roi ; mais, un peu honteux de leur
conduite et craignant un refus, ils n'osent l'aborder.
Le long du voyage, Giantomaso Caraffa qui commande les galères est très aimable avec lui. Le 18,
l'enchantement de Naples au golfe bleu apparaît.
Il débarque. Le second fils du roi et son petit-fils
l'accueillent sur le rivage. Ils l'entourent de grands
honneurs. Il y a là pour garer la foule et encadrer
les courtisans une centaine de fantassins et de
cavaliers dont les cuirasses brillent au soleil autour
du large drapeau qui gonfle la croix d'Aragon.

XX

Le gros don Ferrante se montre très aimable et
s'entretient longuement avec son hôte. Lorenzo lui
apprend — ou croit lui apprendre — les négociations entamées avec le duc de Lorraine qui vient
de s'engager récemment à conduire six mille chevaux en Italie ; il lui expose les promesses de
Louis XI ; il montre combien l'appui de Rome lui
est inutile et comme il reste faible auprès des
alliances proposées, surtout que le pape se fait
vieux et peut mourir d'un moment à l'autre.
Comme cependant don Ferrante peut fort bien
refuser en prétextant que Florence, avec de tels
moyens de salut, n'a qu'à se tirer d'affaire elle-
même, il représente les inconvénients de l'intervention étrangère tout en rejetant sur les circonstances et surtout sur la politique papale la nécessité
où il se trouvait de l'appeler à son secours ; il eût
préféré de beaucoup pouvoir s'en abstenir, et l'aurait même fait quant à lui ; mais a-t-il cherché la
guerre ? On sait bien que non. Ces étrangers une
fois en Italie auraient envie de piller et d'acquérir
des terres ; serait-on à même de les en empêcher ?
Il ne le pense pas ; trop d'inimitiés, trop de divi-

sions nuiraient, ce jour-là, comme par le passé, à une entente; le pape n'y aiderait pas, bien entendu; et il serait fou de croire que les barbares viendraient sans désir de conquête. Le territoire serait morcelé. Et il représente que, malgré tant de disputes, l'Italie reste quand même la terre commune, la patrie naturelle et absolue. Il insiste encore sur le pape pour le dénoncer le pire ennemi justement de toute la péninsule, insoucieux de ce qui n'est pas l'Église, placée dans son rêve de domination bien au-dessus des questions de patrie; il fait le procès de sa politique insinueuse, se faufilant pour mettre peu à peu la main sur le pouvoir temporel auquel elle n'a aucun droit, et s'occupant de tout, excepté de la religion. Son frère Giuliano avait été tué bien plus par Sixte que par les Pazzi; lui-même avait failli l'être; cet homme, qui parle au nom de Dieu et doit être son représentant sur terre, avait ordonné que le crime s'accomplît sous le le regard de ce Dieu même, dans son temple. Qui garantissait don Ferrante que Sixte n'agisse pas de même à son égard ? Puis, revenant à l'argument des ultramontains dont son interlocuteur a paru s'émouvoir, il ajoute au danger que le royaume de Naples aurait à courir en restant seul, Sixte étant alors trop occupé de lui-même pour songer aux autres. Il termine en démontrant l'intérêt de Naples conforme à celui de Florence comme à celui de Milan et que leurs dissensions ont été un malentendu machiné par Rome. Il propose une alliance fidèle dont tous deux tireraient grand profit; ce serait la paix assurée, fermer l'entrée de la patrie aux Français par Milan, aux Turcs par Venise ; le pape, réduit à ses seules forces, ne serait plus à même de renouveler ses intrigues et n'aurait plus que l'enceinte de ses États pour assouvir la vilaine humeur dont le destin l'avait loti.

Don Ferrante sent la justesse de tout cela ; il est trop astucieux cependant pour oublier que le Magnifique ne représente pas, en ce moment surtout, la ville de Florence, et, avant de répondre tout à fait, il le garde près de lui avec des phrases faciles et des distractions ; il peut attendre de la sorte les événements de Toscane où il a des émissaires et se renseigner à son aise sur les tendances qui l'animent. De son côté, Lorenzo se montre satisfait de cette hospitalité qui ne peut qu'arranger ses affaires. Les absents n'ont pas toujours tort, même dans les choses politiques. Lorenzo ne s'ennuie pas ; Naples est charmante ; la cour du roi présente beaucoup d'hommes curieux ; il songe agréablement que ses concitoyens se le représentent malheureux et traqué, toujours sur le point d'être tué ; car don Ferrante est un roi cruel ; on sait partout à mille lieues à la ronde qu'il enferme ses prisonniers dans des cages et que toute une galerie de son palais est veillée par les cadavres embaumés de ses ennemis. Ceux qui détestent le Médici espèrent même beaucoup et intriguent auprès du souverain pour l'engager à augmenter sa collection funèbre. Mais don Ferrante a été charmé par son ancien adversaire, et, s'il redoute encore le Saint-Père, c'est de loin seulement, par un reste de doute et d'hésitation. Aussi, les choses traînant naturellement en longueur, Lorenzo les aide de son mieux.

Florence offre le spectacle classique des villes qui renient leur bienfaiteur. Tous ceux qui ont été trop petits pour mériter un emploi quelconque dans le gouvernement et tous les envieux acharnés à la destruction d'une grandeur qu'ils ne peuvent comprendre relèvent la tête sous l'influence des phraseurs toujours prêts à l'action quand elle paraît enfin dépourvue de véritables dangers. — Ici, ces mécontents, n'ayant pas de chef, pensent que le mieux est de mettre à leur tête un des meilleurs amis de Lorenzo, orateur prenant aussi quelquefois la parole à Milan — qu'importe à un orateur pourvu qu'il pérore ? — Girolamo Novelli, celui-là sur lequel le Magnifique avait toujours pensé pouvoir compter. C'est par lui qu'ils attaquent les Dix de la guerre ; ceux qui restent timides malgré tout comptent sur le roi de Naples et conseillent encore quelque temps le silence ; mais, au Conseil, ils repoussent les propositions des rares partisans restés fidèles ; et, comme il est nécessaire de longuement parler de la patrie avec des phrases sonores, ils roulent les yeux terribles nécessaires en ce cas, plissent le front, se frappent la poitrine et lèvent les bras en disant que le duc de Calabre est près de Sienne, qu'Antonio Fregoso vient de surprendre Sarzane ; ils déclarent finalement la patrie en décadence, à jamais perdue et souillée. Comme cela va un peu loin et qu'il n'est d'autre part pas très certain que son ami ne revienne pas d'un moment à l'autre, Girolamo se dérobe; de plus, comme il faut à cet homme une certitude afin de régler sa conduite, il conseille aux partisans du Medici, avec lesquels il n'a jamais d'ailleurs cessé d'être en bons termes, de lui écrire que son retour est nécessaire et qu'il ferait même bien de le hâter le plus possible.

Sachant à quoi s'en tenir sur les agitations signalées, le Magnifique pense qu'il serait bon de dissimuler encore afin de bien établir qu'il est parti dans l'intérêt de tous ; c'est en même temps forcer le pape à ôter le masque qu'il maintient d'une main incertaine sur sa figure glabre et dure. Rien ne presse. Il profite de son séjour pour se créer des amis. Il connaît les ressorts humains et que rien n'attache la majorité comme l'argent; il cherche à plaire et donne des fêtes ; les femmes lui en savent gré ; la nièce du roi, Hyppolita, lui écrit des lettres fort gracieuses ; il montre un grand luxe d'équipages, achète beaucoup chez les commerçants les plus connus, dote une foule de jeunes filles, prête de l'argent aux petits capitaines sans le leur réclamer, tire trois cents captifs des galères, leur donne dix florins après leur avoir fourni un habit et des chausses de drap vert. Le peuple l'adore. Tant de bienfaits rejaillissent aussi sur don Ferrante auquel ses sujets savent gré de posséder un tel hôte ; don Ferrante, de son côté, remercie Lorenzo, l'épie, l'observe attentivement,

cherche à surprendre le secret de tant d'habileté,
l'entoure de soins et de prévenances, et, peu à
peu, arrive à solliciter lui-même l'alliance pro-
posée. — Cela avait duré deux mois.

Le pape se montre mécontent. Il devine bien
que si le séjour de son ennemi se prolonge de la
sorte à Naples, il ne lui reste plus à espérer aucun
assassinat et qu'une alliance vient de lui être enlevée ; il n'ignore probablement pas les négociations
avec la Lorraine ; il sait que Louis XI aura envie
de tenter un effort au cas où la réussite lui paraî-
trait probable ; il constate que ses armées ne lui
ont servi à rien et que ses petites victoires ont été
des jeux sans importance ; il compte avec un regret
triste l'argent dépensé, « un puits d'or », dit-il
dans une lettre. D'aucune façon il ne peut continuer
la lutte. Il est pris à son propre piège, la tête dans
la souricière qu'il a tendue. Le marché qu'il a
voulu, on le lui offre, et il lui faut rentrer l'épée
au fourreau à moins de montrer au monde sa
fourberie ; il aurait bien voulu quand même tenter un dernier essai, mais ses alliés refuseraient, et,
n'étant pas couvert par la victoire, il risquerait
cette fois d'être renversé. — Reste son prestige. Il
décide une dernière fois de s'en servir, timidement.
Il fait alors savoir au roi de Naples qu'il serait
juste que Lorenzo vînt s'humilier à Rome et qu'à
ce titre seulement la paix deviendrait possible.
— Personne ne lui demandait la paix, tant on la
considérait comme prochaine ; c'est lui-même qui
la propose et à ce don Ferrante qu'il sait l'avoir

lâché ; cette paix, c'est lui-même qui ne la voulait pas, qui l'avait troublée. Il en était à implorer qu'on vînt lui demander un pardon qu'il promettait d'avance.

Sûr maintenant du roi Ferrante, mais redoutant des complications possibles survenues par de nouvelles menées du pape, Lorenzo pense prudent de partir ; par la même occasion il fera savoir à son compère qu'il n'a pas voulu influer sur sa conduite au point de le contraindre à quoi que ce soit, et se donnera un air de désinvolture destiné à tromper sur les ennuis encore persistants de sa position. A Florence on pourrait l'oublier et il ne le faut pas ; le peuple encore indifférent, sinon prêt à le recevoir, risquerait d'être progressivement monté contre lui. Il part. Il est à Gaète le 1 mars 1480. Don Ferrante l'y fait rejoindre par un courrier porteur d'une lettre où il le supplie de revenir. Il fait la sourde oreille ; le roi est peut-être fâché de n'avoir plus cet important otage ; peut-être aussi est-il sincère ; en tout cas, la méfiance est préférable. Elle réussit. Un nouveau courrier lui apporte une nouvelle lettre avec un traité tout préparé auquel il ne manque plus que sa signature. Il signe joyeusement sur le parchemin raide aux cachets de cire rouge. On est au 25 mars, jour de l'Annonciation. A Florence, une procession d'actions de grâces éparpille des pétales de fleurs sur les pavés pointus et fait monter l'encens le long des maisons aux gros mûrs. Tous se montrent heureux, même ceux qui rient jaune. Si l'on en croit Rinuccini, le traité contient quelques articles secrets déplorables ; mais cet historien médisant et rageur est trop suspect de parti pris pour mériter créance. Il est certain dans tous les cas que l'alliance devait coûter annuellement soixante mille florins destinés aux coffres du duc de Calabre, et contenait, parmi ses clauses, l'élargissement des Pazzi enfermés à la tour de Volterra ; de son côté, don Ferrante promettait la restitution des villes et des forteresses prises pendant la guerre ; et les deux gouvernements devaient se porter garants de leurs États réciproques. Dans la situation où les circonstances l'avaient en quelque sorte étouffé, Lorenzo n'avait pas le choix des moyens ; cette alliance fixait pour lui presque une question de vie ou de mort ; et il s'en tirait encore à bon compte. Il empêchait du même coup le duc de Calabre établi à Sienne d'empiéter sur le territoire toscan, et lui liait les mains tout en aidant à son établissement ; plus tard il y aurait lieu d'aviser, les discussions fréquentes survenues entre le duc et ses administrés révélant déjà une autorité fort mal établie. A tout prendre son traité était avantageux. Le Magnifique, comme il convient, se montrait l'ouvrier de sa fortune. Il venait de la sauver en profitant avec adresse de circonstances au milieu desquelles bien des hommes eussent été broyés. Seul, sans assassinat et sans se servir de la guerre, il avait gagné la bataille.

Sa victoire est en effet complète. Par son alliance avec don Ferrante, il ne réussit pas qu'à annihiler le pape, il empêche ses autres ennemis de faire quoi que ce soit. Le More y était déjà disposé ; Ercole d'Este, au contraire, inemployé, avait tout intérêt à faire durer les discordes ou a en susciter de nouvelles ; mais il ne peut rien, et, afin de se maintenir dans les bonnes grâces du Magnifique, lui donne des conseils faciles, par exemple, celui de ne pas aller à Rome. Quant à Sixte, il rage en toute liberté entre les murailles du Vatican en exhalant à ses familiers des soupirs douloureux sur l'impuissance où « ce fils dégénéré » l'a réduit ; enfin, comme il faut s'exécuter, il charge son orateur Giustini d'accorder son approbation au traité. Venise demeure écartée, ne regardant pas le résultat d'un œil très satisfait ; elle n'ose s'avouer officiellement mécontente, mais elle rend la monnaie de la pièce qui lui a été servie en se rapprochant du Saint-Père. Cela n'était guère dangereux pour Lorenzo, bien que le second capitaine de la nouvelle ligue fut le comte Riario ; l'autre était René II. Louis XI, quant à lui, montre une réserve sans hostilité.

Et les événements eux-mêmes vont achever son succès. — Il sait que le sultan a été sollicité par Venise afin qu'il fasse une descente dans la péninsule ; et il sait que Venise espère faire débarquer les troupes ottomanes sur la côte napolitaine. Lui-même n'est pas en mauvais termes avec Mahomet II et, s'il le voulait, pourrait intervenir, mais il songe que Venise devenant bien maintenant avec le pape, toute la faute de l'affaire pourrait être rejetée sur Sixte, ce qui hausserait encore ses valeurs auprès de don Ferrante; et il pense que le pape, ayant dû certainement se mêler de la chose, sera forcé pour la seconde fois de se démasquer, ce qui ne pourra que nuire à son dernier crédit. Il laisse faire, assez content du fond de son repos si bien gagné, de voir les autres en proie aux difficultés dont ils avaient voulu lui faire cadeau. Une seule crainte le dérange, celle que les Turcs ne viennent point finir d'arranger ses affaires. Ceux qui s'indigneront de ce bon scepticisme sont des sots dont la réflexion superficielle ne prend point conscience de la réalité. Florence seule est la patrie de Lorenzo ; il ne peut, en vérité, considérer comme ses frères bien-aimés tant de petits États acharnés contre sa personne. Là comme tant d'autres fois, la nécessité commande; cette nécessité ne dépend pas de lui; il ne fait qu'en interpréter le sens avec soin pour agir d'après elle. Possédant Florence et chargé de sa grandeur, il cherche à maintenir cette grandeur par tous les moyens. N'est-il pas logique avec lui-même et la mission qu'il s'est fixée? Quant aux historiens qui nient la machination de Venise et cherchent à représenter Lorenzo comme son instigateur, ils font preuve d'ignorance à moins qu'ils ne mentent volontairement; il n'y a qu'à lire Navagiero et Sanuto pour s'en convaincre. Venise même ne s'arrêtait pas à une demande d'invasion; elle avait chargé son amiral Vettor Soranzo de gagner Corfou pour y solliciter une alliance avec le Croissant dès qu'il aurait vu la flotte barbare assaillir la côte napolitaine. Un seul écrivain, Camillo Pozzio, prétend que Lorenzo s'entendit avec Venise. C'est bien mal connaître l'esprit des faits; au point où en étaient les choses, aucune entente avec Venise n'était plus possible; le bruit en fût trop vite, grâce aux nombreux ennemis de Lorenzo, parvenu à Naples, ce qui lui aurait retiré don Ferrante, démoli toute entente et remis la situation de Florence dans l'état déplorable d'auparavant; et Lorenzo était trop bon politique pour commettre une si grosse erreur. Capponi déclare que ce Pozzio n'a aucune véracité; nous le remarquons, en tout cas, bien léger, quand il saute par-dessus la ligue de Venise et du pape, alors que cette ligue est la principale ossature de la question.

XXI

Les Turcs viennent de laisser neuf mille morts
sur le terrain à l'attaque de Rhodes, invincible
grâce à l'énergique défense du grand maître d'Au-
busson ; quinze mille blessés les suivent. Ils ont
justement à cœur de cacher cette défaite. Leur flotte
de cent vaisseaux cingle vers Antone ou Velona
sur le rivage albanais. Soixante voiles vénitiennes,
après les y avoir escortés, prennent la direction de
Corfou. L'armée turque commandée par le grand
vizir Keduk Ahmed met le siège devant Otrante.
La place, après une défense héroïque, est con-
trainte à capituler ; on lui promet de la respecter.
Immédiatement elle est livrée au pillage et tous
ses habitants sont massacrés. Le grand vizir la
fortifie de son mieux du côté des terres, garnit son
port de défenses assez importantes, rassemble beaucoup de cavalerie et ravage les environs. Ce qu'a
prévu Lorenzo ne se fait pas attendre. Don Ferrante envoie des courriers dans toutes les direc-
tions, appelle le duc de Calabre, et, persuadé que
le pape est pour beaucoup dans l'invasion, lui fait
savoir que s'il n'envoie pas de suite de puissants
renforts pour chasser l'ennemi commun, il compte,

quant à lui, traiter avec les Turcs et leur donner passage à travers ses États dans la marche qu'ils veulent entreprendre sur Rome.

Florence peut être satisfaite. Le 15 août, quatre jours plus tard, Lorenzo écrit à Louis XI que cette catastrophe n'en est en réalité pas une et qu'elle a rendu la paix à l'Italie. Elle l'a en tout cas sûrement rendue à la Toscane. Sixte lui-même va faire sa soumission en annonçant qu'il est prêt à recevoir les ambassadeurs florentins. C'est encore lui qui demande. Le temps n'est même plus où il proposait que Lorenzo vint en personne affirmer les sentiments d'humilité qu'il ne possédait pas. Le 11 août, douze ambassadeurs sont désignés. Ils ont ordre, aussitôt leur mission accomplie, de quitter la ville éternelle si le pape ne donne pas l'absolution sans retard, demande de l'argent ou exclut de ce pardon général une personne particulière. Les rôles étaient changés. Mais la nécessité, au moins au point de vue officiel de ce pardon, montre quel était encore le pouvoir du prestige pontifical à cette fin du xvᵉ siècle.

Sixte refuse d'abord de recevoir les envoyés et tergiverse. Cependant ceux-ci assistent le 25 novembre à un consistoire secret. Le 3 décembre, ils se postent sous le portique de Saint-Pierre ; Francesco Soderini, évêque de Volterre, est à leur tête. Le pape a réfléchi. Il sait que Mahomet en veut au siège de la chrétienté, que lui-même et son clergé seraient exposés à des supplices assez affreux s'ils tombaient entre ses mains et qu'une partie, de beaucoup la plus grosse de celles où il avait pris part, se joue en ce moment. Dans la péninsule son autorité trop absolue et trop tracassière a fourni de nombreux partisans aux guerriers du Prophète. La route n'est pas si longue qu'elle le paraît d'Otrante à Rome pour une armée victorieuse. Quinze cents soldats du roi de Naples sont déjà passés à la solde des Turcs. Mahomet II, désireux d'augmenter ses partisans, vient de faire savoir qu'il accorde une exemption d'impôt de dix ans aux pays conquis, qu'il n'imposera ensuite aucun tribut dépassant une piastre par tête, qu'il laissera les chrétiens libres de suivre leur religion ainsi que cela se passe à Constantinople déjà et qu'il regrette les cruautés commises au siège d'Otrante, car il ignore les coupables et ne peut, par conséquent, les punir. Et Sixte se rappelle que sa dernière bulle a passé tout à fait inaperçue.

Il vient vers les ambassadeurs environné de ses cardinaux; on lui dresse un trône; il y monte lentement, s'y assied avec l'air le plus imposant qu'il peut se donner et fait un signe. Les douze Florentins se jettent à ses pieds, les embrassent, restent à genoux et confessent qu'ils ont péché contre l'Église. Soderini parle ensuite, cherche à faire descendre sur les siens la miséricorde divine et implore la compassion du pontife. Un notaire apostolique lit les formules de confession et les clauses de la paix. Sixte qui, pendant ce temps, est resté à se répéter son discours, prononce les paroles suivantes, avec tout le sérieux néces-

saire : « Vous avez péché, mes fils ; première-
ment contre le Seigneur Dieu notre Sauveur, en
tuant cruellement et criminellement l'archevêque
de Pise ainsi que les prêtres de Dieu ; car il est
écrit : *Vous ne toucherez pas à mes oints !* Vous
avez péché contre le pontife romain qui exerce sur
la terre les fonctions de N.-S. Jésus-Christ, car
vous l'avez diffamé dans le monde entier. Vous
avez péché contre le saint Ordre des Cardinaux en
retenant malgré lui un cardinal légat du Saint-
Siège apostolique. Vous avez péché contre tout
l'ordre ecclésiastique en retirant vos tributs au
clergé de votre territoire ; vous avez été la cause
de beaucoup de rapines, d'incendies, de pillages et
de maux infinis, en n'obéissant point à nos ordres
apostoliques. Plût à Dieu que dès le commencement vous fussiez venus à nous, le père de vos
âmes ! Alors nous n'aurions point recouru aux
armes de la chair pour venger les injures infligées
à l'Eglise. Certainement c'est à regret que nous
avons sévi contre vous ; cependant nous avons dû
le faire pour l'honneur de l'apostolat dont nous
sommes chargé. Mais, maintenant, mes fils, que
vous revenez avec humilité, nous vous recevons
en grâce dans notre sein, nous vous donnons l'absolution des erreurs et des excès que vous venez de
confesser. Ne péchez plus, mes fils ; ne faites point
comme les chiens qui, après avoir été punis, re-
tournent à leurs vomissements. Vous avez éprouvé
du reste la puissance de l'Eglise, et vous devez
savoir combien il est dur d'opposer sa tête au bou-

clier de Dieu, ou de vouloir briser sa cuirasse. »
Il se lève, prend les baguettes que lui tend le grand
pénitencier et en frappe les épaules de chaque ambassadeur. Ceux-ci, en réponse, baissent la tête et
murmurent le plus lugubrement possible : *Miserere
mei, Domine !* Le pontife ajoute aux conditions du
traité, en guise de pénitence, que les Florentins
devront armer à leurs frais quinze galères pour
faire la guerre aux Turcs. Les portes de l'église
s'ouvrent. Une messe est célébrée.

C'est la paix. Les Turcs n'ont plus qu'à s'en aller.
Mahomet II vient de mourir. Pour se débarrasser
de la charge de quinze galères — bien qu'elle n'eût
guère de chance de s'exécuter jamais — Florence
envoie à Rome Guidantonio Vespucci qui fait
réduire de beaucoup la somme à dépenser. Sixte
cette fois se montre aimable tout à fait. Lorenzo
avait gagné un des plus beaux combats diplomatiques dont l'histoire puisse faire mention.
Il y ajoute en exigeant de don Ferrante les villes
et les châteaux qui dépendent de Sienne, comme
le traité signé entre eux l'y autorisait. Il n'a plus
qu'à se reposer. Tout va selon ses vœux. Mais
son âme inquiète et précise reste insatisfaite.
Le gouvernement, quoique tant modifié déjà, ne lui
rend pas tous les services qu'il veut en tirer ; il ne
l'a pas suffisamment dans la main, à la manière
d'une épée sûre. L'heure est propice ; jamais elle ne
sera si favorable. « Alors cette ville, écrit Macchiavelli, avide de parler et qui juge les choses par le
succès et non par les conseils, changea d'avis,

porta Lorenzo de' Medici aux nues, en disant que sa bonne fortune lui avait fait se gagner par la paix ce que la mauvaise lui avait fait perdre par la guerre. » Il en profite.

Au cours des événements, il a pu constater ce qui lui manquait pour agir, le noter et préparer le plan nouveau, il ne possède pas le pouvoir d'imposer une réforme trop radicale qui porterait atteinte à sa popularité toujours grandissante, mais il est à même d'insinuer des additions nouvelles, d'étendre leur influence peu à peu et de tout changer en paraissant tout conserver. C'est ainsi qu'il maintenait les conseils existants tout en en créant un nouveau. Afin d'éviter les inévitables retards qui se produiraient, s'il convoquait une assemblée pour ratifier ce qu'il vient de faire, et surtout pour triompher à l'avance des refus qui lui seraient peut-être opposés, il réunit seulement quelques amis dévoués en lesquels il a confiance, surtout dans l'occasion présente, alors qu'il vient de reprendre toute sa puissance. Rinuccini, qui fait partie de cette balie et qui est redevable à Lorenzo de la plus grande part de sa fortune, la compare à un Parlement et en dit du mal ; il ne paraît pas cependant qu'elle eût mal géré les affaires le moins du monde. Il est décidé, en outre que les seigneurs, à la pluralité légale de six fèves, éliraient trente citoyens chargés d'élire eux-mêmes en même temps que les collèges et la seigneurie une balie de deux cent dix membres âgés de moins de trente ans pour former une nouvelle balie ; se joindraient à ces élus

les Trente, les seigneurs et les collèges ; cette
balie durerait jusqu'au 30 juin, et posséderait une
autorité semblable à celle des trois conseils, celui
des Cent, de la Commune et du Peuple ; elle aurait
le droit de déléguer tous les pouvoirs à un nombre
moindre au cas où elle le jugerait nécessaire. Au
mois de novembre, il rectifie la besogne qui consiste à former les bourses, c'est-à-dire les noms
des citoyens proposés comme aptes aux offices,
redoutant qu'une sorte d'oligarchie puisse se former
là, et il adjoint aux Trente quarante-huit collègues,
douze par quartiers. Le Conseil des Soixante-dix
devient un des rouages les plus importants ; il admet
les arts mineurs dans une proportion semblable à
celle des autres offices ; il nomme les emplois ; il
s'arroge le droit de remplacer ses membres dé-
funts ; chaque famille ne peut y avoir qu'un
nombre de représentants déterminé, afin d'éviter
toute suprématie ; deux familles seules sont exclues
de cette charge ; il est probable, comme l'avance
Capponi avec un sourd mécontentement, que
l'une de ces familles fut celle des Medici et l'autre
une inconnue de peu d'importance. Ce conseil porte
le dernier coup à celui des Cent qui va disparaître
petit à petit. Par exemple, comme les gonfaloniers
de l'avenir sont connus d'avance, il décide que les
Soixante-dix, pour en désigner les autres membres,
se réuniraient aux gonfaloniers présents et futurs ;
et comme ce n'est pas encore assez, il décide aussi
qu'il ne sera plus consulté dorénavant qu'après les
deux conseils du peuple et de la commune, deve-

nus très peu influents l'un et l'autre. Les Soixante-dix nomment les procurateurs chargés de fixer les impôts, de surveiller la « mercanzia », de désigner les Huit de balie dont l'autorité tranche les causes civiles et criminelles ; tous les six mois, ils élisent aussi les Huit de pratique qui se substituent lentement à leur tour aux Dix de la guerre, demeurant là surtout pour le décor. Aucun particulier n'a le droit d'adresser directement une proposition à ces Soixante-dix ; rien ne doit leur parvenir que par les Seigneurs et selon les usages établis ; d'autre part, les Seigneurs, dépendant désormais de ce Sénat, ne peuvent agir librement. — Les Soixante-dix sont un merveilleux instrument de domination.

Naturellement quelques mécontents s'écrient ; et comme leur bruit couvre le silence de ceux qui ne disent rien, les historiens n'hésitent pas à les déclarer la majorité. Les démocrates et autres agitateurs s'en donnent à leur aise. Cambi déclare que les citoyens s'avilissent ; Rinuccini annonce que cette époque est célèbre par l'insolence et la tyrannie du Magnifique et lui reproche un crime horrible : il a fait pendre trois individus généreux qui ont comploté avec Riario contre lui pour s'en saisir et le couper en petits morceaux.

XXII

Il semble ici nécessaire d'expliquer comment à travers tant de combats, tant de haines, tant de diplomaties, une sorte d'union mystérieuse persiste malgré tout comme un oiseau bleu battant des ailes au-dessus de la mêlée. Un élément considérable apparaît en effet dans le jeu de cette politique particulière et y insinue une poignée de main fraternelle presque invisible sous les faits et gestes de la plus cruelle ambition : l'Art — et toutes les formes de pensée par laquelle la Renaissance poursuit son œuvre. Aussi extraordinaire que cela puisse paraître, surtout aux gouvernements d'aujourd'hui basés sur une étroitesse d'esprit stupide et laide qui n'eût pas été possible alors et qui n'eût sans doute pas été supportée non plus, les questions artistiques ont ici dans ce qu'il est convenu d'appeler les choses sérieuses une grande importance. Par l'échange des réflexions, des goûts communs et des recherches, par l'effet d'un même amour ardent pour le beau, au-dessus de la mesquinerie des petites frontières et des intérêts, une sorte de cosmopolitisme national élabore un rapprochement qui s'éta-

blit peu à peu ; les peintres et les architectes qui
vont d'une cour à l'autre révèlent que l'Art est
libre ; des sympathies se forgent qui dépassent les
distances et les conventions ; les troupes qui tiennent la campagne et entrent au cœur d'une forteresse la prennent moins facilement avec les meilleures sapes et les plus audacieux assauts que tel
individu qui passe le pont-levis sans armes, avec
des pinceaux, des couleurs et une lettre du prince
qui l'hébergeait auparavant. La guerre elle-même
n'est pas sans charmes; les généraux sont forcés
de savoir leur métier, — ne serait-ce que la
stratégie de la retraite, — car les batailles sont fréquentes et les rivaux nombreux ; elle aussi est
artistique en quelque sorte et figure un tournoi
gigantesque où les sentiments de courage et d'ardeur s'exercent glorieusement. L'amant d'Isotta
travaille lui-même aux plans de la Rocca Malates-
tina et au livre *de Re militari,* après avoir demandé
à l'Alberti d'élever un temple païen à « Dieu
immortel »; don Ferrante a une cour renommée ;
le duc de Calabre fait construire Poggio Reale; le
duc d'Urbino révèle au monde par son génie sa
petite ville obscure. — Après la vision tumultueuse
de tout à l'heure, j'esquisserai en matière de
seconde fresque la vie spirituelle qui persévère
sous tant de batailles; la fusion des deux images
fournira la clef de leur secret.

Dans l'Apennin, sur le rebord de cimes abruptes
du haut desquelles on aperçoit la mer Adriatique
vers où elles descendent, à l'aube du xv⁰ siècle,

Guidantonio de Montefeltro utilise les vertus guerrières de son peuple et lui donne une administration régulière ; il sert tour à tour le pape et le roi de Naples, il lutte contre Rimini, la glorieuse rivale voisine, il agrandit sa maison. Deux fils lui succèdent, l'un légitime, Oddantonio, l'autre illégitime, Frederigo ; le premier se rend remarquable par ses débauches et meurt assassiné après un an de règne ; le second est le fameux condottiere que nous avons vu servir pour Piero de' Medici et combattre contre son fils Lorenzo. Sur un des bas-reliefs du Bargello son profil s'accuse un peu bourbonien ; aux Uffizi son portrait par Piero della Francesca, sous un bonnet qui ressemble à celui de nos juges, le montre lourd et pondéré ; il y aurait encore de lui à Rome au palais Barberini, et du même Francesca, un autre portrait où il est représenté avec son tout jeune fils Guidobaldo[1].

Le Montefeltro est énergique, enthousiaste et calme, pédant à ses heures. Une de ses femmes, — il se marie deux fois — Battista Sforza parle latin ; sa cour est grave et sévère. Il a près de lui trois architectes, Luciano de Laurana, Baccio Pontelli et Francesco di Giorgio Martini, l'auteur d'un célèbre traité d'architecture où il révèle qu'il travaille pour le duc à cent trente-six édifices ; il fait venir de Gand Justus pour qu'il exécute des portraits de philosophes, de savants et d'amis ; il protège ce charmant peintre dont on n'admire plus

---

[1] La vie de Guidobaldo a été écrite par B. Baldi (Milan, MDCCCXXI, 2 vol.) et mériterait une traduction française.

assez la grâce, Melozzo da Forli. C'est à Luciano
de Laurana qu'il commande son palais ducal ; et il
se fait son collaborateur ; il est là sur le terrain,
discute tout jusqu'aux plus petits détails, et personne n'est surpris ; les ouvriers ont l'habitude ;
c'est sous sa surveillance et d'après ses dessins que
les nombreuses citadelles du territoire ont été
construites. En 1483, Luciano meurt; le palais est
achevé dans ses parties principales ; Baccio Pontelli en décore l'intérieur. Lorenzo, qui a été tenu
au courant, demande un plan de l'édifice; le Montefeltro le lui envoie. — Ce sont des procédés que
nous ne connaissons plus.

Si l'on en croit le poète Antonio de Mercatello,
ce palais renferme 250 pièces, 600 portes et
fenêtres et 40 cheminées « ne fumant jamais ».
La grande salle est tendue de tapisseries où la
guerre de Troie déroule ses épisodes. Des sculptures d'Ambrogio Baroccio retiennent le regard un
peu de tous les côtés. La bibliothèque contient
toutes les éditions des livres qui paraissent — ce
qui est rare pour l'époque — et 772 manuscrits
dont 77 en hébreu, 93 en grec. Un jardin aux
plantes rares s'étend autour. Ce palais, quoique
très détérioré, et par les hommes bien plus que par
le temps, est encore remarquable. Il suit la décli-
vité du terrain et a dû nécessiter toute une suite
d'ouvrages solides ; le cortile est unique ; sa loge
à triple étage qui ouvre trois baies veillées chacune
par deux colonnes entre deux tours à encorbelle-
ment exprime une hautaine fierté. — C'est là

que le Montefeltro, pendant les intervalles de ses campagnes, mène la vie grave qu'a racontée son libraire, Vespasiano dei Bisticci. Tout est réglé méthodiquement afin qu'aucune minute ne soit perdue. En été, le duc sort à l'aube suivi de six cavaliers armés ; il rentre avec le matin pour entendre la messe et donner audience à ceux de ses sujets qui désirent lui parler, même aux plus pauvres ; pendant le déjeuner, la réception continue ; il boit de l'eau et quelquefois une sorte de vin que sa recette révèle exécrable probablement, fait de miel et de fruits ; pendant ce repas, quand la réception a cessé ou n'a pas eu lieu, deux lecteurs qui alternent lisent les décades de Tite-Live ; pendant le carême les décades sont remplacées par les livres saints ; sorti de table, il reçoit un juge qui lui expose les causes frappées d'appel, et il en donne la sentence en latin. Le reste de la journée se passe à régler les affaires courantes, à examiner les forteresses, à faire manœuvrer les troupes ; le duc assiste ensuite aux vêpres, visite les couvents ou se promène ; au cours de ses promenades, il s'arrête souvent à regarder jouer les jeunes gens. Vient ensuite le souper suivi de longues conversations ; il étudie avec maître Lazaro les œuvres d'Aristote et de saint Thomas d'Aquin ou d'autres philosophes, lit les livres qui paraissent et les discute. — Quand un étranger intelligent passe par la ville, il est logé au palais.

Non loin de là, en descendant vers la mer, c'est la ville de Rimini. Depuis la mort du grand Sigismondo, l'âme qui battait dans le temple merveilleux semble être morte ; mais l'élan primordial demeure toujours. Roberto est un noble capitaine, fort sur son cheval, tel qu'il vit encore dans la pierre, sur sa stèle funèbre, au musée du Louvre.

En remontant encore vers le Nord, Bologne, administrée par Giovanni Bentiviglio, est devenue célèbre ; là monte l'église de San Giacomo Maggiore.

Sur le Pô, avant son delta compliqué, Ferrare, sous la domination des d'Este, possède une cour de première ordre. Les princes sont de fervents serviteurs de la Renaissance ; dès leur enfance, ils méprisent les préjugés et ont l'amour du luxe. Là aussi le paganisme a introduit sa leçon. Lionel d'Este fait peindre sur les murs de son palais l'entrevue de Scipion avec Hannibal. Dès le règne d'Ercole Ier, les comédies grecques et latines sont représentées à la scène avec les décors et les costumes qu'on présume être ceux du temps. Le marquis Nicolas III fonde une université et entreprend un voyage à Jérusalem ; il s'arrête à Cythère et y célèbre l'endroit où, d'après la légende, le berger ravit la reine de Sparte. Il est cruel et libertin ; il a vingt-cinq bâtards. Il fait élever les palais de Belzignardo, de Belfiore et de Cousandolo. Il encourage particulièrement l'orfèvrerie, l'horlogerie, la tapisserie, la miniature et la musique. Il recrute les chantres de son église dans les Flandres. Son fils Lionel, qui apprend la guerre avec Braccio da Montone et les lettres avec Guarino de Vérone, écrit des sonnets et des chansons. Il conseille à l'Alberti d'écrire son traité d'architecture. Il commande au fameux Roger van der Weyden une descente de croix et un Adam et Eve ; il fait peindre les neuf Muses par Angelo Maccagnino. Son frère Borso est surtout un militaire ; mais il aide les humanistes et continue les traditions de la famille ; il possède d'admirables bijoux ; les gens du commun, qui ne savent juger les choses que d'après leur valeur pécuniaire, prétendent que certains de ses colliers ont coûté 70 000 ducats.

Le discernement judicieux de Lodovico Gonzagua marquis de Mantoue, distingue Mantegna et se l'attache après de longs efforts pour l'enlever à son pays natal. Lodovico, quoique marquis, l'artiste une fois installé, sait comprendre toutes ses bizarreries, et le Mantegna en a beaucoup ; il pense toujours qu'il est volé, et il accuse celui-ci de lui voler ses poires, celui-là ses matériaux de construction ; ou bien, ce sont d'interminables disputes avec son tailleur, avec les officiers de sa cour, avec le premier venu ; et son protecteur l'excuse en parlant de son génie. — En 1483, en revenant de Venise, Lorenzo, passant par Bergoforte, près de Mantoue, se détournera de son chemin pour rendre visite aux Gonzagua et à Mantegna. Lodovico étant absent, c'est son fils Francesco qui le reçoit, lui fait les honneurs de la ville et le conduit chez le peintre. La conversation des deux hommes dut être intéressante ; on ne la connaît pas ; on sait seulement que le Magnifique admira non seulement les tableaux, mais encore la collection d'antiquités que possédait l'artiste.

Des Sforza date la gloire de Milan. Le More y fait affluer les meilleurs artistes ; on y trouve, — nous le savons, — le Vinci. Galeaz Maria se montre déjà très intelligent ; c'est un homme dur et bizarre ; les mûrs de son château sont ornés, par ses ordres, de lys et d'étoiles sur fond bleu ; c'est lui qui demanda au Vinci la statue équestre de son père Francesco, œuvre unique où le grand homme avait mis seize années de sa vie et que devaient détruire dans la suite les arbalétriers français. Non loin de la capitale lombarde, Pavie dresse ses cinq cent vingt-cinq tours ; son château devient célèbre par son université où enseignent Chrysoloras, Beccadelli, Francesco Filelfo et tant d'autres ; son incomparable Chartreuse révèle au monde une nouvelle merveille.

A Naples, Alfonse le Magnanime, bien que né en Espagne, devient vite italien. Il est brave et spirituel, intelligent, libéral et généreux. Il fait traduire les livres grecs. A l'attaque de Gaète, il défend à ses soldats d'employer pour construire des retranchements les pierres d'une villa qu'on pense avoir appartenu à Cicéron. Il consulte souvent Vitruve. Il collectionne les médailles gréco-romaines. Son fils, le gros don Ferrante, hérite des mêmes goûts. Il continue les fondations de son père, mais éparpille trop son action et ne sait pas nettement la poursuivre une fois qu'elle a été entreprise. Il fonde l'académie pontanienne où parlent Pontanus, Lascaris, Pollenuccio et tant d'autres ; c'est à sa cour que réside le fameux Sannazar. Il possède quarante copistes qui ne ces-

sent de transcrire et d'enluminer; beaucoup sont
étrangers; Ottone Quarto est venu d'Allemagne,
Jean de Bruges, de Belgique, Pierre Bardeo, de
France, Wenceslas, de Bohême. Il envoie Giovanni
di Giusto dans les Flandres avec mission d'étudier
les secrets de leurs écoles picturales. Il possède de
merveilleuses étoffes, des plumes rares, mille curiosités. Son architecte Pieto di Martino exécute les
sculptures de l'arc triomphal de Castel nuovo;
Guglielmo Monaco de Pérouse fond des canons,
fabrique des pendules, moule des bas-reliefs. En
1472, arrive de Bologne le fameux Aristotèle de
Fioravante, celui qui devait mourir dans la suite,
après avoir servi les Sforza et Mathias Corvin, auprès du tsar Ivan III. — L'arrivée de Lorenzo fut
pour don Ferrante bien plus qu'un événement politique; et contint une initiation; à partir des jours
où ils discutèrent les bases du traité possible, le roi
se jeta résolument dans la voie de la Renaissance;
il est certain que souvent les discussions politiques
ne furent pas soulevées ou très peu et que les deux
anciens adversaires, se reconnaissant de nombreux
points de contact, abandonnèrent des haines suran-
nées pour causer de ce qui leur tenait tant à cœur;
la flamme qui dévorait leurs âmes insatisfaites était
née du même feu et brûla leurs rancunes dans sa
montée radieuse; les sentiments artistiques des
deux hommes enlevèrent et mirent sur la balance
les poids qui pesaient trop lourds et ceux qui manquaient; et, pour parler selon les allégories d'alors,
ce fut Psyché qui régla la main de Pallas afin

d'obtenir l'équilibre. — Don Ferrante de jour en jour davantage sentait qu'il s'en voudrait toute sa vie de tuer le Magnifique et qu'il souffrirait de n'être pas en bons termes avec lui. On peut même penser que ses dernières hésitations, s'il en eut, furent vaincues par sa cour.

Son fils, le duc de Calabre, est aussi une curieuse figure malgré sa cruauté, et — ce qui est bien pire — son avarice. Il se montra débauché au point qu'on le surnomma le dieu de la chair. Il employa Giuliano da Majano à la construction de deux importants palais, la Duchesca et Poggio Reale. Poggio Reale était un édifice carré comprenant deux étages, avec quatre tours également carrées aux angles ; un promenoir voûté régnait tout autour. Au centre il avait fait aboutir dans une salle basse une série de conduites d'eau qui permettaient de submerger la pièce très rapidement grâce à un mécanisme secret. Un des plaisirs favoris du duc consistait à inviter cérémonieusement à une grande fête des hommes et des femmes très bien habillés et à faire affluer l'eau d'un seul coup ; les portes fermées empêchaient la fuite et tout le monde était trempé. Dans le jardin, parmi les statues, on remarquait deux sirènes, une suivie de deux amants, l'autre se livrant à ceux qui la voulaient. On trouve la description de cette demeure dans le « Vergier d'honneur d'André de la Vigne » ; et on lit dans les bulletins[1] de la grande armée commandée par Charles VIII :

[1] Par de la Pilorgerie.

« Avant que le roy entrast en la ville, il a couché
une nuit à Poge royal, qui est une maison de plai-
sance que le roy Ferrand et ses prédécesseurs ont
fait faire, qui est telle que le beau parler de maistre Alain Chartier, la subtilité de maistre Jehan de
Meun et la main de Fouquet ne sauroient dire,
escriprе ni peindre. Elle est assise loing de la ville,
aussi loing que de Tours au Plesseix, et depuis la
porte de la ville jusque-là, on va par grands sentiers et allées de tous côstez. Elle est environnée
d'orengers et de rommarins et de tous autres
arbres fructueux tant en yver qu'en esté, à si grande
quantité que c'est chose inestimable. Ledit jardin
est clos de mûrs en carré, et il est si beau que il
ne sauraye escripre en la vie d'homme. Environ
ceste maison sont les belles fontaines, les viviers
pleins d'oyseaulx de toutes sortes et si estranges
qu'on ne sauroit penser. De l'autre côté le beau parc
où sont les grosses bestes à foison, la garenne de
connins et de lièvres, l'autre garenne de faisans, de
perdrix, et il semble que tout y soit fait par désir
humain, car par mon souhait et celui d'homme
vivant rien ne pourroit advenir de plus à nature
humaine.... »

LIVRE IV

LES RÉSULTATS

XXIII

La situation de Lorenzo est de plus en plus enviée.
Le comte Riario refuse en son for intérieur de se
tenir pour battu et compte bien un jour enfin
prendre sa revanche ; c'est un besoin qui le talonne
au point qu'il ne peut plus attendre ; et, les
voies diplomatiques ou guerrières lui paraissant
singulièrement obstruées, il revient à la combinaison choisie d'abord par Sixte comme la plus
simple et la plus naturelle. La mort de Giuliano
l'entraîne à espérer celle du Magnifique ; n'ayant
plus que lui à frapper, il juge l'entreprise moins
difficile. En agissant de la sorte il ne fait que pré-
voir au désir secret de son protecteur et se l'attacher davantage ; il lutte en même temps pour sa
cause et la sécurité de son avenir, la situation de
Lorenzo devenant de plus en plus prépondérante
et l'enfermant en quelque sorte dans Rome où,
malgré toute l'immense faveur dont on le gratifia,

il conserve le regret de n'être pas chez lui. L'assassinat décidé, il s'arrange seulement à ne pas risquer sa précieuse personne. Il prépare l'affaire au plus vite, s'entend avec quelques exilés et les charge de monter la tête à un nommé Frescobaldi, choisi de préférence pour sa qualité d'ancien ami de Lorenzo lui ayant encore des obligations. Le piquant est que ce Frescobaldi avait justement fait arrêter autrefois à Pera où il était consul le Bandini avec l'aide du sultan. Ne se sentant pas assez sûr de son coup à lui seul, il s'adjoint Marotto Baldovinetti. Mais les deux misérables ont beau choisir d'excellents poignards et les empoisonner, leur tentative n'aboutit pas ; ils sont pendus aux fenêtres du Bargello, le 6 juin 1481. Le coup — pour suivre la tradition des Pazzi — avait été tenté encore dans une église, celle des Carmes. Valori et Ammirato parlent d'une autre conjuration dont Riario aurait été toujours l'auteur et Baldinotti de Pistoia l'instrument et qui manqua de même ; mais ces deux auteurs seuls la mentionnant, elle ne me paraît pas prouvée.

La lutte avec la papauté ne faisait que couver sous la cendre ; elle reprend d'une façon indirecte avec la même ardeur.

Mahomet II était mort le 3 mai 1481, faisant cesser ainsi autour d'Otrante une guerre qui aurait pu durer longtemps et devenir dangereuse, conduite par lui ; quant à ses deux fils, ils se détestaient trop pour la poursuivre selon le vœu de leur père. Sixte, de son côté, aussitôt la bonne nouvelle connue, avait

rappelé sa flotte et donné ordre au duc de Calabre
de reprendre la ville perdue, car il revenait à ses
vues ambitieuses et souhaitait faire de la Romagne l'apanage du comte Riario ; en septembre 1480,
il avait déjà profité des querelles des princes pour
occuper la principauté de Forli, et il pensait pouvoir continuer en y ajoutant Faenza, certain qu'à
Venise on fermerait les yeux. — Pour en avoir
le cœur net, il se rend lui-même dans la ville
des lagunes. Il y est reçu mieux qu'un empereur.
La République Sérénissime, qui ne perd pas la
tête, espère acquérir de nouveaux territoires à la
mort de cet allié qu'elle voit vieux et miné.
Mais elle est aussi pressée que lui et ne veut pas
attendre. Ils décident l'entreprise contre Ferrare,
petite principauté sans force et sans défense réelle.
Le prétexte est vite trouvé. Venise déclare avoir
jadis, vers 1308, occupé la ville pendant un temps
assez court et, comme ça reste un peu insuffisant,
elle ajoute qu'elle est mécontente du récent mariage
entre Eleonora, fille de Ferrante, et Ercole d'Este ;
elle se plaint enfin que son vidame ait été excommu-
nié par l'archevêque à propos d'une misérable
question de taxe. Malheureusement cette dernière
affaire s'arrange. Désappointée, Venise dévoile
ses intentions cette fois en interdisant à brûle-pourpoint de faire du sel à Commachio, sur le territoire
ferrarais cependant. Le duc qui vient de montrer
sa bonne volonté laisse entendre cette fois son
mécontentement. Venise, satisfaite, y ajoute en
discutant à nouveau la question de la frontière.

Tout s'envenime à souhait. Le 3 mai 1482, la guerre est déclarée.

Le duc en appelle aux princes et l'Italie se partage en deux ligues ; d'un côté, Venise avec le pape, Riario, Gênes et le marquis de Montferrat ; de l'autre le duc de Ferrare avec le roi de Naples ; le duc de Milan, le marquis de Mantoue, Bologne et Florence ; le vieux Montefeltro et Alfonse de Calabre commandent les forces de Ferrare, Roberto de San Severino celles du pape. Et les opérations commencent.

Les Ferrarais veulent se servir de leurs deux armées pour une action quadruple : le duc d'Urbino attaquerait par la Lombardie, tandis que le duc de Calabre retiendrait les troupes pontificales autour de Rome, autant que possible sans livrer bataille ; pour achever la division de l'ennemi, Lorenzo se joindrait à Niccolo Vitelli et mettrait le siège devant Citta di Castello ; de son côté, Antonio, fils du duc d'Urbino, attaquerait Forli. C'est adroit. Mais Venise prend les devants et cerne Ferrare de tous les côtés ; en même temps elle bloque Ravenne par terre et par mer, et empêche l'action du plan projeté. San Severino s'empare de Castel-Nuovo, malgré les efforts du Montefeltro aidé par Ercole et Bentivoglio ; il apparaît ensuite devant Ficcarolo. Vespasiano dei Bisticci prétend que ce fut une campagne comme on n'en avait point vu depuis longtemps. Elle ne le paraît guère si on la regarde attentivement. Chaque corps d'armée se trouve isolé, séparé des autres par de longues distances semées de terrains défectueux, presque infranchissables, très difficiles aux marches, déchiquetés de torrents et de rivières sans ponts, envasés par de larges deltas marécageux ou sablonneux qui débordent ; pour achever, une odeur infecte et mortelle suinte de partout. Le pape, en réalité, se trouve dans un grand embarras. Lorsque le duc de Calabre a paru sur le Tronto, il a dû dévoiler son jeu en refusant le passage et établir ainsi nettement les hostilités. Les Florentins viennent de prendre Citta di Castello et y ont installé Vitelli. Encore une fois il se retrouve en présence de son éternel ennemi ; et Lorenzo n'est plus seul. Rome n'est pas sûre ; de nombreuses factions la divisent ; au dehors, la campagne est dévastée. Il appelle au plus vite Malatesta. Celui-ci fait lever autant d'infanterie qu'il est possible, et la tâche lui est facilitée par les habitants eux-mêmes qui, devant les nombreuses incursions du duc de Calabre jusque sous les murs, sentent qu'il y va de leur interêt. Il sort ensuite de Rome en ordre de bataille et campe, le 21 août, à deux milles de son adversaire, à Torre di Campo-Morte, près de Velletri. Le duc ne pense pas qu'on oserait lui livrer bataille hors des murs ; ainsi serré de près, bien qu'il se trouve désorienté et que les secours de son père ne l'aient pas encore rejoint, pour ne pas s'avouer vaincu et ne pas fuir en désordre, il accepte la bataille. Elle dure jusqu'à la moitié du jour. De part et d'autre elle est acharnée. « On déploya dans cette action, écrit Machiavelli, plus de talents militaires et de valeur que dans toutes celles dont l'Italie avait été hérissée depuis cinquante ans. » Il y eut plus de mille morts dans les deux armées. Celle de l'Eglise fut victorieuse et le dut à la supériorité de son infanterie dont l'attaque contre la cavalerie du duc fut si impétueuse que ce prince fut forcé de prendre la fuite. Il eut même été fait prisonnier si plusieurs des Turcs débarqués à Otrante, et qui combattaient alors sous ses drapeaux, ne l'eussent sauvé. — Roberto Malatesta rentre en triomphe dans Rome, mais n'en profite pas longtemps. Tout en sueur encore, il demande de l'eau ; on la lui apporte ; il boit en si grande quantité et si précipitamment qu'il lui survient une dysenterie que rien ne parvient à arrêter ; et il succombe au bout de peu de jours, le 10 septembre. Ses obsèques sont célébrées par Sixte lui-même au milieu d'un sompteux décor. Le même jour, par suite d'une fièvre due à l'atmosphère des marais, le grand Montefeltro meurt à Bologne où on l'a transporté. Vingt mille hommes de son armée le précèdent ou le suivent dans la tombe.

Le pape veut profiter aussitôt de son avantage. Il envoie vite son cher Riario vers Citta di Castello afin de la reprendre. En même temps, ils se promet de mettre la main sur les Etats de Rimini, Roberto Malatesta ne laissant qu'un fils en bas âge. Mais Lorenzo veille. Il se rend lui-même à Rimini et va trouver la veuve du condottiere. Il lui représente la réalité de la protection papale et parvient à la convaincre. Il l'engage alors à ne pas hésiter dans sa résistance. Et le comte Riario est repoussé à Citta di Castello comme à Rimini. — Lorenzo, à tout ce qui s'est passé, n'a pas risqué grand'chose ; il a laissé les autres aller de l'avant après les avoir poussés au moment opportun, tandis qu'il se réservait la surveillance générale pour mieux discerner l'action indispensable.

Les Vénitiens finissent par s'emparer de Ficcarolo et passent le Pô. Les troupes d'Ercole sont en mauvais état et désorientées depuis la mort du Montefeltro. Il semble que tout soit à la veille d'être perdu et qu'il n'y ait plus rien à faire, sinon à tenter une chance à laquelle croire est impossible. — Lorenzo intrigue auprès du pape pour le détacher des Vénitiens. Il lui fait entendre que la puissance de ses alliés sert surtout à sa ruine et à celle de l'Italie ; et, comme le pape hésite, il l'accule à la nécessité d'accepter son offre. Il veut, en effet, par tous les moyens possibles, atteindre à une pacification générale. Maintenant qu'il est le maître dans sa ville, sa ville ne lui suffit plus ; monté plus haut, il veille tout l'horizon que fixe son regard. Sa vie est comme une élévation continue vers un idéal de puissance et de paix. C'est pour l'établissement de cette paix qu'il veut restreindre la puissance pontificale, sans cesse avide de désordres ; qu'elle le seconde au lieu de se buter, au contraire, il l'aidera. La preuve en est qu'il finit par s'entendre avec Sixte malgré leur double haine, et cela, parce que le doge maintenant devient le nouvel ennemi. Aux mains du Magnifique

Florence fixe le point d'appui de ses projets, la vaste maison où ils se méditent, en même temps qu'elle reste l'auxiliaire et la patrie ; il ne peut rien sans elle ; aussi est-ce après se l'être sérieusement attachée qu'il entreprend de réaliser son rêve. Par la même occasion, il la sert et l'agrandit. Mais, tout en l'aimant mieux qu'une mère, il ne pense pas que le reste du monde soit nécessairement haïssable et juge plus intelligent de s'en servir. Il est bien avec la France, il ménage l'Empereur ; maintenant que Sixte, maté, change de politique et s'amende, il va lui tendre la main — et la lui forcer parce qu'il la refuse encore. — Après avoir consacré la paix de Florence, il tentera celle de l'Italie. S'il avait eu l'Italie, il aurait peut-être fait, pour un temps, celle du monde.

Tandis qu'une partie de ses forces militaires aide la veuve du Malatesta, il reprend la proposition de concile faite déjà par Louis XI ; il négocie avec l'Empereur et l'y fait adhérer pour qu'il l'annonce à grand bruit comme devant avoir lieu à Bâle. Cela se montrait facile, l'ancienne réunion de prêtres qui s'y était déjà tenue ayant continué sous l'influence d'un dominicain allemand, évêque de Krain, Andréas, qui détestait Rome pour y avoir lié connaissance avec les cachots du fort Saint-Ange. Lorenzo profite de cet interprète tout trouvé. Il envoie vite des délégués parmi lesquels un de ses hommes de confiance, Baccio Ugolini. Le roi de France et l'empereur d'Allemagne en font autant, de leur côté. Le pape rappelle alors avec

une certaine violence que promesse lui a été faite
à Mantoue précédemment de ne plus en appeler au
concile, et il n'envoie pas de prélats. Tout tombe.
Andreas parle avec maladresse, en homme qui ne
comprend rien à la situation. Baccio Ugolini écrit
à Lorenzo que « pousser cette affaire serait faire
avaler la médecine à un mort ». L'affaire tourne
mal au point que l'évêque est mis en prison et que
son procès dure jusqu'à ce qu'on l'y trouve pendu.
— Le résultat consiste en ce que Sixte est averti
désormais et sait qu'il restera seul s'il refuse de
répondre aux alliances proposées, une fois détaché
de Venise. Le Magnifique l'a acculé au pied du
mur ; il l'a battu, et maintenant, termine par une
plaisanterie sérieuse : il lui inflige son alliance,
trouvant plus amusant de ne pas écraser un ennemi
qu'il ne peut tuer et qui, par conséquent, montrera
toujours la griffe ; il prend par exemple cette griffe
avec délicatesse et lui rogne les ongles. — Sixte,
le 29 août, avait écrit aux princes et à Frédéric.
Le 12 décembre, la paix est conclue dans sa
chambre.

Tout a été mené secrètement par Lorenzo. Ses
compatriotes, ignorants de la part qu'il a prise
aux négociations, le remercient en se plaignant
de la paix qu'il leur procure et déclarent que, la
question romagnole n'étant pas résolue, il aurait
mieux valu continuer la guerre. Lui aussi demeurait mécontent de n'être que peu garanti du côté
des plaines lombardes, mais, ne pouvant compter
sur personne et. la nécessité d'un appui demeurant

absolue, il avait pris le plus plausible ; le danger que lui reprochaient les siens présentait d'ailleurs bien peu d'importance ; .en outre, il espérait que Venise prendrait mal le traité. — Venise le prend mal en effet et rappelle son ambassadeur de Rome. Sixte à qui ce genre d'opérations ne coûte pas grand' chose l'excommunie. Venise reste seule avec toute l'Italie contre elle. La guerre recommence. Mais Lorenzo s'est fait encore un nouvel allié.

Venise, toujours rapide à prendre l'offensive, bat ses ennemis près d'Argenta et campe sous les murs de Ferrare.

XXIV

Le 28 février 1483, une diète se réunit à Crémone. Il y a là Lodovico il Moro, Ascanio Sforza, le duc de Calabre, Ercole d'Este, le marquis et le cardinal de Mantoue, Giovanni Bentivoglio et Lorenzo de' Medici qui revient de Rome où il a longuement conféré avec le Saint-Père. Il attire à lui la diète en quelque sorte, la dirige et la domine ; et tous ne trouvent rien à redire à ce qu'il tienne plus de place que son titre officiel ne lui en confère. Il est éloquent, précis et déterminé ; il établit la situation d'une manière nette, place un mot pour chacun, ménage les intérêts de l'un et de l'autre et décide à l'action en commun. — Il fallait un certain courage pour se rendre seul, sans escorte efficace, à une assemblée où Riario, qui s'y trouvait, pouvait saisir à nouveau l'occasion de l'assassiner ; ses amis avaient cherché à le dissuader d'y venir ; Louis XI lui avait écrit exprès pour l'en détourner, avec aussi, sans doute, l'espoir secret que, sans lui, la diète n'aboutisse pas ; le vieux roi devait, en effet, voir d'un mauvais œil une alliance des princes italiens.

La flotte vénitienne, battue au Bordeno, y perd

son provéditeur Antonio Justiniano et deux cents
bâtiments ; l'échec est mal compensé par la prise
de Gallipoli, dans la Pouille, qui tombe au pouvoir
d'une de ses armées, grâce à la valeur de Jacopo
Marcello ; mais ce chef est également tué pendant
une des dernières attaques, le jour même où la
ville capitule ; son successeur, Malipieri, recueille
le bénéfice de la victoire et fortifie sa conquête ;
il ravage de là la campagne environnante, massacre les villageois et atteint la Calabre où il s'empare de Policastro et de Ceri ; pendant ce temps
une seconde armée a franchi l'Adda. — Ce sont
de petits avantages sans importance, plus propres
à flatter l'orgueil militaire qu'à établir un résultat ;
et les choses vont tourner mal pour la Sérénissime
République, déjà bien éprouvée par la perte de ses
galères. Elle espère en effet que les troupes mila-
naises commandées par San Severino exciteront
quelque révolte contre celui qu'on appelait encore
le régent, par habitude, bien qu'il ne fût plus
question de régence depuis longtemps ; mais le
More qui s'est d'abord mêlé à la ligue avec répugnance, pénétrant les desseins de Venise, va y
prendre part ou du moins l'aider. Le duc de
Calabre de son côté se met vite à l'action ; il laisse
quatre mille chevaux et deux mille fantassins au
marquis de Ferrare pour sa défense et, à la tête
de douze mille cavaliers et de cinq mille gens de
pied, entre dans le Bergamasque, traverse le Besson,
gagne le Véronais, en prenant possession d'un certain nombre de villes au long de son chemin. Le

marquis de Ferrare, non content de rester sur la
défensive et n'ayant devant lui que le duc de Lorraine à la tête de quatre mille hommes, recouvre
une assez grande partie de ses Etats.

L'hiver offre un prétexte de repos de part et
d'autre. Puis les hostilités reprennent avec les
premiers beaux jours. La ligue a cette fois réuni
toutes ses forces ; mais la guerre est conduite
mollement, d'une façon dérisoire, comme si les
combats de l'année précédente avaient donné à
réfléchir sur la rapidité de la mort. Les armées
s'enferment l'une vis-à-vis de l'autre en prenant
bien garde de se heurter et, comme une action
quelconque est nécessaire, pillent les territoires
qu'elles occupent, rançonnent les habitants,
mettent à mal les filles et ajoutent des cornes au
front des maris. Le manque de bravoure ne suffit
cependant pas à expliquer l'inaction ; sa véritable
cause est dans la désunion des différents princes,
désunion qu'ils n'osent s'avouer, mais dont ils
sentent la colère et la gêne au fond du cœur. Du
côté des Vénitiens, le duc de Lorraine se retire et
gagne ses forêts du nord. Du côté des alliés, le
More redevient mécontent et jalouse le duc de
Calabre d'une jalousie ardente à laquelle la mort
survenue de Frederigo Gonzagua ne fait que lâcher
bride, Gonzagua ayant aidé beaucoup à leur rapprochement ; de plus Gian Galéaz atteignant l'âge
de régner, la situation de Lodovico se complique,
tourne à l'équivoque, s'embrouille ; le jeune duc
a épousé justement la fille du duc de Calabre,

Isabelle ; et la politique de l'Aragonais poursuit ce but : s'arranger de façon que tout le pouvoir revienne à son gendre. — Le More change bientôt de posture, et intrigue à Venise où le terrain ouvre des sillons excellents pour la graine qu'il veut y semer. La République, en effet, vient de suggérer vainement à Louis XI de tenter une entreprise contre Naples et au duc d'Orléans une autre, parallèle, contre Milan ; ses négociations avec Anne de Beaujeu, occupée ailleurs, demeurent pendantes : elle reste seule. Elle n'a pas le choix ; au contraire, elle développe de plus en plus ses racines à la cour milanaise, se révèle énergique et solide. « Aussitôt que les Vénitiens furent instruits des dispositions de Sforza, écrit Machiavelli, ils jugèrent l'occasion favorable pour regagner par la paix, selon leur coutume, ce qu'ils avaient perdu par la guerre. » — Lorenzo cette fois est battu, — ce fut la seule ! — et ne peut dire non, le traité assurant la paix qu'il demande. Les confédérés ont besoin de dissimuler pour ne pas paraître mécontents. Le résultat est peu satisfaisant ; il faut restituer aux Vénitiens les conquêtes faites sur eux, leur abandonner Rovigo et la Polésine, leur laisser à Ferrare toutes les prérogatives qu'ils avaient précédemment. — Chacun avait soutenu à grands frais une guerre d'où il ne rapportait rien, et dont la fin était honteuse puisque l'on rendait ce qu'on avait pris et ne retrouvait pas ce qu'on avait laissé prendre. Le More avait joué un bon tour. Venise tirait les marrons du feu. — Le duc de Calabre, qui n'agit plus que sur l'instigation du Magnifique depuis qu'ils sont alliés, lui envoie Giovanni Albino et Pontano pour l'engager à la résistance ; mais le Magnifique lui démontre qu'il n'y a rien à faire et que l'avantage est appréciable de mettre fin à une guerre qui épuise tout le monde. Au mois d'août 1484, le traité est conclu.

Pendant ce temps, pour leur propre compte, le pape et Lorenzo avaient mis le siège devant Citta di Castello pour en chasser Vitelli, abandonné maintenant on ne sait trop pourquoi, sans doute à cause de la place trop prépondérante qu'il possédait dans ses domaines. Et comme les choses avaient tourné mal pour les assiégeants, Sixte, ayant toujours pris soin de paraître demeurer à l'écart avait rétabli la paix entre Lorenzo et Vitelli. A Rome, où il était ensuite rentré au plus vite, et où la lutte entre les Colonna et les Orsini chauffait rouge, il avait tout apaisé en ruinant les Colonna, en rasant leurs palais et en faisant mettre à mort le plus possible d'entre eux.

Lorenzo reste donc mécontent. Rien ne lui prête une aide efficace. Les villes qu'il voudrait faire revenir au territoire florentin se maintiennent insaissables. Lucques ne lui appartient pas ; Sienne est une république tourmentée, factieuse et rebelle à son protectorat ; Giovanni Ricasoli vient d'écrire à son sujet aux Dix qu'elle est « folle, prête à se tourner vers qui lui remplira le ventre, et à faire vingt-cinq révolutions en un jour pour une fiasquette de vin ». L'argent nécessaire lui manque pour re-

prendre Sarzane enlevée par Angostino Fregoso
qui l'a très adroitement livrée à la fameuse Banque
de Saint-Georges dont les intérêts ont si souvent
combattu ceux de ses banques propres. Et il hait
cette puissante compagnie qui dirige tout le trafic
génois, possède un gouvernement représentatif, un
trésor, une armée de premier ordre et un système
d'administration bien supérieur à celui de l'État.
Citons encore Machiavelli : « Quand les Génois
eurent fait la paix avec les Vénitiens, après la
guerre dispendieuse qui avait duré entre eux pendant plusieurs années précédentes, leur république,
ne se trouvant point en état de rembourser sur-le-
champ les grandes sommes d'argent qui lui avaient
été prêtées, céda à ceux de ses citoyens qui les
avaient avancés le revenu des douanes et décida
que chacun en toucherait une part proportionnée
au fonds de sa créance, jusqu'à entier rembourse-
ment. Afin que les citoyens porteurs de ces créances eussent un lieu pour s'assembler, elle leur
donna le palais situé près de la douane. Ceux-ci
organisèrent entre eux un mode de gouvernement
pour régir leurs affaires. Ils établirent un conseil
de cent membres chargés de délibérer sur l'intérêt
général, et un autre conseil de huit membres, pour
exécuter les délibérations. Ce dernier conseil était
comme le chef du corps entier. Ils divisèrent leurs
créances en parts ou coupons qu'ils appelèrent lieux
ou « moghi ». Ils donnèrent à leur société le nom
de San Giorgio. Telle fut leur forme de gouvernement et sa distribution. L'État éprouva de nou-

veaux besoins et demanda de nouveaux secours
à San Giorgio ; les richesses et la bonne administration de cette banque lui permirent de les fournir. Après lui avoir cédé le revenu de ces douanes
l'État lui donna quelques-unes de ses terres pour
servir de gage aux sommes d'argent qu'il en recevait. Les besoins de la République et les services
de cette société atteignirent un point tel que San
Giorgio a sous son administration la majeure partie
des terres et villes soumises à la domination des
Génois. Cette banque les gouverne, les défend et
y envoie tous les ans des recteurs élus dans son
sein, sans que l'Etat s'en mêle en aucune manière.
Il est résulté de là que l'Etat, dont le gouvernement a été regardé comme tyrannique, n'a plus eu
pour lui l'affection publique ; elle lui a été retirée
par l'administration sage et impartiale de San Giorgio qui reste toujours la même au milieu des chan-
gements faciles et multipliés de cette république
soumise tantôt à un de ses citoyens, tantôt à un
prince étranger. Quand les Fregoso et les Adorno
se disputèrent la souveraineté de Gênes, la majorité
des habitants se tint à l'écart parce qu'il s'agissait
du gouvernement de l'État quelle abandonnait par
avance au vainqueur. Lorsqu'un usurpateur s'en est
rendu maître, San Giorgio se contente de lui faire
jurer l'observation de ses propres lois qui sont restées jusqu'à ce jour sans altération parce que ce
corps ayant des armes, de l'argent et une autorité
régulière, on ne pourrait y porter atteinte sans
encourir une rebellion certaine et dangereuse. Le

gouvernement de San Giorgio offre un exemple vraiment rare et que les philosophes n'ont jamais rencontré dans tant de républiques célèbres qu'ils ont vues, ou imaginées ; il présente dans la même enceinte, et parmi les citoyens d'une même ville, la liberté et la tyrannie, les bonnes mœurs et la corruption, la justice et la licence. Cet établissement conserve seul dans Gênes des vertus antiques et dignes de vénération ; si jamais il devient maître de l'État entier, ce qui ne peut manquer d'arriver avec le temps, cette république acquerra plus de célébrité que celle de Venise. » Outre Sarzane, ainsi acquise, cette banque possède Pietra Santa dont le voisinage, comme ville ennemie, est intolérable aux Florentins, bien qu'ils l'aient vendue eux-mêmes et n'aient pas de droits sur elle depuis 1384 ; aussi réclament-ils au nom de droits imaginaires et, toujours jaloux de mettre aux Lucquois, comme dit Guicciardini, « une bride dans la bouche », déclarent qu'un podestat de leur pays l'ayant bâtie au xiiie siècle, elle doit leur appartenir. — C'était la clef de la Lunigiana.

Le traité de Bagnuolo permettait l'action ; il portait qu'on pourrait non seulement redemander ce qu'on avait perdu, mais encore faire la guerre à qui s'opposerait à ce qu'on le recouvrât. Lorenzo réunit tout l'argent qu'il peut se procurer et fait en sorte que dès septembre 1484 les troupes soient dans la Lunigiana. Afin de justifier davantage, au moins en apparence, l'entreprise, il fait défiler sous les murs de la ville une grande quantité de vivres et de munitions accompagnée d'une faible escorte. La ruse réussit. C'était urgent, car le mauvais air de Pietra Santa rendait le siège très meurtrier ; les comtes de Pitigliano et de Marciano ainsi que Ranuccio Farnèse avaient été déjà saisis par les fièvres, et beaucoup de soldats étaient hors de service. De plus, les Génois venaient de faire une descente à Vada et canonnaient la tour de Livourne. — Tandis que Gian Figliazzi les défait, le convoi est enlevé. La tâche reste alors à l'armée même. Une partie de l'artillerie est placée dans la plaine, l'autre dans une redoute bâtie sur la montagne qui fait face aux murs; ce bel exploit achevé, tout traîne en longueur et les coups de canons se succèdent sans résultat. Les assiégés en profitent pour tenter une sortie et s'emparer de la redoute; les assiégeants, surpris dans leur camp, reculent en déroute; les condottières font remarquer qu'on est en octobre et que prendre les quartiers d'hiver serait urgent. Mais cette fois les Dix sont indignés ; Lorenzo ne laisse pas retomber un feu si nécessaire et y ajoute tout le bois possible ; on décide de remplacer le commissaire de l'armée par Antonio Pucci et Bernado di Nero ; afin d'ajouter un argument irrésistible à leur éloquence naturelle, on leur confie de grosses sommes d'argent destinées à réveiller la fureur guerrière. Les condottieres acceptent avec patience les discours et, fort sensibles à l'argent destiné à leurs bourses en cas de succès, ne parlent plus de retraite ; auprès des soldats eux-mêmes, Pucci se montre habile, promet à l'un, encourage l'autre, distribue les classiques poignées de main, embrasse les moins poltrons en ne tarissant pas sur leur bravoure. La redoute est prise d'un seul coup. Le comte Marciano y est emporté par un boulet. Les assiégés parlent de se rendre. Afin de hâter cette issue et de faire passer aux yeux des princes cette victoire pour plus importante qu'elle ne l'est en réalité, Lorenzo se rend au camp. Peu de jours après son arrivée, la ville capitule.

Sur ces entrefaites, Sixte meurt. On peut dire que la paix de l'Italie hâta sa fin tant il en fut mécontent ; il n'avait plus rien à gratter. Le mercredi soir, 12 août, quand on lui lut le traité : « C'est une paix de honte et d'ignominie que vous m'annoncez là, s'écria-t-il avec colère ; elle est pleine de confusion et d'opprobre, et elle amènera bien plus de mal que de bien avec le temps ; je ne puis, mes fils, ni l'approuver, ni la bénir. » Voici comment Sismondi raconte cette fin : « Les ambassadeurs s'apercevant que le vieillard, affligé par cette nouvelle, perdait ses forces et semblait accablé d'angoisses, que sa langue même paraissait s'embarrasser, lui dirent qu'ils espéraient trouver une autre fois Sa Sainteté plus tranquille, mais qu'ils la priaient, en attendant, de bénir quand même une paix qui ne pouvait plus être changée. Le pape, dégageant alors sa main goutteuse de l'écharpe qui la soutenait, fit un mouvement que les uns prirent pour un refus, d'autres pour une bénédiction des ambassadeurs ou de la paix elle-même. Mais il ne parla plus, et il mourut dans la nuit suivante, le jeudi 13 août, peu après minuit, ne pouvant supporter de laisser en paix cette Italie que pendant son règne il avait constamment tenue en guerre. » — Le Magnifique est délivré.

Ce pape établit une curieuse figure. Infessura, l'historien du Saint-Siège, le traite de monstre. Il vendait les dignités de l'Église et en instituait même de nouvelles, trouvant que ce trafic ne lui rapportait pas assez. Il aimait les spectacles sanglants ; ayant été averti vers les derniers mois de sa vie que ses soldats allaient se battre entre eux pour une querelle privée, il voulut assister à leur combat et leur donna lui-même le signal après les avoir bénis ; tous, presque, tombant et se tordant dans la poussière, il s'en montra ravi. On sait qu'il possédait tous les vices, sauf celui de l'ivrognerie. Agrippa raconte qu'il avait fait construire à ses frais dans la ville éternelle « un bordel noble et public où il fournissait des filles à ses amis ainsi qu'à ceux dont il était content ; dans sa propre demeure il avait une bande de prostituées ; et celles de Rome devaient lui payer un jule par semaine ». On lit dans le livre des indulgences pontificales de Wessalus de Groningue : « A la requête de Piero Riario, cardinal, patriarche de Constantinople, et de son frère Girolamo, ainsi que du cardinal de Santa Luce, ce pape permit d'exercer la sodomie pendant les trois mois les plus chauds de l'année, juin, juillet et août. » Il créa des inquisiteurs chargés de censurer tous les écrits. Muratori, dans ses annales, dit qu'il dut avoir un terrible compte à rendre au tribunal de Dieu.

X X V

Gian Battista Cybo réunit les suffrages du Sacré Collège et prend la tiare sous le nom d'Innocent VIII. C'est un Génois de caractère indolent et faible ; il a de nombreux enfants naturels et en reconnaît huit. Lorenzo s'arrange de suite à être bien avec lui et louvoie si bien qu'au bout de peu de temps il noue une alliance sérieuse. Et il en profite pour essayer que le nouveau pape lui serve de médiateur dans la paix qu'il projette entre Florence et Gênes. Malheusement l'entreprise échoue. Lui-même sent sa santé fortement atteinte ; les attaques de goutte dont il avait été déjà deux ou trois fois frappé le reprennent avec violence et se compliquent de fortes douleurs d'estomac ; il se retire aux bains de San Filipo. Mais l'élan acquis le ramène, malgré son désir de repos, aux affaires politiques et lui font chercher pour l'Italie une paix moins instable que celle obtenue déjà.

La noblesse napolitaine était très irritée contre la maison d'Aragon dont les princes cherchaient d'une façon continue à restreindre autant que possible la puissance ; aussi restait-elle sous les armes,

prête au moindre instant propice à tenter par tous
les moyens le rétablissement de ses droits primitifs ;
et la tâche lui était favorisée en quelque sorte. En
diminuant son pouvoir, également oppressif pour
lui et pour ses peuples, don Ferrante avait bien
acquis d'abord une aide sérieuse dans la reconnaissance de ceux-ci ; mais, peu à peu, son autorité
s'étant montrée aussi tyrannique que la précédente,
sinon plus, la précédente vite oubliée comme
ancienne et ne gênant que le souvenir, il perdit
tous ceux qu'il s'était acquis ; ses sujets remarquè-
rent de jour en jour avec plus de mécontentement
qu'ils n'avaient fait que changer de maître, et, le
recul aidant, le passé parut préférable ; bientôt
même, la noblesse, rapide à profiter de l'occasion,
promettant merveilles, ce passé fut regretté et jugé
digne d'enseigner l'avenir. Don Ferrante avait donc
deux partis à combattre au lieu d'un. Sixte avait déjà
distingué cela et l'avait exploité à son profit, désireux
de se venger depuis que son ancien allié s'était
détourné de lui pour soutenir Florence. Sixte mort,
les barons napolitains continuent l'intrigue commencée avec son successeur, lui promettent entière
soumission et lui font ressouvenir que le royaume
de Naples a été d'abord un simple fief du Saint-
Siège ; ils lui représentent la disette des finances
royales, et la haine dont sont entourés les membres
de la maison aragonaise, haine très réelle, en effet.
Un chroniqueur, Girolamo Priuli, appelle don Ferrante « dieu de la chair » et ajoute qu'il faudrait
plus d'un grand livre pour raconter « la tyrannie,

la cruauté, la luxure, les appétits déshonnêtes, les trahisons, les vols, les assassinats du roi et surtout du duc, père de trahison, conservateur des ribauds, auprès desquels Néron est un saint ». Et Comynes, malgré sa réserve froide : « Nul homme n'a été plus cruel que le duc de Calabre, ne plus mauvais, ne plus vicieux, ne plus infect, ne plus gourmand. Le père estoit dangereux, car nul ne se cognoissoit en lui ne en son courroux, car en faisant bonne chère, il prenoit et trahissoit les gens.... Jamais en lui n'y avoit grâce ne miséricorde, comme m'ont conté ses prochains parents et amis ; et jamais n'avoit eu pitié ne compassion de son povre peuple, quant aux deniers. Il faisoit toute la marchandise du royaume jusques à bailler les pourceaux à garder au peuple, et les leur faisait engraisser pour mieux les vendre ; s'ils mouroient, fallait qu'ils payassent. Aux lieux où croît l'huile d'olive, comme en la Pouille, ils l'achetoient, lui et son fils, à leur plaisir, et semblablement le froment, et avant qu'il fût meur, et le vendoient après le plus cher qu'ils pouvoient. Et si la dite marchandise s'abaissoit de prix, contraignoient le peuple de la prendre ; et par le temps qu'ils vouloient vendre, nul ne pouvoit vendre qu'eux. »

Le duc de Calabre veut faire un exemple ; sa mauvaise foi fait naître en même temps la guerre qu'il désirait sans doute. — Voici l'affaire.

La ville d'Aquila, quoique soumise à don Ferrante, jouit d'une assez grande liberté ; le comte de Montorio y exerce le rôle de seigneur. Le duc

s'avance avec ses troupes près du Tronto sous prétexte d'apaiser la contrée, troublée par des différents entre les gens de la campagne ; il veut au
fond réduire Aquila à l'obéissance absolue ; il
mande le comte de Montorio en signifiant qu'il
désire avec son aide rétablir l'ordre. Le comte vient
sans méfiance. A peine est-il arrivé qu'il est arrêté
sans autre forme de procès et expédié à Naples.
Le peuple d'Aquila court aux armes, tue les partisans de don Ferrante et son commissaire Conci-
nello, arbore l'étendard du Saint-Siège et envoie
au pape pour solliciter son appui. — Le pape avait
été élevé par don Ferrante, mais la reconnaissance
ne le gêne point ; en prenant la tiare, il a répudié
toute considération humaine afin de servir l'Eglise
par tous les moyens. Déjà pressé par le cardinal
della Rovere, très puissant auprès de lui, il a réclamé
avec hauteur le tribut que don Ferrante avait jusqu'alors remplacé par une haquenée ; il accueille
donc très bien les messagers d'Aquila, décide de
leur venir en aide et demande à Venise Roberto de
San Severino ; il engage les parents et amis du
comte de Montorio à prendre les armes contre le
roi ; les seigneurs d'Altemura, de Salerne et de Bisi-
gnano se joignent à lui.

Le Magnifique est très embarrassé devant la situation nouvelle. Il quitte les bains de San Filipo et
retourne à Florence. — Don Ferrante ne peut ignorer
les liens qui l'unissent à Innocent VIII, et doit constater à part lui leurs raisons ; mais seul comme il
se trouve, sans appui solide ailleurs, intime au

point où il l'est, il va sans doute lui demander aide. Il ne peut refuser; son traité l'oblige, ainsi que le duc de Milan, à fournir des secours; en outre, il ne peut oublier combien l'aide de Naples lui a été opportune au moment de sa lutte avec Sixte; et, malgré toute politique, il s'en sent encore ému; son ami royal est un passionné d'art; il a conservé un souvenir durable de son séjour auprès de lui; le duc de Calabre lui est trop dévoué, trop utile comme capitaine pour qu'il l'abandonne. D'autre part, la papauté; il l'a conquise et risque de se l'aliéner; la longue lutte terrible recommencerait alors et toute l'empreinte établie à Rome s'effacerait; la route si péniblement tracée jusqu'à Saint-Pierre perdrait à jamais les promesses futures qu'il sait y acheminer déjà secrètement; toute la paix serait bouleversée; c'est son œuvre entière abattue d'un seul coup. — Que faire?

La demande formelle du roi arrive vers les derniers jours d'août. Le Magnifique promet son appui, prend à sa solde les Orsini et fait passer ses troupes vers Rome sous les ordres du comte de Pitigliano; en même temps, par son ancien précepteur, Gentile Benti, évêque d'Arezzo, il adresse à Innocent VIII, au nom des députés de la Ligue, une belle harangue en faveur de don Ferrante. Don Ferrante appelle Lorenzo « son premier ami en Italie », le supplie et le flatte tout ensemble. Lorenzo répond par des reproches très doux et des conseils, lui montre qu'il est regrettable qu'on prétende sa fortune en état de baisse et le supplie de se montrer moins sévère avec ses sujets. Il écrit à l'envoyé napolitain : « Ayez l'œil à tout, et en certaines choses feignez de ne pas entendre. Je suis du fond du cœur affligé que le seigneur Duc ait ce renom de cruauté qui lui est injustement fait. Que son Excellence s'étudie par tous les moyens à s'en affranchir. Par exemple, si les peuples supportent mal volontiers les gabelles, qu'il les supprime et revienne aux gabelles ordinaires, car il vaut mieux avoir un carlin avec plaisir et amour que dix par mécontentement et colère. Les peuples supportent malaisément les innovations. » A Florence, on se montre mécontent de sa politique et on s'étonne qu'il soutienne don Ferrante ; tous le blâment. Il tient bon, laisse dire et réunit les Conseils ; il démolit l'opposition, rappelle la ligue, exagère l'efficacité de ses relations avec Lodovico, et réfute ses adversaires avec un tel courage et un tel à-propos qu'il les persuade. « J'ai lu moi-même, dit Valori, son discours écrit, lorsqu'il le prononça, par quelques-uns de ses auditeurs, et il est impossible de rien imaginer de plus clair, de plus élégant, de plus propre à créer une entière conviction. »

La situation de don Ferrante devient de jour en jour plus critique. Ses forces divisées en deux corps d'armées sont commandées par lui et son fils ; celles du duc de Calabre, comprenant le contingent florentin, se font battre par San Severino, près de Rome ; les siennes n'ont pas atteint encore les barons. Lorenzo, pour réparer l'échec du duc de Calabre, lui fournit de l'argent ; son armée en effet est proche de la débandade ; le comte de Pitigliano prétend qu'il a été mis en rapport avec des traîtres et rejette les fautes de la campgne sur le chef napolitain. Tout menace de se gâter et de tourner mal.

Lorenzo intrigue alors auprès du pape afin de le décider à la paix. Il lui fait envisager les calamités de la guerre et détaille les rouages de la politique vénitienne, prête à se tourner contre lui s'il prend Naples, sûre qu'elle serait alors d'être suivie par toute l'Italie, furieuse que Rome gagne une telle puissance ; il proteste de son dévouement et le prouve en montrant que son alliance avec don Ferrante est sans franchise puisqu'il est justement en train d'affirmer des rapports amicaux et dévoués avec son ennemi ; il fait remarquer, pour achever de convaincre, qu'il a refusé au duc de Calabre de le recevoir à Florence où il avait demandé à venir ; afin que des projets ambitieux ne lui soient point imputés, il ajoute qu'il a assez des affaires et souhaite avant tout un peu de plaisir et de bon temps. — Et on apprend que don Ferrante a vaincu les barons. Il insiste alors de façon plus précise et éveille la crainte du Saint-Père en lui représentant que ses affaires pourraient bien tourner mal et le mettre en fâcheuse posture. Puis il négocie avec Gênes et s'arrange à lui faire croire que son codottiere San Severino le trahit. — Innocent finit par remarquer que Venise l'aide fort peu et qu'il est seul effectivement. Le 8 mai 1486, les troupes qui ne savent plus très bien à quoi s'en tenir livrent un combat où l'ardeur manque à un tel point de part et d'autre

que personne n'est blessé. — Le pape consent à la
paix. Dans le traité, don Ferrante s'engage à reconnaître la juridiction du Saint-Siège, promet de lui
payer un léger subside et de pardonner aux révoltés. Il fait mourir néanmoins Jacopo Coppola et
Antonello d'Aversa avec ses fils pour avoir révélé
ses secrets au Saint-Siège pendant les hostilités. —
Cette paix ne s'était pas faite sans oppositions
sérieuses. Le cardinal de la Balue, bien peu rancunier, soutenait qu'après avoir mis le roi de France
de la partie, le pape ne pouvait l'abandonner; il
avait fallu toute l'énergie du sacré collège pour
triompher de l'ancien habitant de la cage de fer; le
cardinal Roderico Borgia s'était écrié : « N'écoutons
pas un ivrogne ! » ; et Antonio Sforza avait déclaré que le but de la France n'était pas de rendre
Naples au pape, mais de la prendre pour elle en
substituant à don Ferrante un prince de son choix.
Ascanio avait alors défendu son frère énergiquement : « L'État de mon frère ne repose pas sur le
dos des grenouilles, les Français peuvent venir, ils
auront à qui parler; mais on sait bien qu'ils n'arrivent jamais; on sait comment, dans la précédente
guerre de Toscane, ils sont venus en aide au Magnifique Lorenzo. » — C'était en tout cas défier Louis
dangereusement et préparer le roi Charles.

Tout fut conclu le 11 août. Don Ferrante, reconnaissant au plus haut point, écrivit au Magnifique : « Dieu sait combien notre cœur et notre
volonté sont désireux de faire tout au monde pour
marquer notre gratitude à vos continuels bons offi-

ces. Tout ce que nous pourrons pour vous et votre maison n'atteindrait pas à la millième partie de ce que nous avons l'ardent désir de faire. »

Le Magnifique avait louvoyé de telle sorte qu'il ajoutait encore à ses deux alliances en les unissant elles-mêmes l'une à l'autre.

<h1 style="text-align:center">XXVI</h1>

Il regrette seulement de n'avoir gagné ni ville ni territoire. « Il s'épanchait, écrit M. Perrens, en paroles étranges et l'on pressentait une prochaine entreprise contre Sarzane, car, d'ordinaire, il faisait le sphinx, « ne disait jamais quatre sans l'avoir « dans le sac », et, quand il craignait de se livrer, évitait de voir les gens, souffrait horriblement de ses gouttes. Aux offices, faits à son image, il observait la même réserve mystérieuse ». Il resserre encore son alliance avec Innocent et réussit à s'introduire dans la politique pontificale au point que Louis XI le prend comme intermédiaire lorsqu'il traite avec le Saint-Siège. Innocent déclare bientôt à Trivulcio qu'il dort avec les yeux de Lorenzo et qu'il est nécessaire que Lorenzo pense à bien le diriger, sans quoi ils seraient perdus l'un et l'autre.

S'il a des plans de conquête, il prend en tout cas bien soin de ne pas les laisser paraître. Il répond à l'ambassadeur de Ferrare : « Le dessein de notre ville est de ne rien entreprendre contre Sarzane d'ici quelques années, mais de temporiser jusqu'à ce que nous voyions nos affaires en meilleur état. Car nous savons fort bien que le seigneur Lodovicio a conclu une ligue avec les Génois ; et ce seigneur montre bien ainsi qu'il connaît mal la manière dont se gouverne Florence. Quand nous sommes à la dépense, nous y allons gaillardement, mais quand nous sommes au repos, beaucoup de choses sont nécessaires pour nous mettre en danse. Maintenant que cette seigneurie a déposé les armes, il faudra de graves circonstances pour qu'elle les reprenne. » — Et il rend à Innocent un petit service par lequel il se l'attache encore.

Boccolino Gozzoni s'était fait déclarer maître de la petite ville d'Osimo révoltée contre l'Église, et, pour l'aider à maintenir son fief, venait de faire parvenir des propositions à Bajazet II. — Ç'aurait pu devenir fort grave. Lorenzo envoie dans la Marche le cardinal della Rovere avec une armée pour couper les communications du côté de la mer, et fait attaquer la place, malgré l'excellence de ses fortifications. Reste à savoir si, malgré tout, les Musulmans ont été prévenus. En ce cas, c'est le démembrement des États pontificaux et une interminable série de guerres à l'horizon. Le temps presse, surtout que les assiégés se défendent avec vigueur. Lorenzo qui s'est toujours tenu à l'écart et n'a rien laissé transpirer, interpose sa médiation. L'évêque d'Arezzo envoyé à Boccolino persuade celui-ci de vendre la ville au pape pour la somme de 7.000 florins. Boccolino, après avoir passé par Florence où il est bien accueilli, est arrêté à Milan et pendu. Faut-il attribuer cela à Lorenzo ? Naturellement Roscoe prétend que non, et Sismondi penche pour l'affirmative. Je ne découvre pas pour ma part les raisons que le Magnifique aurait eues d'agir de la sorte, car il n'avait pas de haine personnelle contre Boccolino, surtout le but une fois atteint, et je verrais plutôt là-dessous le résultat du mécontentement du More ; il ne faut pas oublier qu'à Milan, le Magnifique n'avait aucun pouvoir. Cependant les paroles de l'annaliste ecclésiastique tendent à lui imputer l'événement : « Ad artes confugiendum fuit. Itaque Laurentius Mediceus... quibus delinitus illecebris tyrannus ad Laurentium Florentium perrexit, ubi laute habitus est ; a Mediolanensi vero duce accitus... justo scelerum, contra spes suas, proemio, nimirum suspendio affectus est. » Muratori paraît penser également que le meurtre eut lieu sur son instigation : « Après avoir invité Boccolino à se rendre à Florence, Lorenzo le détermina par des raisons artificieuses à se retirer à Milan sous le prétexte qu'il y serait plus en sûreté, mais il n'y trouva que le supplice auquel il fut condamné par Lodovico Sforza. » Machiavelli rend Sforza seul responsable. — Je pense qu'il a vu juste.

Désormais, en Italie, il ne reste plus qu'une seule guerre pour le moment, celle entre Florence et Gênes.

Les Génois avaient tout préparé de longue main et même proposé à Venise une alliance secrète. Aux premiers jours de février 1487, ils passent la Magra, investissent, occupent et brûlent le bourg de

Sarnazello ; puis ils roulent leur artillerie autour de la roche fortifiée où se réfugient les Florentins chargés de la garde du pays. Le Magnifique use de sa célérité habituelle. Il fait partir une armée commandée par le comte de Pitigliano, appelle les condottieres et les alliés ; la plupart répondent ; ce sont les Orsini, le seigneur de Piombino, de Faenza et de la Mirandola ; don Ferrante lui envoie six galères à Livourne destinées à tenter une diversion sur la Corse ; Sforza, quoique à regret, expédie 400 lances. Pitigliano, après avoir pris Sarzanello, entreprend le siège de Sarzane ; il bâtit trois redoutes entre la ville et la Magra, et ouvre une batterie de huit bombardes qui fait, au bout de peu de temps, une brèche praticable. Lorenzo, venu sur les lieux, tout en animant les soldats de sa présence, a intrigué dans la place même, selon son habitude, et appris par ses espions qu'elle est privée de viande et d'eau et demande à se rendre. Désireux d'éviter une effusion de sang inutile et d'empêcher un pillage qui lui aliénerait les habitants, il fait arrêter les assauts. Le siège avait commencé le 13 avril et on était au 20 juin ; ça menaçait de durer longtemps ; les bombardes tiraient nuit et jour, mais à de longs intervalles et jamais guère plus de 50 coups en douze heures ; et elles donnaient de tels résultats que pour aider à leur action une mine avait été indispensable. — La capitulation signée, l'armée victorieuse prend l'engagement de respecter les propriétés bourgeoises. — Le Magnifique revient à Florence où il est reçu en triomphe. Ses ennemis — ils sont nombreux — jaloux d'une telle série de succès, répandent le bruit qu'il cherche à s'emparer de toute l'Italie. — Aujourd'hui à juger les événements postérieurs à sa mort, un italien regretterait sans doute qu'il ne l'eût pas fait.

Lodovico Sforza avait des vues sur Gênes et devait être furieux de voir amoindrir sa future conquête. Son orateur Taberna dissimule mal les prétentions de son maître. Lorenzo, quant à lui, hésite à tenter autre chose. Taberna représente pour arrêter toute action que le roi de France pourrait être appelé par ses compatriotes et que ce serait alors bien une autre affaire. Lorenzo, peu satisfait de ne pouvoir poursuivre la campagne que sa récente victoire lui ouvrait propice, ne peut se contenir, laisse percer sa mauvaise humeur en se montrant bourru avec les ambassadeurs, s'emporte, ne s'explique pas, paraît accablé et recommence à déclarer qu'il veut s'en aller dans un lieu sauvage ; exaspéré à la fin contre le More, il va jusqu'à dire qu'il souhaiterait presque que le roi de France fût le maître de la péninsule et que, de la sorte, l'éventualité dont on le menace ne ferait que répondre à ses désirs : « Le seigneur messer Lodovico, en vérité, fait tout ce qu'il peut pour que le pape et les Florentins se jettent aux pieds de sa Majesté le Roi ; eh bien ! on s'y jettera ! Et puisque le seigneur Lodovico veut mettre en péril les affaires italiennes, je l'y aiderai ! » L'orateur lui conseille de plutôt chercher à s'entendre avec Milan. Il refuse, et, de son côté, le Sforza rejette toute alliance : Le Ma-

gnifique lui en veut surtout de se révéler de jour
en jour adroit, renfermé, brave et intelligent ; il n'y
a pas d'entente véritable possible entre eux, chacun
voulant dominer l'autre et rester le seul maître. Un
moment Guidoni a espéré que tout s'arrangerait ;
mais vite déçu, il écrit à Ercole d'Este dans la même
lettre qui commence avec le récit de son espoir :
« Je ne sais que dire ; ils sont si malades (Lorenzo
et Lodovico) que lorsqu'un membre est guéri, le
mal se porte sur un autre. » Tout va en s'enveni-
mant. A la fin Lorenzo refuse de recevoir Taberna
et se plaint « véhémentement » qu'on ait à son égard
des manières peu convenables. Taberna écrit à son
maître que pour le calmer il faut montrer un grand
zèle à don Ferrante auquel il voudrait faire « un immortel bienfait ». Ce Taberna était un sot. Guidoni,
qui avait cru qu'une alliance serait possible à cause
de la perfidie connue de Ferrante devait voir alors que
la réconciliation ne viendrait pas par la route qu'il lui
supposait. Pendant le mois d'octobre où tout ceci se
passe, le Magnifique conseille seulement au pape de
ne pas accepter de Naples le traité nouveau qu'on
lui propose et de se tenir sur ses gardes. Il écrit à
son orateur en cour de Rome, Manfredini : « J'en
ai dit plus que vous ne m'en demandiez ; j'ai cédé à
mon naturel, à mes obligations, à mon affection
envers votre seigneur. Je sens bien que ce n'est
pas sans péril. Je désirerais que Sa Sainteté fît entendre au roi que mes actes auprès d'elle ont toujours été dans l'intérêt de Sa Majesté... J'ai écrit
cette lettre de manière que vous puissiez la lire

tout entière au pape et je pense que vous devez
faire ainsi. » A propos de don Ferrante, qui exécute
mal les clauses du traité conclu, il donne ces conseils : « Il me semble que Sa Sainteté doit se proposer l'une de ces trois choses : ou de contraindre
le roi par la force à remplir les conditions du traité,
ou de négocier avec lui de manière à obtenir le plus
d'avantages qu'il sera possible, ou de temporiser
jusqu'à ce qu'on trouve moyen de faire quelque
chose de mieux. » Il entre ensuite dans la discussion des difficultés et des dangers qui résulteraient
d'hostilités fréquentes avec Naples ; il fait remarquer à Innocent la situation politique des puissances européennes, discute longuement, démontre
le danger des mesures violentes et décide : « Temporiser est le seul parti à prendre, parce qu'il vaut
mieux infiniment laisser aller les choses dans l'état
où elles sont à présent, en conservant toutefois la
dignité du Saint-Siège, que de s'exposer aux inconvénients de la guerre, surtout avec un prince qui
peut faire un tort considérable. » Il suivait avec eux
la méthode exercée déjà précédemment. « Sur cette
case de l'échiquier, écrit, avec sa mauvaise humeur
habituelle, M. Perrens, Lorenzo ne jouait pas plus
franc jeu que sur les autres. » Est-ce qu'on joue
franc jeu aux échecs quand on veut gagner? Avec
son jeu en tout cas, il parvenait à empêcher de
nouvelles guerres ; et les peuples d'alors en avaient
tant supportées qu'ils devaient singulièrement
apprécier un pareil résultat. La prise de Gênes par
les Milanais, en 1488, ne fait que rapprocher encore

Lorenzo d'Innocent. Leurs intérêts sont trop parallèles, en effet, pour qu'ils les négligent ; le pontife est assez sûr de Florence, trop lointaine de ses États pour vouloir empiéter sur eux. Le Medici a trop eu à lutter contre Rome pour ne pas utiliser sa force et ignorer combien son aide fournit un point d'appui sérieux. — Leur alliance va bientôt se resserrer encore par un mariage.

Un des bâtards d'Innocent, Francheschetto Cybo, jeune homme sans talent aucun, est un joueur et même un mauvais joueur ; en une nuit, une fois, où il avait perdu 14.000 florins, il accusait son partenaire Riario d'avoir triché. Lorenzo, de son côté, a une troisième fille du nom de Maddalena, très intelligente, au contraire, « l'œil de la tête ». de sa mère Clarice. Il trouve le joint ; grâce à cette jeune fille, il pourra faire mener ainsi qu'il l'entendra le jeune Cybo. En mars 1487, le mariage est conclu par Manfredini. Il ajoute ensuite à sa politique et à sa puissance en mariant encore un de ses fils, Piero avec Alfonsina, fille d'un des Orsini, mort récemment, et qui apporte en dot trente mille ducats. Et, au mois de juin, il profite de l'influence prise à Rome et sollicite le chapeau de cardinal pour son fils puîné encore tout enfant. C'est cette fois s'introduire tout à fait dans l'Eglise. Il a la main heureuse en choisissant le dernier de ses fils, celui qu'il chérit le plus ; à sept ans, le petit Giovanni avait reçu la tonsure ; à huit il possédait quatre abbayes parmi lesquelles, en Italie, celle de Fontdoulce, dans le diocèse de Saintes.

On trouve en effet dans Buser une lettre de
Louis XI au cardinal-évêque de Mâcon, en date
du 27 mai 1483, l'invitant à demander au pape —
on voit quelle route avait choisie Lorenzo — l'abbaye de Fontdoulce pour « Jehan de Medicis, fils
de mon cousin Laurens ». Louis XI y aurait même
ajouté l'évêché d'Aix, si Sixte n'avait refusé en
nommant seulement Giovanni protonotaire apostolique. Don Ferrante avait accordé dans la suite
plusieurs bénéfices. Obtenir le cardinalat était plus
difficile. Lorenzo ajoute aux raisons de sa demande
celle que Florence n'est pas représentée au Sacré
Collège, alors que le sont Milan, Venise et Naples ;
il prie aussi qu'on se hâte, car il se sent vieux
avant l'âge et miné. Les cardinaux Sforza, Borgia,
Zeno et la Balue soutiennent Manfredini. Afin de
décider le pontife il se montre plein de zèle à son
égard, fait un appel aux princes, en les suppliant de
respecter profondément leur père religieux et rappelle qu'on lui doit la reprise d'Osimo. Le mariage
que le pape désire beaucoup aidera l'affaire du chapeau ; car Franceschetto a les quarante ans plutôt
faisandés et Maddalena qui vient d'avoir seize ans
seulement est assez jolie ; de plus Clarice, sa mère,
se montrait contre cette union et, très malade,
demandait qu'on attendît encore pour qu'elle pût
assister à la cérémonie. Elle part cependant pour
Rome vers les premiers jours de novembre 1487.
A cette occasion, les Orsini recouvrent leur fortune et se reconcilient avec la papauté. Un grand
banquet est donné par Innocent, le 8 du même

mois ; il fait cadeau à sa belle-fille d'un bijou de huit mille ducats. Le contrat se signe le 20 janvier. Le mariage est célébré peu de temps après. Clarice obtient de n'être pas séparée de sa fille les premiers temps et revient avec elle à Florence. Lorenzo n'a pas encore atteint son but, d'autant que le pape ne semble pas pressé de remplir ses engagements pécuniaires ; et il avait espéré obtenir en plus quelques terrains. Il en écrit à son gendre. Franceschetto lui répond : « Sa Sainteté est de telle nature qu'en toute chose que je lui souffle de mes affaires elle entre en défiance et fait le contraire de ce que je lui dis. Je ne vous demande à vous que de vous occuper de vos enfants. N'attendez pas que Notre Seigneur y vienne de lui-même ; il faut le piquer comme on fait à un bœuf. » Au fond, Innocent avait casé son fils, et ravi de la bonne affaire ainsi expédiée, aurait souhaité s'en tenir là.

Avec tout cela, Franceschetto n'a pas encore possédé sa femme. Il vient la chercher. On célèbre les deux époux par de grandes fêtes. Le palais de Jacopo de' Pazzi leur est octroyé. Piero de' Medici revient à son tour, et juste au moment de la mort de sa tante Bianca ; aussi le banquet nuptial n'a-t-il lieu que plus tard, et à Carreggi. La mort s'installe alors comme à demeure dans la famille, et fauche coup sur coup Luigia, dernière fille de Lorenzo, et sa femme, la triste Clarice, qui s'éteint entre les bras de sa Maddalena, débarrassée encore à ce moment de son mari envoyé pour accomplir une insignifiante mission à Pérouse. Quant au Magnifique, il soigne ses gouttes aux bains de Fi-lelta. — Précédant Goethe, il détestait en effet tout ce qui pouvait l'assombrir ou déranger l'enchaîne-ment de sa pensée. Sa femme avait été pour lui une sorte de compagnie bestiale et nécessaire, et il ne l'avait aimée que pour leurs enfants ; elle était d'ailleurs tout à fait insignifiante. Cette répugnance que lui inspiraient les spectacles tristes se montra au point qu'il ne revint à Florence que quatre jours après les funérailles. Aldovrandino Guidoni écrit à Ercole d'Este, à propos de cette mort : « Je n'ai pas pris soin de vous en donner avis plus tôt parce que ce n'était pas chose de grande importance. »

XXVII

Le chapeau de cardinalat se balance encore un
an au-dessus de la jeune tête médicéenne avant
de tomber s'y fixer définitivement. Giovanni atteint
quinze années. Au mois de février 1489, le pape
annonce à Lorenzo la promotion et la rend certaine
le 20 mars ; il demande seulement à son ami de
lui garder encore le secret jusqu'en 1492 et promet
que l'adolescent prendra malgré cela part au con-
clave si quelque vacance s'y produit. Le Magnifique,
pour être sûr de voir l'avenir répondre aux promesses présentes, répand aussitôt la nouvelle, fait
célébrer des fêtes et s'excuse à Rome en disant que
le bruit en a transpiré malgré ses efforts pour la
garder inconnue. — Rinuccini rapporte qu'il aurait
dépensé deux cent mille florins pour gagner les
cardinaux.

La nomination définitive est proclamée en mars
1492. On fait revenir Giovanni de Pise où il achève
ses études ; la consécration a lieu, le 10, dans
l'abbaye de Fiésole en présence des ambassadeurs
étrangers. Le jeune cardinal fait dans Florence
une entrée triomphale ; les évêques, les diacres,
trois cents laïques vêtus de soie et cinq cents

hommes d'armes viennent au-devant de lui ; des cérémonies superbes sont célébrées à Santa-Maria del Fiore où huit évêques chantent une messe solennelle ; un grand festin est donné au palais Medici ; de nombreux présents sont offerts ; les Juifs de la ville offrent de beaux vases d'argent. Quelques historiens racontent qu'il refusa ceux des présents qui ne venaient pas de sa famille en s'excusant de ne pas les mériter ; mais Cambi ne le croit pas. Il part ensuite pour Rome se jeter aux genoux de son bienfaiteur, qui ajoute à son titre celui de légat pontifical pour l'État florentin. Lorenzo lui rappelle son âge et ses devoirs dans une belle lettre : « Vous êtes non seulement le plus jeune des cardinaux existants, mais encore de ceux qui ont jamais existé. » Machiavelli formule : « Cette affaire fut une échelle pour faire monter au ciel les Medici. » — Ce jeune homme préludait de la sorte, grâce aux intrigues d'un père admirable et à l'éducation qu'il en avait reçu, vers ses hautes destinées futures. Il sera en effet le pape Léon X.

Pour que le Magnifique soit complètement satisfait, il lui reste à se venger du comte Riario. Mais sa vengeance ne sera pas ordinaire ; cet esprit ardent et subtil dédaigne la manne commune ; il méprise le fruit banal qui tombe naturellement dans la main qui le guette ; il aime faire jouer aux dangers quelque spectacle comique ou terrible ; pour l'occasion, il trouve drôle de déposséder son ennemi et de faire revenir une partie de ses terres à son nouveau gendre. Et voici de quelle manière il saisit les occasions offertes par l'aventure même.

Depuis la mort de Sixte IV, le comte vit retiré dans ses domaines de Forli et d'Imola ; il est encore protégé à Rome par le cardinal della Rovere et à Milan par Lodovico Sforza auquel il est allié par sa femme, bâtarde du dernier duc milanais. Au milieu de ses villages, entre les rues étroites de ses petites villes, derrière les gros murs de sa « rocca », il songe amèrement qu'il est vaincu et mâche avec rage le pain poivré de la haine ; il cherche à aimer ses terres pour la possession desquelles le clergé le déteste tant ; il pense à sa grandeur d'autrefois ; le soir il cherche un peu d'amour auprès de sa femme qui le méprise secrètement d'être vaincu ; comme il espère encore, il se garde de son mieux ; son château de Forli est fortement fortifié ; il résout de se défendre là si l'on ose y venir l'attaquer et de ne jamais donner au Florentin détesté que son cadavre. Mais Lorenzo est trop fin pour l'attaquer ouvertement ; il veut servir à Riario le genre même de traîtrise dont il s'est servi dans le passé ; la différence est que lui frappera juste. — Après les fêtes de Noël, il décide quelques mécontents de Faenza à « faire la chose », et pendant ce temps s'arrange avec le pape pour obtenir la certitude d'être couvert. Le 14 avril, les meurtriers qui ont conduit victorieusement jusqu'au comte leur amitié perfide le poignardent et le jettent par la fenêtre. « On était au mois de mai, écrit Machiavelli, temps auquel la majeure partie des Italiens soupe avant la nuit. Les conjurés pensèrent que pour tuer le comte ils devaient saisir l'instant où il viendrait de manger, pour la raison que, tous ses gens étant encore à table, ils le trouveraient seul dans son appartement. Les arrangements une fois pris de la sorte, Checco dell' Orso se rend au palais de Girolamo, laisse les complices dans les premières pièces, s'avance vers le salon du comte et dit à son valet de l'annoncer comme désirant lui parler. Checco est introduit. Il trouve le comte seul ; après lui avoir dit quelques mots pour sembler vouloir l'entretenir d'une affaire, il l'assassine et appelle ses compagnons qui mettent aussi à mort le valet. » Un grand tumulte survient. Le commandant des gardes est également tué. Le peuple qui haïssait Riario traîne son cadavre à travers les rues, et se soulève. — Florence se montre ravie ; suivant la phrase de Guidoni à Ercole, « de la famille du comte, elle aurait voulu qu'il ne restât pas même la queue ». Les deux meurtriers, Checco et un certain Lodovico, sont également enchantés de leur action et l'appellent, en faisant part de son résultat, « chose divine plutôt qu'humaine ». Le Magnifique leur envoie Stefano de Castrocaro pour les féliciter. Inquiets quand même, le premier moment de violence passé, ils demandent comment ils seront accueillis par le peuple ; il leur est répondu : « Les Florentins danseront selon la musique que feront les autres ; le Magnifique veut finir ses jours en repos. » Cependant Lorenzo prend soin qu'ils aillent à Rome, par prudence. — Son frère Giuliano était vengé.

Reste la veuve de Riario. Cette femme se conduit d'une façon farouche et splendide. Si elle n'aime pas son mari, elle apprécie le bien qu'il avait su lui acquérir ; et elle ne ment pas au sang des Sforza. Qu'on écoute bien l'histoire.

L'émeute bat comme une mer furieuse la base de la rocca. Catarina est aux mains des rebelles et regarde les murs avec la rage de ne pas être dans leur enceinte solide aux grosses tours. Elle parlemente pour rentrer et, comme on la tient toujours, jure que c'est afin de décider le capitaine et les soldats à se rendre. On doute encore. « Je vous laisse mes enfants en otage, dit-elle, vous n'avez rien à craindre. » Et elle parle si bien qu'elle se fait croire. Elle entre. Devant tant d'esclandre, la princesse, dans son cœur, domine la mère. La grosse porte lourde de clous aux têtes de bronze à peine close, elle commande le feu. Le canon gronde. Le peuple la menace de tuer ses fils. Elle apparaît, droite et fière, dans l'échancrure d'un créneau : « J'en ai encore un à Imola, et un dans le ventre ! » Puis se troussant haut et fourrant la main entre ses cuisses avec un mouvement significatif : « Et, j'ai là de quoi en faire d'autres ! » Les assiégeants se soumettent. Le 29 avril, elle fait proclamer seigneur son fils Ottaviano. Le Magnifique, séduit par tant de courage, comprend ce que vaut une pareille guerrière ; et, comme c'est en même temps conquérir Imola, la marie au petit-fils d'un frère de Cosimo, Giovanni, père du fameux chef des Bandes noires. — Le comte Riario était vaincu jusque par delà la tombe.

Franceschetto restant toujours dans ses domaines, le Magnifique, après avoir regardé autour de lui si quelque incident ne pourrait pas l'aider, en distingue un dont il profite. Galeotto Manfredi cherchait à vendre Faenza aux Vénitiens. C'était rendre les deux républiques bien limitrophes, et par là, préparer des guerres à l'avance. Galeotto Manfredi étant assassiné à la suite de cela par sa femme Francesca, Faenza passe aux Bentivogli. Lorenzo se fait renseigner. Il apprend que le peuple est contre ce qu'il considère comme une usurpation, et qu'à Florence même on n'est pas satisfait. Il soutient les mécontents et les paysans du val de Lamone en leur envoyant des troupes. Ceux-ci s'emparent du gouvernement, le remettent entre les mains du fils de l'assassiné, Astore Manfredi, et implorent la protection florentine. Lorenzo ne demande pas mieux que d'accéder à leur désir et retient en récompense de ses services la forteresse de Piancaldoli, sur la frontière ; il se montre clément envers le père de Francesca qui avait beaucoup poussé sa fille, et même se le réserve comme appui le cas échéant. « Ils firent, dit Guidoni, une bonne lessive de tout. » C'est Bentivoglio qui paye les frais. — Machiavelli fait un récit un peu différent de l'affaire, prétend que le siège de Piancaldoli fut nécessaire et que l'architecte Ciecco y prit part ; mais Burselli, Allegretti, Graziani, Infessura, Bruto et Ammirato expliquent comme j'ai raconté ; j'ai suivi également la Cronaca di Faenza, la Cronaca Forlivese et le Diario Ferrarese.

Le Magnifique est maintenant le maître de l'Italie. Il protège Imola, Forli et Faenza ; il commande aux petits États romagnols. Il est glorieux. Il aplanit les dissensions ; on le prend comme médiateur ; maintenant que ses affaires sont en règle, il a le loisir d'être généreux, et il défend l'offensé. Il est sûr de lui et de sa force ; il peut compter sur don Ferrante et sur Innocent VIII. Les intérêts économiques de ses États sont mêlés à ceux de la France, de telle sorte que Louis XI lui est acquis au point qu'une guerre entre eux est impossible. Lodovico lui-même, tout en ne l'aimant pas, a les mains liées et serait forcé de lui venir en aide au moins officiellement en souvenir du service qui lui fut rendu lorsque le duc de Calabre fut dissuadé de prendre les armes ; et il dit en parlant du Magnifique : « Il a changé en fer une fabrique trouvée en verre. » Mathias Corvin lui envoie des lettres amicales. Le Soudan d'Egypte a des actions dans la vieille banque du Caire, fondée par Cosimo, et lui expédie une girafe et un lion. La paix arrachée à tant de combats, il l'établit d'une façon tellement absolue qu'elle dure depuis la prise de Sarzane jusqu'à sa mort. — On lui a souvent reproché les moyens dont il s'est servi pour y parvenir... En avait-il d'autres ? Pour ma part, je juge qu'il eut raison. Le proverbe de l'omelette qu'on ne fait pas sans casser d'œufs est absolu. L'omelette obtenue était parfaite et servie sur un plat d'or. Les Florentins les plus désagréables — et, comme dans toute bonne ville grouillante, il y en avait ! — ne pouvaient que le remercier. Les plus bilieux des républicains quittaient même pour l'occasion les gaines étroites de leurs théories, s'avouaient heureux que leur chef reçut de grands honneurs, et lui savaient gré de traiter d'égal à égal avec des princes qui jusqu'alors les avaient méprisés. — Et les historiens hargneux sont contraints de s'incliner.

La longue lutte est finie.

Il possède dans toutes les cours des émissaires qu'il fait se surveiller entre eux afin d'apprendre tout ce qui se passe à peu près et d'être, à la moindre alerte, averti ; et son pouvoir le lui permettant, il influe le plus possible sur la politique générale. — Quel bel exemple que le sien ! — Peu à peu il a dressé une sorte de machine occulte aux rouages à la fois simples et compliqués, secrets et silencieux, dont il reste l'attentif mécanicien ; il atteint par elle où il veut, déchaîne le mouvement ou le retient, règle à volonté la vitesse, l'arrête ou la ralentit et, d'un doigté sûr, maintient l'équilibre. Sa patience a été infatigable. Ses moments de mauvaise humeur, de suite réfrénés, métamorphosés et utilisés par une alchimie savante, ont vaporisé les forces mauvaises pour ne laisser au fond du creuset que le métal pur. Il n'a pas fait un pas sans réfléchir. Ses actes, enchaînés avec soin les uns aux autres, répondent chacun au jeu d'une volonté consciente et acquièrent une force irrésistible. Les circonstances contraires se sont métamorphosées en issues favorables. Les milliers de mains qui s'ouvraient pour le happer au passage se sont refermées sur du vide où joue le vent mystérieux de sa course. Les murailles, les geôles, les limites s'ouvrent à son signe. Son sourire est sûr de lui-même. Sa diplomatie ruse avec tout, jongle avec les guerres, accumule des milliers d'hommes bardés de fer, hérissés de piques, fumeux de leurs coups de canon, et les désarme tandis qu'ils bataillent encore ; pendant que les places se barricadent et arrêtent l'assaut, il ouvre invisiblement les portes de la citadelle, s'y renseigne, sème les graines nécessaires, revient au camp, fait la part belle aux soldats et attend ; les portes s'ouvrent alors d'elles-mêmes pour un cortège à la tête duquel marche un homme tête nue, portant des clefs sur un plateau. Il regarde ensuite ailleurs. L'horizon, au fur et à mesure qu'il grandit, l'emporte. Il semble n'être jamais là. Il va. Les événements, qu'il les subisse ou qu'il les suscite, le haussent. Sa réussite l'enveloppe, le défend, l'auréole. Il est toujours plus loin. Et sa route est double. A côté de celle où caille le sang, une autre, poudrée d'or, pailletée de luxe, conduit vers un site élyséen aux prés fleuris de couleurs claires où des avenues s'ouvrent vers la clarté qui filtre, au loin, à travers les cordes d'une lumineuse lyre. — Il apparaît ainsi comme une sorte de magicien nouveau ; les salles basses où les chauves-souris frôlent les squelettes sont remplacées par un palais précieux, au seuil duquel le hibou médite sur la tête de Pallas, tandis que dans le parc environnant, parmi les roseaux, au bord d'un lac mirant les colonnes d'un temple, module quelque flûte apollonienne.

XXVIII

Donnons ici un rapide aperçu de la question
financière.

Elle n'était pas plus facile que les autres et com-
pliquait souvent les choses. Le Magnifique, soumis
à des ménagements, devait agir avec lenteur,
prendre des passes détournées et souterraines
et faire en sorte de ne pas réveiller le vieil espoir
de rebellion qui couvait encore au cœur de
quelques familles nobles. Le peuple lui paraissait
dévoué, mais la bourgeoisie ne devait avoir que
des sentiments envieux de rancune contre cet
homme qui, sorti d'elle, au moins par les ancêtres
de sa famille, lui commandait maintenant. Aussi
s'arrangeait-il à ne pas heurter de façon irrémé-
diable cette hostilité sourde, comprenant fort bien
que ces commerçants parvenus, malgré leur mépris
du « castato », auraient été les premiers à chercher
à rendre au mot de liberté, auquel ils ne croyaient
d'ailleurs pas, le prestige de son généreux mensonge. Bien qu'il fût le maître, il devait s'arranger
à paraître simple citoyen. Souvent, au lieu de recevoir les délégués des puissances chez lui, il allait
conférer avec eux dans les hôtelleries où ils étaient

descendus. Ses villas des environs présentaient au dehors un aspect modéré qui ne différait guère des autres demeures ; et il n'invitait que des intimes à visiter les curiosités fastueuses de l'intérieur. Il parvenait quelquefois à donner le change ; un ambassadeur milanais écrit par exemple à son maître : « Il n'est pas seigneur de Florence, mais citoyen ; et, quoi qu'il ait un peu plus d'autorité qu'il n'en devrait avoir dans sa condition, il est tenu d'être patient, de se conformer à la volonté du plus grand nombre. » — Cependant cette absence de liberté appliquée au peuple ne le gêne guère ; elle arrête au contraire un maître ; alors qu'il serait juste que le peuple manquât, de pouvoir car il n'en a que faire et le gaspille, la sottise humaine veut qu'il fasse défaut à celui qui en a le plus besoin ; car le despotisme d'une élite est souvent fécond, et lorsqu'il se fait mauvais, conserve je ne sais quelle raison d'être qui l'excuse, tandis que la tyrannie de la canaille est toujours ignoble, dégrade et sert surtout à paralyser les efforts intéressants.

Ses innombrables banques étaient un des rouages les plus importants de la machine qu'il avait créée, entassant ici et là, aux points importants de la carte, des provisions indispensables. Ses affaires atteignaient les contrées les plus lointaines et malgré la lenteur des communications, demeuraient réglées. Les difficultés venaient surtout des pays mêmes où elles opéraient, jaloux de cette occulte puissance étrangère établie chez eux. Le

trafic subissait bien des vexations. C'est ainsi
qu'en France le commerce des draps était soumis,
selon les besoins du Trésor, à des droits souvent
élevés, toujours variables ; une fois, des navires
florentins furent capturés par des vaisseaux de la
marine royale et les réclamations n'aboutirent pas,
selon le destin de toutes les réclamations.

Les guerres fréquentes accentuaient les difficultés. Il devenait nécessaire que le « monte » suspendît
le payement de ses intérêts, et les excuses n'étaient
pas toujours agréées, même par ceux des citoyens qui
se déclaraient les plus patriotes. Il fallait se servir
d'expédients et exécuter des tours de passe-passe.
Lorenzo gagnait alors les officiers publics et faisait
marcher à son gré Tommaso Soderini, « détestable
citoyen, vieux rapace, tyrannique, » écrit Rinuccini
qui en aurait fait bien pire à sa place et détestait
tant le Medici, qu'il exagère tout à plaisir. Il s'arran-
geait à ce que les soldats fussent payés sur la banque
Bartolini, dans laquelle il possédait certains intérêts
et retenait sur la solde 8 p. 100. Une fois, en 1484,
la situation fut extrême au point qu'il dut emprunter
quatre mille ducats à Lodovico et vendre pour le
même prix la maison qu'il possédait à Milan. Le
18 mai 1480, il établit sur le revenu l'impôt progressif pour sept années par tête avec trois classes
d'imposés ; ceux qui avaient 1 à 50 florins de revenu
ceux qui arrivaient à 1 200 florins, puis ceux qui
les dépassaient ; les premiers payaient 5 p. 100 ; les
autres 16 2/3 p. 100 ; la loi comportait cet alinéa :
l'imposition ne doit jamais dépasser le dixième du

revenu. Au bout de trois mois, la taxe de la troisième classe fut élevée à 22 p. 100. A cela s'ajoutaient les exigences fiscales limitant la latitude laissée aux répartiteurs, pour arriver à ce que la « scala » produisît le dixième de tous les revenus ; et l'impôt de capitation était également progressif ; la capitation montait par exemple à 1 florin 4 sous 4/5 pour qui payait 7 sur son revenu et à 4 florins 4 sous 4/5 pour qui payait 22. La « scala » se modifia en 1482 où le gouvernement s'était promis de percevoir cent cinquante mille ducats par an pendant deux années. Ce fut à cette époque que Lorenzo imagina la « dispaciente sgravato ». L'*aggravo* et le *gravo* consistaient en la faculté laissée aux répartiteurs de décharger les contribuables ou de les charger à volonté ; le *dispaciente* ou le *paciente* étaient l'étiquette dont on désignait les taxes quand un vieil impôt venait de revenir en vigueur, ou lorsqu'une combinaison d'impôts déjà perçus était manigancée afin de procurer aux citoyens le droit de payer l'un ou l'autre ; si quelque provision rendue obligeait à payer le plus lourd, c'était le *dispaciente*. — Voici l'opération, d'après Canestrini[1]. Un *dispaciente* de 1479 et un sixième *sgravato* de 1482 une fois réunis, on prit les trois cinquièmes de leur total qui fixa le chiffre d'un nouveau *dispaciente*, avec, pour un quart, droit de dégrèvement ; aucun répartiteur, s'il croyait devoir dégrever davantage, ne pouvait le faire sans l'autorisation de la Seigneurie et des

[1] Voir aussi Léon Say, *Question des Impôts*.

Collèges. On constitua l'imposition nouvelle avec ce *dispaciente sgravato* et la *decime scalata* de 1480-1481 ; elle fut payée chaque mois, alternativement, en l'une de ces deux parties, quelquefois même plus d'une fois par mois ; et cela dura jusqu'en novembre 1488. De la sorte, de septembre 1482 à cette dernière date, on parvint à percevoir 44 *dispaciente* et 33 *demi-décime scalate ;* le tout était payé comptant ou par l'intérêt des sommes du contribuable au *monte ;* de plus, le *monte* retenant souvent la moitié, le tiers ou le quart des intérêts ou les intérêts eux-mêmes par amortissement, de 1485 à 1487, il y eut vingt-six paiements, tous au comptant. — C'était aller cette fois un peu loin.

Enfin, il dut prendre encore plus de pouvoir qu'il ne s'en était déjà procuré pour parvenir à ses fins. — Il suit la même méthode que précédemment ne brusquant rien, ajoutant un nouveau rouage par la suppression d'un autre qu'il simplifie en attirant plus près de lui le ressort qui commande à son mécanisme. On se souvient qu'il s'était arrangé à n'avoir dans le conseil des Soixante-Dix que des hommes qui lui fussent dévoués ou soumis ; mais l'expérience lui montra que ce corps était trop nombreux pour qu'il pût y exercer une surveillance totale et qu'il contenait même bien des membres susceptibles de lui être hostiles en certains cas. Il lui enleva donc le pouvoir de créer la Seigneurie, et peu à peu, lentement, avec un travail de souris qui ronge, l'annula.

Bien entendu, il n'agit pas lui-même et, pour porter le grand coup, se sert simplement d'une métamorphose : les Soixante-Dix deviennent les Dix-sept ; ce sont les « accopiatori ». Tenant alors bien dans la main cette nouvelle balie, il fait déclarer par elle que les vieilles monnaies, étant devenues laides, ne doivent plus avoir cours et que désormais quand elles seront perçues dans les caisses publiques, elles perdront le cinquième de leur valeur ; peu de temps après, de nouvelles pièces sont frappées. Comme dans la plupart des établissements les anciennes continuent cependant à servir selon leur taux primitif, le gouvernement emploie pour son usage celles qui lui sont versées en gagnant dessus le cinquième qu'il leur fait perdre en les recevant. — Aujourd'hui on a fait bien pire.

Vers le tard, las des opérations financières et n'ayant plus la force nécessaire pour les dominer d'un œil lucide, il plaça en terres la plus grande partie de son avoir. Tout le long de sa vie, il avait mis à chaque instant sa fortune au service de l'État d'une façon telle que sans ce secours, Florence, décimée par tant de guerres, aurait perdu beaucoup de grandeur et même, peut-être, serait morte. L' « âpreté au gain » que lui reprochent les esprits étroits m'apparaît singulièrement noble étant donné son motif.

XXIX

Au milieu de tant de tempêtes, il a gardé vivante
la flamme divine. Le repos semble n'exister pas
pour lui s'il ne l'emploie à quelque méditation ou
à quelque œuvre. Créer l'avenir de sa ville natale
ne suffit pas à cet homme, il éprouve l'impérieuse
nécessité de se révéler à lui-même ; les gestes de
sa vie lui demeurent insuffisants ; il les épure et les
prolonge dans le rêve, vers le jardin où la légende
place les neuf muses. Il s'inquiète de toute l'activité humaine. Les choses semblent le réclamer et
il possède l'obscur instinct de leur appel. Sa curiosité se développe avec ardeur, quoiqu'il reste
calme. Il ne se préoccupe pas du bonheur ; il veut
seulement réussir à réaliser sa nature telle qu'elle
est et telle qu'il la sent. « Quand mon âme, écrit-il
à Ficino, est fatiguée du fracas des affaires publiques et que mes oreilles bourdonnent des cla-
meurs de la foule en tumulte, comment me serait-
il possible de supporter pareille gêne si je ne
trouvais quelque délassement dans l'étude ? » Et
Pico della Mirandola écrit de lui : « Son génie
était si vigoureux et si flexible qu'il semblait avoir
été formé pour réussir également dans tous les

genres. Mais ce qui m'étonnait surtout, c'est que lorsqu'il était le plus engagé dans les affaires de la République, il pouvait ramener ses idées et sa conversation sur des sujets de littérature avec autant de facilité que s'il eût été parfaitement maître de son temps. » On le lui reprocha ; certains censeurs déclarèrent qu'un homme d'Etat devait laisser ces sortes de choses de côté sous peine d'avoir un gouvernement détestable. Il dut se défendre. Il le fit au commencement de la préface dont un passage, au sujet de la belle morte, a déjà été traduit vers le début de cet essai. « Or, pour répondre à la calomnie de ceux qui veulent m'accuser d'avoir perdu mon temps en m'occupant d'une chose qui ne mérite pas qu'on y perde aucun instant, c'est-à-dire écrire des vers et des commentaires sur les passions amoureuses, je dis que je serais damné avec justice si la nature humaine était douée d'une excellence telle que tous les hommes pussent créer toujours des choses parfaites. Mais, parce que ce grade de perfection n'a été dévolu qu'à fort peu de personnes et que, parmi celles-ci, bien peu encore le sentent et très rarement, il me paraît, si je veux conclure, l'imperfection humaine une fois considérée, que les choses les meilleures du monde sont celles où il se place le moins de mal. » Il continue en engageant les hommes à l'amour. Plus loin il raconte qu'il aurait voulu dire les persécutions et les ennuis dont il a été l'objet, mais qu'il ne le fait pas dans la crainte de sembler orgueilleux ; et il ajoute que le marin qui

raconte les dangers courus le long de sa naviga-
tion a plutôt en vue de faire valoir sa prudence
que les faveurs dont il est redevable à son destin ;
et il termine le passage en disant qu'il est naturel
d'avoir cherché l'oubli de tant d'inquiétude en
chantant sa maîtresse.

Depuis l'enchantement de Dante, de Pétrarque
et de Boccace, une grande nuit s'était déroulée sur
l'intelligence humaine — car le reste de l'Italie,
encore barbare, ne comptait pas. Aucune produc-
tion ne vaut, sauf peut-être la *Bella Mano*,
poème d'un jurisconsulte, Giusto de Conti ; et encore n'était-ce qu'une imitation. L'italien était de
plus en plus la langue vulgaire. Le Magnifique lui-
même s'excuse en quelque sorte par un petit plai-
doyer de s'en être servi. C'est qu'alors l'unité de
la langue italienne n'existait pas ; elle comprenait
une infinité de dialectes parmi lesquels il était assez difficile de trouver des règles sûres, et cela est
si vrai qu'aujourd'hui encore un Génois ne parle
pas comme un Sicilien. Les hommes instruits pensaient agir avec raison en employant le latin ; ils
se servaient de l'italien proprement dit pour les
usages courants et se contentaient de le parler sans
l'écrire jamais ; ils y introduisaient alors souvent
bien des expressions tirées du latin ; et l'italien
n'en devenait que plus inintelligible, tout en aug-
mentant ses richesses.

Burchiello et les trois frères Pulci offrent les
premiers quelques traces de perfectionnement ; Lorenzo vient ensuite.

Burchiello occupe le milieu du xv⁰ siècle. C'était un barbier. Il a écrit : « La poésie combat avec le rasoir. » Ses sonnets sont souvent obscurs, mais présentent de la finesse : quant à moi, je pense avec Crescimbeni que la plupart de ses sonnets sont des parodies : il florissait en effet en ce temps-là une école de poésie bizarre et sèche qu'il s'amusait à tourner en ridicule. C'était avant tout un railleur ; il fit servir les « trois rimes » à une satyre sur les professions libérales où celle de médecin est fort maltraitée.

Les trois frères Pulci descendaient d'une des plus vieilles familles nobles de Florence ; l'édition de 1732 du *Morgante Maggiore* a une préface où on fait remonter leur origine jusqu'aux familles françaises qui restèrent en Italie après le départ de Charlemagne. Ils étaient très liés avec les Medici et leur ont dédié presque tous leurs ouvrages. Le début de leur amitié dut commencer à propos de l'élégie faite par Bernardo Pulci, l'aîné, à la mémoire de Cosimo ; elle se continua sans doute et s'établit par les vers sur la mort de la Simonetta. Le premier dans son pays, Bernardo traduisit les églogues de Virgile ; il fit également un long poème sur Jésus-Christ. Le second frère est celui qui fit La Giostra ; on a encore de lui *il Ciriffo Calvaneo*, sorte de roman épique en sept chants et *Driade d'Amore*, fable faite sur la demande du Magnifique. Elle est fade et gracieuse, inspirée comme genre, des métamorphoses ovidiennes. Une dryade de l'Apennin, Lora, fille d'Apollon, est aimée par un satyre, fils de Mercure ; ce satyre irrésistible se fait aimer à son tour et les deux amants sont heureux. Mais Diane, mécontente, change le malheureux chèvrepied en licorne ; le front broussailleux où luisaient les deux petites cornes s'allonge vers des naseaux, et les deux petites cornes se sont réunies en une seule, grande et pointue, qui menace entre les deux oreilles. Lora qui ne sait rien, cherche son amant à travers les bois et le rencontre sans savoir que c'est lui ; elle le perce de ses traits, et, malgré les yeux tendres de la bête fabuleuse continue sa course inquiète. Une nymphe lui apprend alors qu'elle n'a pas su reconnaître le satyre Sevéré. Aussitôt elle se tue. Apollon que cette histoire attendrit change encore les deux amants : le satyre est le fleuve Sevéré où vient se jeter l'affluent Lora. — Luca écrivit aussi des héroïdes ; dans l'une d'elles il fait parler Lucrezia Donati à Lorenzo ; les autres traitent des sujets mythologiques. Luigi Pulci, le dernier, est le plus célèbre. Il était né à Florence en 1431. Il fut l'ami intime du Magnifique. On ne sait rien sur sa vie, sinon qu'il la consacra tout entière à la littérature. Son poème le plus connu, le *Morgante Maggiore*, fut composé à la prière de Lucrezia Tornabuoni ; il glorifie les exploits héroïques de Roland et des preux. Ce fut le premier ouvrage de ce genre, et il est probable qu'il donna à l'Arioste, en passant par le *Roland amoureux* de Bojarola, l'idée initiale de l'*Orlando furioso*. Un jugement de la Monnoye dans le recueil de Baillet, le situe ainsi : « C'est un poème en

rime octave de vingt-huit chants, d'un goût origi-
nal. L'auteur s'y est mis au-dessus des règles, non
pas à dessein, comme Vincent Gravina lui fait l'honneur de le croire, mais parce qu'il les a entièrement ignorées. Fort en repos du jugement des cri-
tiques, il a confondu les lieux et les temps, allié le
comique au sérieux, fait mourir brusquement de
la morsure d'un chancre marin au talon le géant,
son héros, et cela dès le vingtième livre, en sorte
qu'il n'en est plus parlé dans les huit suivants. La
naïveté de la narration a couvert tous ces défauts ;
les amateurs de la diction florentine font aujour-
d'hui encore leurs délices de la lecture du *Morgante*,
et surtout quand ils peuvent rencontrer un exem-
plaire de l'édition de Venise, 1546 ou 1550, accompagnée des explications de Jean Pulci, neveu
de l'auteur. » Luigi Pulci récitait les strophes de
son poème à table, vers la fin des repas, à la façon
des anciens rhapsodes. Aujourd'hui ce poème est
fort ennuyeux. Le recueil qu'il fit en collabora-
tion de Matteo Franco est tout autre. Matteo
Franco était un chanoine qui aimait à rire ; avec
Luigi ils avaient eu l'idée de se faire la guerre en
s'injuriant à coups de sonnets. Il y en a cent quarante. Quand ils furent imprimés, l'autorité pontificale se montra furieuse et l'inquisition fit défendre
qu'on les vendît. Il y en eut aussitôt de nombreuses
éditions. Ces sonnets sont drôles pour la plupart ;
il en est de très indécents. L'un deux sur l'âme
se montre dur pour la philosophie platonicienne.
L'âme y est représentée entrant dans le corps

comme de la confiture enveloppée dans du pain blanc tout chaud ; l'autre monde nécessite une longue échelle pour être atteint ; les gens qui croient qu'on y trouve des becs-figues et des ortolans tout plumés sont des imbéciles qui font gravement erreur ; de même ceux qui croient y avoir de bons lits et, pour les mériter, suivent les moines ; car quand on est descendu dans la vallée noire, on n'entend plus jamais chanter alleluia. Puis ce sont des invocations à Vénus, des scènes amoureuses, de bonnes grosses plaisanteries sur les choses de la religion et sur les gens religieux qui sont assez bêtes pour accomplir leurs devoirs ; on peut les empêcher ceux-là « de pisser aux coins des rues en y peignant la statue de saint Antoine avec sa lance ». Et Matteo Franco et Luigi Pulci sont à table, eux ; ils mangent tant qu'ils peuvent, boivent de même, se tapent sur le ventre, rient fort, se racontent de bonnes farces. — Pulci fit également des poésies religieuses qui étaient chantées à l'église et qui sont de la plus imperturbable gravité.

Lorenzo écrivit aussi dans tous les genres. Il aimait les métaphores et les images. Il compare dans ses « *canzone* » les larmes qui coulent sur de belles joues fraîches à un ruisseau qui traverse une prairie émaillée de fleurs. Il va plus loin. Les pensées qui s'échangent entre lui et sa dame et font un si doux voyage entre leurs deux cœurs, lui rappellent les fourmilières, tant elles sont diligentes. Les rayons amoureux sortis des yeux aimés le font songer aux rayons du soleil entrant par une fissure

dans l'obscure maison des abeilles. La chevelure
de sa maîtresse lui rappelle la lumière qu'Apollon
répand sur les monts aux neiges éternelles. Il a de
belles strophes sur les violettes : Un jour, Vénus
passait dans un bois, désolée du sort d'Adonis ; son
pied nu fut piqué par une épine ; une goutte de
sang jaillit ; les violettes voisines qui étaient blanches devinrent amoureuses du sang qui sortait de
ce beau corps de femme et le recueillirent. Depuis,
elles ont voulu rester pourprées ; et ce ne sont ni
la fraîcheur du zéphyr, ni la limpidité des eaux qui
les gardent colorées, mais les soupirs et les larmes
de l'Amour.

Son poème d'*Ambra* commence par une bonne
description de l'hiver en Italie. On y trouve ces
deux vers sur l'olivier :

> L'oliva in qualche dolce piaggia aprica
> Secondo il vento, par or verde, or bianca.

Dans la *Selve d'Amore*, le poète se plaint que
sa maîtresse soit absente et il en accuse l'amour et
la nature ; mais il songe qu'elle reviendra bientôt
et tout change pour lui. Ce jour-là les rameaux
desséchés se couvriront de feuilles nouvelles, les
buissons les plus arides ouvriront des fleurs entre
leurs épines ; les abeilles bourdonneront leur vol
d'or ; les bergers conduiront leurs troupeaux hors
de l'étable. Mais un tableau si charmant se complique. L'Amour a des douleurs terribles. Le poète
a des vers splendides sur la Jalousie :

« Seule, une vieille dans un coin obscur, pâle, fuyant

la lumière du soleil, s'était assise ; elle soupirait d'une façon taciturne ; un manteau d'une incertaine couleur changeante la revêtait. Elle avait cent yeux dans la tête qui versaient tous des larmes, et cent oreilles aussi, la néfaste déesse. Ce qui est et ce qui n'est pas, toujours tristement elle le voit et l'entend ; jamais elle ne dort ; et elle s'obstine à ne croire qu'elle seule. »

L'Espérance, au contraire, est une femme à l'immense stature ; le haut de sa tête se perd dans le ciel ; elle est vêtue de nuées denses et elle habite le sommet des plus hautes cimes. Elle est suivie par des songes détestables souvent, les augures, les chiromanciens, les alchimistes. Elle est la reine des arts trompeurs.

L'*Ambra* raconte la disparition sous les eaux de la petite île qu'arrosait la rivière d'Ombro qui passe dans la maison de Poggio a Cajano. Il faut citer aussi sa *Nencia di Barberino* qui est une charmante pastorale villageoise ; sa *Caccia col falcone*, ses *Beoni, Corinto* et ses *Canti cornaleschi e canzoni a ballo*. Les *Canti carnaleschi* renferment d'amusantes satires contre les prêtres. Le poète, dans l'une d'elles, se montre revenant à Florence par la porte de Faenza. Devant lui, c'est aussitôt un grand tumulte. Il aperçoit la foule entourer quelques personnes et il interroge son ami Bartolino :

« Quel est celui-ci avec ses joues pleines ? Et ces deux-ci avec leurs longs manteaux ? — Et lui à moi : — Chacun d'eux est un prêtre. Le plus gros est le curé de l'Antella ; on ne voit sur sa physionomie aucune trace de chagrin. L'autre qui vient derrière en riant doucement, avec son nez effilé, étrange et long, a trouvé dans les bouteilles son paradis. Il a de la dignité. Il est pasteur fiésolan. Sa dévotion est toute pour sa tasse ; avec lui est messer Antonio, son chapelain. Par tout lieu et par tout temps, il porte avec lui toujours sa fidèle tasse, même à la procession, et encore ailleurs où je ne dis pas. Et je crois qu'elle lui fera toujours bonne escorte, en quelque pays qu'il aille ; c'est elle qui frappera à la porte : à l'heure de la mort elle sera là, et il faudra la mettre avec lui dans son monument pour qu'elle le réconforte encore. »

Ces chants carnavalesques viennent de la coutume qu'on avait à Florence de fêter le carnaval avec assez de luxe et d'éclat. Ils conseillent de jouir de la vie, d'oublier qu'il y a des lendemains et de se livrer le plus possible au plaisir. Lorenzo avait des agents spécialement chargés de préparer ces fêtes. Des chevaux, des chars et des trophées les sillonnaient pompeusement. Des gens costumés y représentaient des triomphes, des épisodes glorieux ou symbolisaient les divers métiers. C'était comme notre mardi gras, mais avec le soleil en plus et la gaieté des peuples du midi près de laquelle la nôtre donne envie de pleurer. La nuit une fois venue, le cortège défilait à la lueur des torches. Les chansons montaient vers les étoiles. La foule en reprenait les refrains en chœur. On dansait ensuite sans façon sur la place du Palais. Lorenzo et les siens se mêlaient à tout avec simplicité. C'étaient de bons moments. Il y avait de la joie.

Le Magnifique fit aussi des poésies religieuses, les *Laudi Spirituali*. Elles manquent d'intérêt. — Le

meilleur jugement sur ses vers est de Muratori. Il
les compare à « l'or de la mine, un peu mêlé de
terre grossière »; et il conclut: « Mais c'est toujours
de l'or. »

XXX

Il dépensait annuellement trente mille ducats à
à acheter des livres rares et à entretenir de nombreux copistes. « Votre zèle à faire copier les livres
grecs, lui écrivait Poliziano, et à favoriser les doctes
vous fait tant d'honneur qu'aucun homme depuis
bien des années n'en a obtenu autant. » Les savants
venaient avec confiance, sûrs de trouver une aide
plus généreuse et plus agréable qu'ailleurs. Lorenzo
Valla quitta Naples pour passer quelques années
près de lui ; Bartolommeo Scala et Ermolao Barbaro
le jeune furent ses hôtes assidus. Il possédait les
manuscrits les plus précieux de la péninsule. Fra
Giocondo de Vérone lui dédiait son recueil d'épi-
graphes antiques. A ses frais, il faisait imprimer
les classiques grecques ; ce sont de belles éditions en
lettres majuscules. A la mort de Mathias Corvin ;
il se rendit acquéreur de nombreux volumes. On
les voit encore à la Laurentiana ; les manuscrits
achetés par Lorenzo portent les armes des Medici
auxquels il a fait ajouter une branche de laurier,
en souvenir de son nom, et sa devise : *Semper*.
— Montrer qu'on était instruit et s'efforcer vers
les choses de l'intelligence procurait alors la con-

sidération. Les riches marchands qui dédaignaient de prêter leur fortune à quelque œuvre artistique étaient méprisés. On négligeait les ignorants. Il n'était pas nécessaire d'être stupide comme aujourd'hui pour occuper un poste officiel. M. Roscoe a fort justement dit : « La connaissance des langues savantes était à cette époque la route la plus sûre pour parvenir non seulement a la fortune et à la gloire littéraire, mais encore aux places les plus éminentes du gouvernement ; dans presque tous les États d'Italie les savants les plus distingués furent les premiers ministres de leur temps. » Et plus loin : « Au commencement du xvᵉ siècle, la place de chancelier de la république était occupée par Colonio Salutati, ami particulier de Pétrarque et de Boccace et que Poggio appelle le père commun et le maître de tous les savants. Il fut remplacé par Leonardo Aretino, dont la république récompensa les services par des privilèges et des bienfaits dont ses descendants jouirent après sa mort. Cette charge fut donnée à Carlo Marsuppini et remplie successivement par Poggio Braciolini et par Benedetto Accolti. » Un merveilleux tombeau fut élevé à Marsuppini par Desiderio da Settignano.

Lorenzo se montrait très simple avec ces hommes. Il prenait part à toutes les discussions littéraires avec une grande sagacité. Il eut avec eux de violentes discussions à propos de la « lingua volgare ». Il la défendit toujours. Seul, Battista Alberti, malgré sa connaissance du latin, se montrait de son avis. Il persuadait avec facilité. Sa

parole chaude, vive, fine et colorée, décidait les
derniers scrupules. A cause de lui, Bernardo Rucellai annonça un beau jour à Erasme avec lequel il
entretenait correspondance que désormais ses lettres
ne seraient plus en latin. Ce fut lui certainement
qui remit l'anneau nécessaire à la chaîne que le
xiv° siècle avait coupée. Il eut sur tout son monde
beaucoup plus d'influence qu'on ne le pense généralement, et le domina. Aucun de ses savants compagnons n'atteignit à sa maîtrise. En philosophie
platonicienne, il fait la part du vrai et du faux, ou
du moins ce qu'il pense tel. C'est un septique.
Dans ses « canzone », le premier en Italie, il formule des doutes. Il ne peut pas s'affranchir parce que
la religion est trop vivace et filtre partout, parce
qu'elle est indissolublemsnt mêlée aux affaires
gouvernementales et aide à réfréner le peuple,
mais il retient un sourire quand le prédicateur
menace des foudres de l'enfer, la main étendue, la
figure terrible dans le demi-jour de l'église où l'ardeur du soleil est tamisée par de longs rideaux
rouges. Et les gens de l'époque eux-mêmes sentent
très bien son importance. Niccolo Leoniceno écrit,
par exemple, à Poliziano : « Nous ne devons pas être
étonnés de votre éloquence et de l'étendue de votre
savoir quand nous considérons les ressources trou-
vées par vous dans la faveur de Medici... Je me
souviens très bien des expressions généreuses dont
il s'est servi : il aurait voulu que vos recherches
et celles de Pico della Mirandola lui fournissent
l'occasion d'acheter une si grande quantité de livres

que, sa fortune devenant insuffisante, il fût obligé
d'engager son mobilier pour les payer .» Le Magnifique devait d'ailleurs n'en pas penser un mot, et,
très certain que la ruine ne le guettait pas, il était
d'autant plus à son aise pour parler de la sorte. Il
se donnait en tout cas beaucoup de mal pour réunir
des livres.

Autour de lui régnait une infatigable activité.
Poliziano, sur sa demande, éclairait le texte des
anciens auteurs. A la Laurentiana et à la Marciana
de Florence, à la Corsini de Rome, on trouve
encore ses commentaires sur Ovide, Suétone,
Stace, Pline le Jeune et Quintilien. Ils sont pour
la plupart inédits. Domitio Calderius rétablit le
texte de Martial, Bartolommeo Pontio celui de
Perse, Lancelotto celui de Columelle. Poliziano
étudia aussi de très près les Pandectes de Justinien, sur une copie qu'on en avait trouvée à Pise
et qu'on supposait y avoir été déposée par Justinien
lui-même. Cette hypothèse a beaucoup diverti Gibbon. Elle ne me fait pas sourire ; je la trouve tou-
chante. Il faut pour la comprendre se reporter à
l'époque et songer à l'émotion que devaient éprouver les hommes en face de ces textes qu'ils révélaient pour la première fois au monde. Nous
oublions trop vite, aujourd'hui où nous nous les
procurons avec facilité, par quelles routes tor-
tueuses ils nous sont parvenus. Ils étaient alors
l'objet d'une vénération véritable. Ces pandectes,
nous raconte Breuchmann, avaient été déposées
dans une cassette magnifique que recélait l'ancien

palais de la république ; les moines et les magistrats, la tête nue, un cierge à la main, les montraient aux voyageurs qui semblaient assez respectueux pour les voir. L'ouvrage de Justinien avait alors une grande importance et les légistes puisèrent dedans ; dans leurs ouvrages ils avouent tous les obligations qu'ils doivent à Poliziano. Mais, au fur et à mesure que la route avance et s'élargit, on néglige d'honorer les humbles pionniers qui défrichèrent le sentier primitif.

Il y avait dans la ville de nombreux cours de grec. Les élèves y arrivaient d'Allemagne, de France, d'Espagne et d'Angleterre. Un des premiers professeurs fut Argyropyle. Ce curieux esprit s'était ouvertement déclaré « l'ennemi de Cicéron ». Il l'accusait d'ignorance, affirmait qu'il avait dû savoir très mal le grec, trouvait sa langue ennuyeuse et fade, et se refusait à le considérer comme écrivain. « C'est un orateur, » disait-il. Trois de ses élèves devinrent glorieux de diverses façons : Donato Acciajuoli, Pannonicus et Reuchlin. Lorsque ce dernier vint pour la première fois chez lui, il lui parla si bien grec que le professeur soupira : « Pauvre Grèce ! Te voilà déjà bannie au delà des Alpes ! » Acciajuoli raconte qu'on se croyait transporté au temps des philosophes antiques quand il prenait la parole. Argyropyle le Byzantin aimait les vins et les viandes ; il était gros et replet ; l'énormité de son ventre, déclare Paul Jove, prouvait bien qu'il appartenait à plusieurs sectes de philosophie. Il mourut pour avoir trop mangé de melon, emporté dans sa soixante-dixième année par une fièvre d'automne en 1471, au cours d'un voyage dans la Ville éternelle.

Il fut remplacé par Théodore de Gaza et ensuite par Demetrius Chalcondyle. Poliziano qui avait très mauvais caractère fut jaloux du choix qui le négligeait et se retira à Milan. C'est là sans doute que dut prendre naissance sa querelle avec Merula. Il revint au bout de peu de temps près de Lorenzo. Mais la dispute avec Merula à peine terminée par la mort de celui-ci — mort au sujet de laquelle, vraies ou fausses, il eut de belles phrases de regret — il en entama une autre avec Bartolommeo Scala. Les controverses d'alors étaient terribles ; elles employaient le gros mot en pensant de la sorte consolider les arguments proposés. Voici le passage d'une lettre de Poliziano à ce Scala ; il y argumente sur l'injure adressée : « At ego, monstrum te vocavi fur-furaceum ; monstrum quidem, quod ex collusione monstrorum compositus es, fur-furaceum vero, quod in pistrini sordibus natus, et quidem pistrino dignissimus. » Poliziano reconnaissait cependant volontiers le mérite. Il dira par exemple de Pico della Mirandola : « C'est un être d'une nature extraordinaire, auquel tous les avantages du corps et de l'esprit sont amplement dévolus ; sa taille est élégante et pleine de noblesse ; il y a dans tout son extérieur quelque chose de divin. Doué d'une incroyable pénétration d'esprit, d'une ardeur infatigable pour le tra-

vail, parlant avec autant d'éloquence que de net-
teté, il faisait admirer de lui-même ses talents et
ses vertus. Il avait des connaissances profondes
sur toutes les parties de la philosophie qui s'éten-
daient et se fortifiaient encore par l'avantage qu'il
possédait de savoir plusieurs langues (on prétend
qu'il en savait vingt-deux !) et de connaître plusieurs sciences dignes d'estime; on ne peut dire
qu'il y ait d'éloges au-dessus de son mérite. »

Lorenzo protégea beaucoup les sciences. Il pensait que c'était le meilleur moyen de réfuter les
charlatans et de leur faire perdre tout prestige. A
sa requête, Pico della Mirandola écrivit un traité
« adversus astrologos ». Paolo Toscanelli avait
élevé en 1460 le célèbre gnomon de bronze qui
est sur la coupole de Santa Maria del Fiore à la
hauteur de 277 pieds « parisiens » et servait à
déterminer les solstices; l'indication que le jeu du
soleil lui faisait marquer passait par une très
petite ouverture vers une table de marbre placée
sur le pavage de l'église. Un peu plus tard Lorenzo
de Volpaga avait construit pour lui une sorte d'in-
génieuse horloge qui, tout en marquant l'heure,
indiquait le mouvement du soleil et des planètes,
les éclipses, les signes du zodiaque et toutes les
révolutions célestes. Poliziano donne une description très étendue de cette machine. — Le Magnifique s'intéressait beaucoup à l'astronomie. Une
élégie de Naldio raconte qu'il donna à son peuple
un curieux spectacle où les planètes, représentées
par des femmes dont les vêtements répondaient

à leurs attributs particuliers, dansaient lentement, tandis que des chansons expliquaient leurs mouvements et leurs qualités prétendues. Lorenzo affectionnait la musique. Il eut longtemps à sa cour Antonio Squarcialapis et le défendit : « Si vous saviez, disait-il, combien il est difficile d'exceller dans quelque art que ce soit, vous parleriez de lui avec plus de respect. » — Dans sa vie privée, le Magnifique montre la même facilité heureuse que dans sa vie politique ; il s'y révèle également ironiste et diplomate, souriant et sévère à la fois. « Quand il riait, dit Valori, rien de plus drôle, quand il mordait, rien de plus âpre. » Ses bons mots étaient célèbres. S'ils offraient un charme, ils l'ont perdu ; les recueils où ils se trouvent consignés ne nous en offrent guère que deux dignes d'être cités. A un de ses parents, personnage avare et voleur qui lui racontait avoir dans son jardin une source abondante à l'eau limpide, il signifie : « Vous deviez alors avoir les mains propres. » A Ugolino Martelli qui lui reprochait de se lever tard : « Mais mes rêves du matin sont plus importants que vos affaires ! » Grazzini nous a rapporté qu'il aimait rire et jouer de bons tours pour se délasser.

Il s'occupa de ses enfants avec un soin extrême. Sa femme lui avait donné trois fils et quatre filles ; on ne lui connut pas d'enfants naturels, ce qui est assez surprenant pour l'époque. Il est probable qu'il en eut, mais parvint à les cacher en les attribuant à d'autres. Le dernier de ses fils devint duc de Nemours en s'alliant à la maison royale française; le premier mena une vie de plaisir et fut très malheureux; on sait que le second devint Léon X. Il les adorait tous trois. Il écrivait à Poliziano : « Si les bêtes fauves aiment leurs petits, nous, de quelle indulgence ne devons-nous pas être avec nos chers enfants! Et si ceux qui travaillent au bien de la cité nous sont chers, nous devons placer en premier lieu les instituteurs des enfants dont le zèle vise le temps éternel et dont les préceptes, les conseils et la vertu nous feront conserver la dignité de la famille et de la république. » C'était flatter et s'attacher en même temps leur précepteur Poliziano qu'il avait envoyé avec eux, après la conjuration des Pazzi, à Pistoïe. Le savant leur était très dévoué et les considérait comme les siens. Il se montrait même si fier de son autorité qu'il ne souffrait pas qu'on la restreignit le moins du monde. De là naissaient de fréquentes querelles avec Clarice qui, de son côté, entendait intervenir à son gré dans l'éducation de ses enfants. Poliziano écrivait des lettres furieuses à Lorenzo, demandait pardon de sa violence quelques heures après, et recommençait au bout de quelques jours. Ces lettres-là n'étaient pas du programme, car le Magnifique en exigeait de fréquentes sur ses fils. Elles sont amusantes à parcourir : « Piero s'occupe avec assez de soin à ses études; nous faisons chaque jour des excursions dans le voisinage; nous visitons les nombreux jardins dont cette cité est embellie, et nous avons quelques séances dans la bibliothèque de Maestro Zambino où j'ai trouvé quelques bons ouvrages tant grecs que latins. Giovanni sort à cheval de temps en temps, et la foule s'amuse à le suivre. » Vers la fin de cette année, les enfants allèrent à Caffagiolo pour y passer l'hiver. Il écrit alors à une dame de ses amies : « Si nous étions à Florence, nous éprouverions quelque consolation, ne fut-ce qu'à voir Lorenzo quand il rentre dans sa maison. Mais ici nous sommes dans une anxiété continuelle ; quant à moi, la solitude et l'ennui me tuent, la guerre et la peste sont sans cesse devant mes yeux. » — Il en eut l'humeur plus difficile encore qu'elle ne l'était naturellement, ce qui n'est pas peu dire, et il déplut de plus en plus à Clarice. Elle ne lui pardonnait pas l'empreinte qu'il laissait sur ses fils et, possédant ses idées personnelles sur leur éducation, décrétait celles d'autrui déplorables avant même de les juger. De terribles disputes s'ensuivirent. Poliziano, malgré qu'il fut prêtre, jugeait une éducation religieuse inutile : « Quant à Giovanni, écrit-il avec rage à Lorenzo, sa mère l'occupe à la lecture du psautier, ce que je n'approuve nullement. Tant qu'elle a consenti à ne pas se mêler de ce qui le concerne, la rapidité de ses progrès était surprenante au point qu'il lisait presque tout seul. » Et les querelles atteignirent un tel degré d'animosité qu'un jour Clarice finit par chasser le précepteur. Lorenzo le recueillit, le pria d'excuser sa femme, et lui fournit une agréable retraite dans sa maison de Fiésole.

La villa préférée était celle de Poggio à Cajano. Michele Verini en a donné cette description : « Le village de Cajano est bâti sur le penchant d'une colline éloignée de Florence d'environ dix milles. La route qui y conduit de la ville est très spacieuse et excellente, même en hiver, et, de plus, très commode pour tous les genres de voiture. La rivière de l'Ombrone la baigne de ses eaux tranquilles et profondes et y fournit en abondance du poisson. La villa de Lorenzo porte le nom d'Ambra soit à cause de la rivière, soit à cause de la beauté extraordinaire de sa situation. Les champs sont arrosés, quand ils le demandent, par des ruisseaux à l'eau limpide que Lorenzo, avec cette magnificence qui caractérise toutes ses entreprises, y a fait amener par un aqueduc à travers les montagnes et des précipices sur un trajet assez long. La maison n'est pas encore bâtie, mais les fondements en sont posés. Elle est située au nord par cette plaine spacieuse qui s'étend jusqu'à la rivière et qu'une immense chaussée protège contre les inondations subites... Sur cette éminence, environ au milieu de la ferme, sont des étables immenses dont le pavé est en dalles de pierre pour y conserver la propreté. Les bâtiments sont entourés de hautes murailles et de fossés profonds, et flanqués de quatre tours comme un château. »

C'était un voluptueux.

Après avoir raconté la mort de la Simonetta, il écrit avoir cherché dans la vie une femme qui lui ressemblât. « Quand un jeune homme de vingt ans fait cette recherche, dit le bon Ginguené, il ne la fait pas longtemps en vain. » Il avait en effet retrouvé la morte à plusieurs exemplaires. Nous savons par les lettres d'Alessandra Macinghi qu'il eut de nombreuses maîtresses parmi lesquelles des femmes mariées. Il portait au plaisir une ardeur peu commune et s'y montrait insoucieux de sa santé. « Il fut libidineux, » dit Guicciardini. Vers 1467, Becchi, un de ses maîtres, avait été obligé de l'avertir que « dans la chose vénérienne, il avait à prendre garde.... et qu'il s'agissait de la vie ». Le 24 décembre 1482, Francesco Nani lui annonçait par lettre l'envoi de cinquante belles esclaves. — La plupart de ses « canzone » furent écrites pendant qu'il négociait son mariage.

M. Perrens a écrit : « Sa maison était un lupanar tout autant qu'une école ou un musée. » — M. Perrens fait sourire. Sa maison renfermait des gens d'élite au-dessus de certaines convenances hypocrites et qui ne pensaient pas devoir y répudier l'amour comme quelque chose de honteux. La vérité est que sa maison devait être charmante. Voici comment il protégea son ami Pico della Mirandola dans une de ses aventures.

Le jeune philosophe avait une maîtresse à Arrezo. C'était une ancienne épicière, qui, son premier mari étant mort, avait épousé, l'année même où elle était devenue veuve, un lointain parent de la famille Medici ; et, trois mois après cette union, elle était devenue éperdument amoureuse du Mirandola, « cieca di si bel corpo », comme elle écrit dans une courte lettre conservée. Cette charmante femme, au bout de quelques jours de bonheur, n'hésita pas à suivre son amant. Elle sortit un matin de la ville et retrouva Pico caché dans un petit bois proche avec une escorte de vingt hommes.

— Margarita !

Elle lui sauta en croupe et ils piquèrent des deux. Un paysan ébruita l'histoire. Les cloches sonnèrent. Des gens armés coururent aux fugitifs et les rejoignirent. Les vingt hommes de Pico firent bravement leur devoir. Lui-même, tout en défendant de son mieux sa maîtresse, joua de l'épée. L'ennemi était en grand nombre. Les vingt hommes une fois morts ou blessés, grâce à la vitesse de son cheval, Pico réussit à s'enfuir. Les deux amants gagnèrent Marciano, avec l'espoir d'être sauvés. On les mit en prison ; et on écrivit aux Dix. Lorenzo, malgré les scrupules du conseil, fit exiger leur liberté immédiate en déclarant que la jeune femme était une victime. Quant au mari, il se montra très content de reprendre la Margarita parce qu'il était pauvre et qu'elle était riche.

Les adultères de nos jours offrent rarement ce genre de péripéties...

XXXI

En ce temps-là, vivait l'orfèvre Tommaso Finiguerra que certains considèrent comme l'inventeur
de la gravure sur cuivre. A la réalité, ce fut Baccio
Baldini qui le premier grava des planches de métal
pour en reporter le dessin sur le papier ; Finiguerra
se contentait d'imprimer les résultats de ses travaux lorsqu'ils étaient finis sans y attacher autrement d'importance et non dans un but déterminé.
Baldini, au contraire, demanda des dessins à Botticelli et les reproduisit très heureusement. Et ce
furent A. Pollajuolo et Mantegna qui portèrent cet
art à sa première perfection.

Le Magnifique était surtout passionné pour la
gravure des pierres précieuses. Il possédait une
immense collection de camées antiques. Un assez
grand nombre en est parvenu jusqu'à nous ; ils
portent la marque Laur. Med. L'un d'eux, en onyx
de couleurs différentes, représente l'entrée de Noé
et de sa famille dans l'arche ; un autre, son cachet
personnel, figure Apollon et Marsyas ; le dieu du
soleil y est représenté tenant sa lyre devant le
pauvre faune attaché à un arbre, les mains liées
derrière le dos ; un homme est à genoux aux pieds

du dieu comme pour le prier de ne pas exécuter
la sentence : les carquois et les flèches de l'archer
divin sont suspendus à un arbre ; sur une terrasse on voit la flûte fatale. La légende rapporte
que cette pierre servit jadis à Néron. Giovanni,
surnommé della Corninole parce qu'il travaillait
surtout les cornalines, fut le premier qui grava
sur pierre en Italie. Il eut pour rival Domenico de'
Camei. Le Magnifique les protégea tous deux.

L'architecture le préoccupa beaucoup ; il s'y
connaissait vraiment, et redonna un essor nouveau
à la leçon enseignée par Brunelleschi. Il se montrait difficile sur la qualité du travail ; et il disait
de ceux qui se hâtaient trop dans la construction
d'un édifice : « Ces gens-là achètent trop cher un
repentir. » On s'étonne seulement qu'il n'ait pas
employé presque l'Alberti et l'ait considéré surtout
comme philosophe. Son favori fut Giuliano qu'on
appela da San Gallo après qu'il lui eut commandé
l'abbaye du même nom. Giuliano construisit la
villa de Cajano, après une sorte de concours
d'après des plans dont Lorenzo était juge. La construction de l'escalier revint à Stefano d'Ugolino,
peintre siennois ; cet escalier pittoresque commu-
niquait avec toute la demeure; on pouvait le monter
ou le descendre à cheval avec facilité. Une parti-
cularité de la maison assez curieuse consistait en
ce que le cintre de la grande salle comportait une
seule arche selon le désir qu'en avait exprimé
Lorenzo à l'architecte. C'est à Giuliano da San
Gallo que l'on doit l'ordre toscan. Il travailla au

monastère de Fiésole et aux fortifications de Poggio Imperiale.

Le Magnifique s'intéressa également à la sculpture et ramena vers l'étude des antiques « vraie source du beau », disait-il. « Il était, raconte Valori, si grand admirateur des restes de l'antiquité qu'il n'y avait rien qui lui valût autant de satisfaction. Ceux qui voulaient lui faire un plaisir véritable s'occupaient à rassembler de toutes les parties du monde des médailles et des monnaies précieuses, des statues, des bustes, et en général tout ce qui était antique. A mon retour de Naples, je lui présentai les figures en marbre de Faustine et de Scipion l'Africain, et il me serait difficile d'exprimer toute la joie qu'il me témoigna en les recevant. »

Dans les jardins du monastère de San Marco, au long des allées, sous l'ombre des bosquets et dans une grande construction nue aux larges fenêtres, il avait fait disposer les morceaux de sculpture antique en sa possession, et il invitait là les élèves des peintres afin qu'ils apprissent à dessiner. Ceux qui étaient admis restaient libres de travailler comme bon leur semblait. Une pension leur était allouée afin d'éviter à ces âmes encore légères les côtés ennuyeux de l'existence. L'ancien favori du Donatello, Bertaldo, surveillait ces jeunes têtes et les conseillait. « C'est une chose vraiment digne d'être remarquée, dit Vasari, que tous ceux qui étudièrent dans les jardins des Medici et eurent part à la faveur de Lorenzo, devinrent des artistes supérieurs. Ce résultat ne peut être attribué qu'à

la perspicacité profonde de ce noble protecteur qui
savait à la fois discerner et récompenser les hommes
de génie. » Il protégea le Castagno, Ghirlandajo,
Botticelli et Luca Signorelli. C'est à ce dernier,
qu'il commanda le tableau de « Pan, dieu de la
nature », qui est au musée de Berlin aujourd'hui.
Je connais peu d'œuvres où éclatent un tel sentiment de paganisme. Qu'on oublie les formes de
la femme et qu'on fixe l'œil du vieillard qui les
regarde, appuyé sur un bâton de voyage. Il n'a
pas besoin de la parole. Il songe qu'il est au soir
de sa vie, mais qu'il ne doit pas se plaindre, et il
contemple, comme s'il communiait avec l'avenir,
cette jeunesse nue. Il se souvient. Il pense que les
dieux sont bons de permettre l'éclosion incessante
des formes. Il rêve à l'Amour et à la Mort. Il sait,
malgré un dernier regret, qu'il se soumettra quand
l'heure sera venue. Et il regarde aussi avec un reste
d'envie un homme courbé à terre, comme épuisé
du bonheur de vivre, qui lève les yeux vers la
jeune femme qui les baisse vers lui. Pan est assis
entre un adolescent et un autre vieillard ; le vieillard
lui donne quelque conseil ; l'adolescent joue de la
flûte insoucieusement ; Pan — dont l'expression
de visage n'est d'ailleurs pas très heureuse, à mon
goût, — tient d'une main une syrinx et de l'autre
une houlette qui rappelle la crosse pontificale ;
derrière sa tête, un croissant mince est une auréole.

Un jour, en se promenant dans les jardins de
San Marco, le Magnifique s'arrêta près d'un enfant

qui copiait une tête de faune. L'enfant, intimidé, se leva pour saluer son protecteur en rangeant vite ses crayons, et tendit son dessin. Les traits y étaient rudes, lourds à quelques endroits, mais solides et nerveux, de telle sorte que la tête cornue semblait se détacher du papier pour devenir la réalité qu'elle représentait.

— Tu devrais sculpter au lieu de dessiner, dit le Magnifique. Mais pourras-tu ?

— J'essaierai, dit l'enfant.

A quelque temps de là, comme il revenait aux jardins, le Magnifique vit l'enfant toujours à la même place et acharné cette fois après de la matière. Il frappait d'une main forte ou douce et le ciseau attaquait le marbre ; et le marbre était si blanc dans le soleil qu'il paraissait avoir perdu sa dureté ; et le ciseau y conduisait mystérieusement l'éclosion d'un rêve. En face, se détachant sur le feuillage sombre d'un if, le vieux faune jaune et brisé grimaçait un sourire avec ses yeux, car son nez et sa bouche s'étaient mêlés aux cendres du temps.

— Voici, dit l'enfant après les politesses d'usage.

Le nouveau faune copiait l'ancien, mais une plus grande vieillesse y était empreinte que sur le modèle. L'enfant avait fait à son idée le nez et la bouche. Le nez, court, avait de petites narines sensuelles ; la bouche, tout ouverte par un large rire, laissait voir la langue et les dents.

— Ne sais-tu pas, dit le Magnifique, qu'il manque toujours des dents aux vieillards ?

Et, en rentrant chez lui, le prince de Florence raconta aux siens que le peintre Ghirlandajo avait un élève excellent qui ferait parler de lui dans l'avenir.

Et il revint aux jardins de San Marco.

L'enfant travaillait toujours, mais avec lenteur cette fois. Ses mains, où on remarquait le bleu des veines sous la peau, avaient, malgré leur aspect carré, une douceur attentive. Le marteau frappait à petits coups ; le ciseau glissait amoureusement. Une dent du faune était tombée et la gencive, à la place vide, s'était resserrée sur elle-même. Devant l'éclatante blancheur qui se baignait dans l'air, devant ce frère qui lui souriait comme sa propre renaissance, le demi-dieu primitif semblait reculer et se perdre dans le cône sombre de l'if devenu son tombeau.

L'enfant ne travaillait plus. Ses quinze ans exprimaient déjà quelque chose d'âpre et de musculeux. Derrière lui, un peu plus loin, un jeune homme le regardait avec des yeux méchants et jaloux. Le Magnifique fixait le marbre. Des colombes roucoulaient sur les toits de San Marco. Mille insectes peuplaient l'atmosphère. Le ciel creusait à l'infini sa coupole d'azur limpide. Le silence était attentif ; le jardin gonflé de sèves. Des fleurs s'ouvraient avec un bruit imperceptible.

Le Magnifique demanda :

— Je ne me souviens plus de ton nom.

Et l'enfant :

— Michele Angelo, signore.

LIVRE V

LA MORT DU MAGNIFIQUE ET SAVONAROLA

XXXII

L'Italie allait être heureuse enfin. Florence jetait un éclat inconnu. Il semblait que la péninsule tout entière dût remercier Lorenzo de' Medici pour le repos fleuri qu'elle lui devait. Tout cependant s'anéantit par l'effet d'un moine ignorant, verbeux et sectaire. L'éternelle ennemie implacable, l'Eglise, triomphe à la fin en détruisant la joie, habile à exploiter par un de ses enfants ce qu'il y a de plus vil dans le cœur humain, la peur. Tant de promesses, la leçon païenne écoutée, la liberté d'apprendre et de chercher la meilleure route, l'expansion de la vie vers sa plus haute splendeur, la paix enfin installée sur des bases solides, tout cela tombe. Il n'y a pas de mots assez durs pour flétrir l'artisan de cette œuvre impie et le vouer à l'outrage des siècles. Il prépara l'avènement de l'hypocrisie, et s'il ne le fit pas exprès, comme le pensent certains de ses biographes, il n'en est que plus haïssable, car le premier devoir d'un éducateur est de distinguer jusqu'au plus loin possible la portée de ses paroles. Ce fut lui, incontestablement, qui donna la première impulsion à ces deux lèpres qui, sous le nom de protestantisme et d'inquisition, ont déchiqueté de leurs chancres noirs et rouges le bel enivrement lisse de la peau nue.

Fra Girolamo — ou Hieronymo — Savonarola était né à Ferrare. Malheureusement pour Florence et heureusement pour sa patrie, il pensa que nul n'est prophète sur sa terre natale et n'y resta pas.

Il prêcha à San Lorenzo en 1483. Personne ne le remarquait alors ; sa parole était désagréable ; il avait une certaine satisfaction quand il était écouté par une trentaine de personnes ; mais il demeurait mécontent ensuite, car il rêvait déjà de grandes choses. Il se cloîtra. Son esprit nébuleux et dissolvant put extravaguer à son aise ; son âme méchante se bourra de haine ; ses mortifications lui inspirèrent le désir des voluptés et lui firent détester ceux qui se les procuraient librement ; comme il était malheureux, il jeta sa malédiction sur le bonheur d'autrui ; enfin parce qu'il était laid avec un profil de bouc jaune, il pensa que la beauté était une offense à Dieu et il eut volontiers invoqué Satan pour qu'il brûlât toutes les femmes ; et il se jugea le saint des saints, car les livres sacrés lui représentaient ses vices comme des vertus. Alors il revint à la chaire. La rage le rendit éloquent. Il fit entrevoir les plus horribles cataclysmes et les déclara proches si toute la chrétienté ne se roulait pas dans la poussière. Comme Lorenzo de' Medici était très malade, il prédit sa fin prochaine, et comme le pape et le roi de Naples étaient vieux, il énonça qu'ils mourraient aussi. Et il fit entrevoir l'archange du mal dominant le monde de son envergure noire pareille à celle de la chauve-souris, en attendant de vouer tant de pécheurs aux supplices terribles de la géhenne. Les âmes simples, dans leur épouvante, décrétèrent que cet homme qui menaçait tant du Diable ne pouvait venir que de Dieu, et il passa pour un prophète. Pico della Mirandola lui-même, en dilettante fatigué, sentit grandir son inquiétude et sa foi ; oublieux du temps où il portait sur la croupe de son cheval une maîtresse jeune et passionnée, il alla jusqu'à supplier le Magnifique de fixer le dominicain à Florence, et, comme quelques autres familiers lui adressaient la même prière, le Magnifique promit de s'en occuper ; on ne lui demandait rien moins que de le nommer prieur du cloître de San Marco entouré des beaux jardins où travaillait Michele Angelo. Le Magnifique n'avait d'abord pas voulu le voir ; il flairait là cette éloquence vulgaire et facile qu'il méprisait. Et il se rappelait qu'une fois, en 1487, il avait eu toutes les peines du monde à empêcher les juifs d'être massacrés à la suite des discours d'un certain Bernardino de Feltre qui avait déclaré que le pillage des maisons sémites et l'assassinat de leurs propriétaires seraient très agréables au Christ et vaudraient de nombreuses indulgences à condition que la plus grande partie du butin fût remise entre les mains des prêtres.

Savonarola partit en tournée. San Gemignano, Gênes, Brescia et Reggio entendirent tour à tour ses malédictions religieuses. Les manches larges de son froc d'où sortait la maigreur de ses mains sales gesticulèrent comme des ailes funestes au-dessus des foules. Sa renommée grandit. Les malheureux qui n'avaient pas le courage de voler aimèrent cette révolte confortable et protectrice ; les riches l'appelèrent le prédicateur des désespérés et des mécontents. Il enseignait la paresse, l'ignorance et la prière ; il disait que rien n'est plus détestable que la science ; il jetait l'anathème sur les humanistes et glorifiait les loqueteux. Il devenait très populaire. — Il reprit le chemin de Florence.

Il en voulait surtout au Magnifique. Il ne lui pardonnait pas ce qu'il pensait son bonheur, son influence et l'affection que lui portaient ses amis ; l'académie platonicienne lui paraissait monstrueuse ; il la voyait de loin, du fond de sa cellule, sous l'aspect d'une bête apocalyptique armée de gros yeux, de grosses dents, de grosses cornes et de grosses griffes, mais adoucissant son regard, ouvrant une fine bouche rouge sur de l'émail bien blanc, peignant ses longs cheveux avec un peigne d'or dans sa main petite aux ongles roses, et se métamorphosant en sirène afin de mieux tenter les marins perdus oublieux de l'étoile ; et comme souvent il se sentait porté à découvrir que les paroles du philosophe rappelaient celles des apôtres, il s'abandonnait à la plus extrème fureur pour éviter de comprendre cette coïncidence, évidemment insinuée par le Malin. Il se montait lui-même son propre piédestal, car il doutait pendant certaines secondes, où il ne parvenait pas malgré sa discipline meurtrière à étouffer tout à fait son raisonnement. Toute évidence l'irritait. Il vivait dans un état de perpétuelle colère. Il ne voulait pas comprendre. Il fallait qu'il crût au Diable quand il avait envie d'une pécheresse, et à Dieu quand il se sentait chaste. Il était avec ardeur son propre bourreau.

On commençait à l'écouter. Les adversaires des Medici l'assuraient de leurs encouragements. Le peuple que les grandes phrases happent toujours en parlait avec vénération. Ne parlait-il pas en citant les écritures? N'avait-il pas tout à fait l'apparence d'un saint?

Et Savonarola dévore férocement le cœur de cette foule, l'attire à lui, l'affole, soupire et tonne, fait voir le Paradis et l'Enfer, se sert de l'un et de l'autre pour détruire le bonheur terrestre en promettant le mensonge de l'au-delà, exalte et épouvante. Désormais il est parti. Ce qui n'était sans doute au début qu'un mécontentement irrité est devenu une force corrodante et destructive. Il est trop tard pour se reprendre. Il ne peut plus s'arrêter lui-même puisque son succès demande qu'il se hausse à plus de violence encore. La graine néfaste a germé. La plante empoisonneuse monte, monte. Et il continue, inconscient et conscient à la fois, trompant les autres et lui-même, forcé de persévérer toujours

pour maintenir l'illusion de témérité qu'il a besoin
de sentir dans sa poitrine desséchée. Le clergé, se
réservant de l'abattre au moment opportun, sent quel
instrument sérieux il peut être et l'adopte. Le pape
laisse faire. Lorenzo ne peut remonter le courant
déchaîné. En juillet 1491, Fra Girolamo — ou
Hieronymo — est nommé supérieur de San Marco.

Il s'enhardit. Il ajoute à l'horreur de ses prédic-
tions et au tableau qu'il présente de la colère céleste.
Il augmente le ton prophétique. Il fronce les sourcils, roule les yeux, jette les bras en avant, frappe
sur les bords de la chaire et lève un long doigt
osseux vers la voûte des lieux saints avec une telle
force que les femmes craignent que tout ne s'écroule
à l'instant. Il devient terrible. Il se fait prendre au
sérieux par les plus sceptiques. Il se dit l'envoyé
divin. Et il prêche le carême à Santa Maria del
Fiore, sans rendre à Lorenzo la visite obligatoire.

Mais s'il cherche à vexer le Medici, s'il l'attaque,
s'il le poursuit de sa haine, il juge que son argent
est bon à prendre. Il accepte sans l'en remercier
toutes ses aumônes comme si elles lui étaient dues.
Une seule fois il ne les conserve pas. Ayant trouvé
une quantité de pièces d'or dans le tronc de l'église,
il les sépare de la menue monnaie et va les donner
aux « buonomini » de San Martino, en les char-
geant de les distribuer aux pauvres de la ville.
Pour bien montrer qu'il ne doit aucune reconnaissance, d'après sa façon de comprendre la vie, il
s'écrie du haut de la chaire : « Le bon chien aboie
toujours pour défendre la maison de son maître ; si

le voleur vient et lui jette un os pour l'apaiser ou quelque autre chose, le bon chien continue d'aboyer ou de mordre le voleur. » Il oubliait d'ajouter : après avoir mangé l'os. Le peuple de son côté applaudissait naturellement beaucoup à une morale qui lui conseillait de garder ce qu'on lui donnait et de renier le bienfaiteur auquel il devait son bien-être. Quant aux vieux moines du couvent qui cherchaient à faire entendre à leur supérieur qu'il avait tort de froisser le Magnifique, ils parlaient par jésuitisme et ne demandaient qu'à être convaincus des bonnes raisons d'agir que leur opposait le misérable : « Est-ce Dieu, demandait-il, ou Lorenzo de Medici, qui m'a nommé prieur? » — Le nom de Dieu délivrait leurs derniers scrupules : « C'est Dieu, bien entendu, répondaient les moines. » « Souffrez donc alors que je rende grâces à Dieu et non à un homme. » — « Rendons grâces à Dieu ! » — Il est plus commode de remercier Dieu qu'un particulier, car on a la faculté de ne pas le faire. Dieu fait preuve toujours d'une remarquable discrétion. L'absence qu'il affecte devant les événemts de la vie montre même qu'il doit être fort bien élevé ; ce sont ses interprètes terrestres qui ont beaucoup nui à sa réputation.

Le Magnifique, voulant savoir à quoi s'en tenir, envoya cinq des principaux citoyens vers son ennemi. C'étaient Guidantonio Vespucci, Borgi, Paolo Antonio Soderini, Franscesco Valori et Bernardo Ruccellai. Ces hommes prièrent le moine, sans dire qui les avait envoyés, de changer la façon indécente et sauvage dont il parlait de Dieu. Il n'était pas très difficile de deviner qu'ils n'étaient pas venus sur leur propre impulsion ; et il le devina ; ils affirmèrent que non ; et il s'écria avec l'ampleur nécessaire : « Vous dites que vous n'avez pas été envoyés et moi je vous dis que vous l'avez été. Allez ! et répondez à Lorenzo de Medici qu'il fasse pénitence de ses péchés, car Dieu veut le punir, lui et les siens. » Le Magnifique, désespérant de venir à bout d'un aussi dangereux énergumène, lui opposa un autre moine dont il était assez sûr pour lui avoir confié la direction du couvent de San Gallo. Ce moine était un augustin du San Spirito ; il s'appelait Fra Mariano da Ghinazzo ; il possédait une certaine habileté de parole, et ses vertus l'avaient fait surnommer « l'ange du Ciel sur la terre ». Ce fut une belle joute oratoire, rapportent les contemporains. Ils plaidèrent l'un et l'autre sur le même texte avec des paroles opposées qui le justifiaient également ; ce texte était emprunté aux Actes des Apôtres : *Non est vestrum nosse tempora vel momenta quæ Patri in sua potestate.* Fra Mariano eut le dessous. Pico della Mirandola sortit de l'église, enthousiasmé de Savonarola.

A quelque temps de là, le dominicain, non content encore des résultats de ses sermons et de l'espionnage qu'il faisait exercer dans les maisons particulières, non content de décréter que la terre entière devait être soumise aux moines et que l'intelligence d'une vieille femme ignorante était préférable à celle de Platon, fit construire un immense

bûcher. Ce bûcher avait la forme d'une pyramide
à gradins et ressemblait au *rogus* sur lequel, jadis,
les corps des empereurs romains étaient brûlés. On
avait d'abord amoncelé des masques, des fausses
barbes et des faux cheveux, des costumes « trop
élégants » ; plus haut, s'entassaient les livres des
poètes et des humanistes, des parchemins et des
manuscrits précieux ; parmi les œuvres destinées
à la flamme, figuraient celles de Pétrarque, de
Boccace et de Pulci ; les parures venaient ensuite ;
c'étaient des miroirs, des voiles, des robes, des
parfums, des peignes et d'autres objets de toilette ;
des luths, des harpes, des flûtes des cartes à jouer
et des échiquiers montaient vers les deux gradins
supérieurs où étaient rangés en ordre les tableaux
des meilleurs peintres qui avaient commis le
péché de représenter le rêve qu'ils se faisaient de
Cléopâtre, de Lucrèce, de Faustine et des femmes
légendaires ; des portraits contemporains termi-
naient l'autodafé ; on cite ceux de Bencina, de
Lena Aurella, de Maria de Lenzi ; tout en haut,
trois antiques, trois têtes de femme, semblaient
pleurer par leurs yeux de pierre le temps des dieux.
A ce moment un marchand vénitien qui se trouvait dans la ville offrit 22 000 écus pour acheter le
tout. Savonarola refusa, le décréta hérétique, fit
dessiner l'effigie du nouveau tentateur et la joignit
à la pyramide. Puis on mit le feu. La Seigneurie
parut sur le balcon du Palais ; des chants s'élevè-
rent de tous côtés ; les cloches sonnèrent ; des
moines et des jeunes gens déguisés en anges, des

moines et des curés, des vieillards et d'autres
civils sur trois rangs dansèrent une ronde « religieuse » en agitant des branches d'olivier, se per-
suadant que le ciel s'ouvrirait pour eux à la suite
d'une si belle action. — Et par-dessus toute cette
folie monstrueuse, au-dessus des flammes, dominait la figure joyeusement crispée du dominicain.

XXXIII

Cependant la santé du Magnifique déclinait peu
à peu. — Il avait déjà mêlé ses deux fils aux affaires
politiques, en prévision de ce qu'il craignait devoir
arriver bientôt.

Jusqu'au bout il donne un exemple de lucidité.
Il sent venir la mort et ne s'effraie pas ; il la sait la
fin naturelle ; il regrette certes de partir, car il
aime trop la vie pour ne pas goûter sa douceur
à travers les plus grands tourments, mais en
même temps il songe que ce sera le repos ; et,
comme il est platonicien, il n'est pas loin de penser
qu'il connaîtra les philosophes de la Grèce et mêlera
son ombre à la leur à travers le calme bienheu-
reux des prairies d'asphodèles ; il ajoute seulement
au paysage funèbre enseigné au temps des immor-
tels quelques lys, des anges balançant des encensoirs d'or ou soufflant dans de longues trompettes
vers un vieillard à barbe blanche qui parle avec un
jeune homme aux cheveux roux ; car il est chrétien
et, souvent, au bois des Camadules, il a déclaré à
ses amis que la doctrine platonicienne ajoutait à la
vérité du christianisme. Mais, avant de voir saint
Pierre et Charon deviser en tenant leurs clefs et

leurs rames au bord du fleuve ou devant la porte, il veut essayer de se maintenir dans le bonheur de contempler sa patrie heureuse et se retire à Careggi afin de s'y soigner tranquillement.

Comme il dut souffrir, malgré sa résignation, de sentir que les affaires publiques échappaient à sa forte main ! Comme il dut avoir de sourdes et silencieuses révoltes contre cette maladie qui le torturait, contre ce corps qu'il méprisait peut-être en temps que matière périssable, mais dont il avait tant besoin et qu'il aimait pour toute l'énergie qu'il y avait développée ! Comme il dut pleurer sur ses fils qu'il sentait incapables de continuer et de poursuivre son action ! Je le vois sur son fauteuil les mains moites, la figure ravagée, l'œil lourd d'angoisse et de lutte inutile, essayant encore de sourire et sentant avec une fureur maîtrisée la vanité de sa révolte contre un destin qui le fauchait ainsi à l'heure suprême. Mais il veut avoir tout tenté pour forcer le secret de la vie et, avant de revenir à Careggi pour la dernière fois, en passant par cette Florence où le long des rues il ordonne aux porteurs de sa litière de ralentir leur allure, il fait un petit séjour aux bains chauds de Sienne et de Porretana. Quel retour dut être le sien quand l'inutilité de toute tentative eut définitivement affermi sa certitude cruelle ! Je le rêve, la figure mangée de rides. assis près de la fenêtre de sa chambre, regardant avec envie et tendresse, au coucher du soleil, la végétation des jardins que lui-même avait fait planter. Florence dans la pourpre du soir s'endormait glorieusement. Sur le ciel en feu les cyprès montaient la garde douce de leur flamme sombre. Le ciel ardent se décolorait jusqu'à du bleu cachant un gris qui révélait les premières étoiles. Le silence s'appesantissait lentement avec la nuit. Les lauriers roses, avant de disparaître dans l'obscurité semblaient avoir aspiré les dernières lueurs du crépuscule pour les redire à la terre en les pâlissant peu à peu. Et le malade, songeant qu'un réveil suivait toujours la nuit, se rappelait les enseignements de son Marsile Ficino, se demandait devant l'éternelle renaissance de la nature pourquoi l'homme, qui en était comme l'expression la plus parfaite disparaîtrait tout entier. Que se passa-t-il dans cette âme puissante? Accepta-t-il les sacrements seulement par coutume, parce que c'était impossible, à son époque, de ne pas agir ainsi, ou, tout en les recevant, y mêla-t-il une espérance confuse? Le récit de sa mort prouve qu'il se garda. Par-dessus le sentiment de sa fin, jusqu'à la dernière seconde, cet homme héroïque défendit l'œuvre à laquelle il avait voué sa vie, ne songea qu'à cette ville de Florence dont il avait fait siennes en quelque sorte toutes les pierres et où il était sûr de revivre.

Au commencement de l'année 1492, une attaque de goutte plus sérieuse que les précédentes le cloua presque immobile. Une fièvre lente, augmentée de douleurs d'entrailles qui le laissaient baigné de sueur, le mina et attaquant graduellement les nerfs, chacun des membres en tout le corps. Il était usé. Il s'était trop servi de lui-même, comme tous ceux qui oublient de compter en quoi que ce soit et pensent qu'il n'y a rien de meilleur ni de plus beau dans la vie que de lui abandonner tout ce qu'elle sollicite. La décomposition commençait.

On s'étonnait autour de lui de sa résistance. Le 5 avril, il souffrit avec tant de violence qu'il ne put pas recevoir Ercole d'Este. Le moine immonde allait partout et prophétisait : « C'est lui qui s'en ira et moi qui resterai. »

Il avait assez confiance dans ses médecins, malgré les étranges remèdes qu'ils lui prescrivaient. Le premier appelé fut Piero Leoni de Spoleto ; on appela ensuite — trop tard, selon Poliziano — Lazaro da Ticino. Ce dernier hâta sans doute la mort du Magnifique. Il lui fit avaler des mélanges de perles et de diamants amalgamés, et d'autres drogues du même genre ; plus le prix en était coûteux, plus il les déclarait efficaces. L'étrange est que le Magnifique se sentit mieux pendant quelques heures. Mais il retomba vite. Sa faiblesse augmenta de jour en jour sans que rien ne pût l'entraver. C'était la fin.

Il fit venir son fils Piero malgré qu'il connût l'indifférence du jeune homme et qu'il prévît d'avance l'inutilité de son entrevue dernière. Il lui donna tous les conseils nécessaires, eut des paroles simples et admirables que cet enfant stupide ne comprit pas, et souffrit cruellement de constater que cette chair dans laquelle il espérait se prolonger, ne possédait rien qui lui ressemblât et ne savait même pas simuler la douleur. Dans

une lettre à Jacobo, antiquaire, Poliziano attribue
les paroles suivantes à son protecteur : « Les
citoyens, mio Piero, te reconnaîtront sans doute
comme mon successeur, et je ne doute pas que ton
autorité future, dans cette république, ne soit telle
que la mienne, et telle que la mienne a été
jusqu'à ce jour. Mais comme tout le corps de la
cité comprend beaucoup de têtes, tu dois t'attendre
à ce qu'il ne te soit pas possible, en beaucoup d'occasions, de te conduire de façon à obtenir l'approbation de chacun ; aussi, à chaque événement,
souviens-toi de ce conseil et suis-le : conforme-toi
aux décisions de l'équité la plus absolue et consulte
les intérêts d'un grand nombre de citoyens, plutôt
que ceux d'une minorité. » Et il le congédia. Poliziano entra ensuite dans la chambre. Dès qu'il se
fut rendu compte de qui était là, le Magnifique le
pria de s'approcher, le fit asseoir près de son lit et
lui prit la main.

— Eh bien, Poliziano, eh bien ! dit-il en souriant.

Poliziano, ne pouvant se maîtriser, pleura en
tournant la tête. Le Magnifique lâcha la main qu'il
tenait. Le savant se sauva dans la pièce voisine
pour y sangloter à son aise. Puis il rentra, la figure
humide et creuse.

— Et où est donc Pico ? demanda le mourant.

Poliziano excusa leur ami en prétendant qu'il
n'avait pas osé venir. Etait-ce vrai ? Et l'influence
de Savonarola n'avait-elle pas glissé sa griffe là-
dedans aussi ?

— S'il n'était pas ennuyé de venir, dit le Magnifique, je serais bien heureux de le voir avant d'en prendre adieu tout à fait.

Et quand le métaphysicien fut à son chevet, il lui exposa que sa mort était douce puisqu'il l'attendait entre deux amis. Il causa assez longtemps, avec une grande liberté d'esprit et en riant de temps à autre. Il énonça ses regrets sans âpreté ; un de ceux qui parut lui tenir le plus à cœur touchait les livres :

— J'aurais désiré que le ciel m'accordât quelque répit pour compléter la bibliothèque que je vous destinais.

On vint lui présenter un peu de nourriture. Il la prit. Et, comme on lui demandait s'il y trouvait du goût :

— Oui, répondit-il, celui qu'on doit y trouver quand on est près de mourir.

Et il demanda Fra Girolamo Savonarola. — Quelques-uns ont dit que le dominicain vint sans être appelé sur le conseil précédent de Pico della Mirandola. Je pense, quant à moi, que Lorenzo voulut voir une dernière fois le misérable en face, afin de ne pas l'aliéner à sa famille et surtout à son fils Piero qu'il savait en excellents rapports avec le prédicateur. Bien qu'il n'espérât plus en elles, il voulait tout tenter pour le prolongement de son autorité et de sa race. Quant à Savonarola, il voyait avec joie la mort de celui qu'il considérait comme son ennemi ; il finissait par être persuadé que Dieu favorisait ses desseins ; cette visite consacrait son triomphe.

Il entra comme un conquérant, avec hauteur, avec une joie mauvaise et grave sur la figure, sûr de vaincre. Mais, là encore, du fond de ce lit où il mourait, du fond du restant d'existence dont il n'était même plus possesseur, le Magnifique allait se révéler selon son nom, selon son passé, selon l'effort de toute sa vie, armé jusqu'à la dernière seconde d'une ténacité courageuse et lucide qui montre bien que, dans son cœur, Florence — ou, du moins, son œuvre — était au-dessus de toutes les religions et au-dessus de lui-même.

Fra Girolamo Savonarola s'approcha lentement les mains dans les manches de son froc, l'aspect rigide et religieux à souhait.

— Avez-vous la foi ?

Le Magnifique pencha la tête pour répondre oui.

— Il faut désormais vivre honnêtement, dit-il, d'une voix presque timbrée d'ironie ; la miséricorde de Dieu s'étend sur tous les pécheurs ; si vous répondez aux desseins célestes, le ciel vous aura en sa sainte garde. Il ne faut pas désespérer, mon fils...

Et il continua ses patenôtres. Il les termina par ce conseil plutôt superflu :

— Si la mort venait, sachez la supporter avec calme.

— Rien ne saurait m'être plus agréable si telle doit être la volonté divine, répondit le mourant.

Et il ajouta :

— Je vous demande votre bénédiction.

Girolamo Savonarola lui parla du sac de Volterre, des vols qu'il avait commis, des condamnations injustes qui avaient suivi la conjuration des Pazzi. Il rappela tout avec force et méchanceté. Il insista sur les détails de meurtre et de pillage. Il fit entendre au moribond qu'il n'avait cessé toute sa vie d'être un monstre.

Et il lui dit :

— Vous restituerez le bien mal acquis, comme pénitence.

— Oui, répondit Lorenzo d'une voix éteinte.

— Vous ne laisserez à vos enfants que la fortune qui convient à des particuliers.

— Oui, répondit encore Lorenzo, après une courte hésitation.

Les secondes pressaient. La poitrine du malheureux commençait à râler, ses mains tiraient et repoussaient les draps. Ses yeux brillaient d'un éclat étrange et rapide, puis s'ouvraient démesurément dans leurs orbites caverneuses.

— Et vous rendrez à Florence la liberté...

Alors le Magnifique se tourna brusquement dans son lit, la tête contre le mur, sans une parole.

Il Magnifico Lorenzo Piero di Cosimo de' Medici mourut le 8 avril 1492, après avoir communié, en embrassant un crucifix. Il était âgé de quarante-quatre ans.

De désespoir, son médecin, Piero Leoni se jeta

dans un puits des faubourgs. Peu de temps après, Poliziano mourait à son tour en accompagnant sur une petite lyre une élégie qu'il chantait à la mémoire de son bienfaiteur ; d'autres disent que ce fut par amour pour un de ses élèves qui se montrait rebelle à cette tendresse anormale. Pierus Valerianus et Bayle à sa suite pensent qu'il succomba au chagrin que lui causait la décadence de sa patrie. Pico della Mirandola rejoignit son bienfaiteur à l'heure même où les troupes du roi de France entrèrent en Italie.

La légende veut que deux jours avant la mort du Magnifique le dôme de Santa Maria del Fiore ait été frappé de la foudre et que la partie la plus voisine de la chapelle médicéenne se soit écroulée ; elle rapporte encore qu'une des boules armoriales se détacha de l'écusson du palais ; elle rappelle qu'un lion de la ménagerie avait été abattu et dévoré par ses frères captifs ; elle ajoute que de longues traînées de feu étaient venues pendant trois nuits, de la colline de Fiésole jusqu'à l'église de San Lorenzo où elles se seraient arrêtées. C'est là qu'il repose — on le dit du moins — près de son père.

Ses funérailles furent simples. Le peuple pleura de vraies larmes et l'appela « Le maître de la Ville » — parce qu'il n'était plus.

Novembre 1899-Avril 1900.

FIN

BIBLIOGRAPHIE

ŒUVRES DE LAURENT DE MÉDICIS

Ricordi del Magnifico LORENZO DI PIERO DI COSIMO DE' MEDICI cavate da due fogli scritti di sua propria mano ; estratti da un codice della publica libreria magliabechiana e Stampati vel nuovo Lunario della Toscana dell'anno 1775.

POESIE VOLGARI — edition d'Aldo Manuzio, 1554.

Stanze bellissime et ornatissime intitulate le *Selve d'Amore*, composte dal magnifico LORENZO DI PIERO DI COSIMO DE' MEDICI, impresso in Pesaro per Hieronymo Soncino nel MCCCCCXIII a di XV di Jiulio. — Réimprimé à Venise en 1554 par Matthio Pagan. — Réimprimé dans l'édition des Aldes et de Bergame. (Collection générale des poèmes de Laurent de Médicis imprimée par Alde Mannee en 1554 : *Poesie Volgari*, nuovamente stampate di LORENZO DE' MEDICI che fu padre di papa Leone col commento del medesimo sopra alcuni de suoi sonnetti in Vinegia MDLIII.

L'édition de Bergame de 1763 contient des inédits.

Rime sacre del Magnifico Lorenzo de'Medici il vecchio, di madon na Lucrezia sua madre, et d'alti della stessa fomiglia; raccolte e d'osservazioni corredate per FRANCESCO CIONACCI. — In Firenze, 1680.

Ballattelle del magnifico LORENZO DE'MEDICI, di AGNOLO POLIZIANO e di BERNARDO CIAMBURLARI. — Firenze 1559.

Canzone per andare in Maschera.

Poesie di LORENZO DE'MEDICI, Firenze, Barbera, 1859.

BIBLIOGRAPHIE GÉNÉRALE

MACHIAVELLI. — *Histoire de Florence* et les œuvres complètes. Édition italienne : Tutte le opere, MDL. Les autres éditions italiennes et les meilleures sont: Tutte le opere di Messer Machiavelli, Venezia 1540, 3 vol., 1544 et 1550 (cette dernière est la meilleure) ; et les éditions modernes. — Éditions françaises (mal traduites d'ailleurs) : traduction Guiraudet, chez Pichard, 1803 et traduction Péries, 1822; celle-ci a eu l'*Histoire de Florence* rééditée chez Charpentier, à peine revue en 1851. — Traduction du Panthéon littéraire par Buchon MDCCC LII. — Traductions françaises précédentes, les plus agréables à lire à cause de la langue ancienne : 1577, traduction par le seigneur de Brinon, dédiée à Catherine de Médicis. — Discours de l'état de paix et de guerre, à Paris, chez Besongne MDC. XLVI. — Œuvres de Nicolas Machiavel traduites par Tétard, natif de Blois. Amsterdam, 1716, 6 vol.

GUICCIARDINI. — *Storia d'Italia*, bonne édition avec une belle gravure sur bois, portrait de l'auteur; in Vinegia appresso Gabriel Ciolito de Ferrari MDLXVIII. — Traduction française (défectueuse) par Buchon, dans le Panthéon littéraire, MDCCXLIII. Voir l'ancienne traduction de H. de Chomedey, 1568.

PERRENS. — *Histoire de Florence.* — Hachette, 1877 et Quantin, 1888. Vie de Savonarola (éd. Hachette).

SISMONDE DE SISMONDI. — *Histoire des Républiques Italiennes du moyen âge.* — Furne, 1840.

DARU. — *Histoire de Venise*, 1814.

Voir Dictionnaire de Bayle, à Ange Politien.

Dictionnaire de MORERI.

BENEDETTO VARCHI. — *Histoire de Florence.* — (parue la première fois à Cologne en 1721, in-folio — et ensuite sans date à Leyde, chez Pierre Vander AA. — *Histoires des révolutions de Florence sous les Médicis*, traduction Reynier, 1764.

VASARI. — Éditions italiennes et traduction française par Leclanché, 1842.

DELECLUZE. — *Florence et ses vicissitudes*, Gosselin, 1857.

BAILLET. — *Jugement des savants.*

Histoire de la Musique, du docteur BURNEY.

FALCONI. — *Biographie de Laurent de Médicis* (édition italienne).

MURATORI. — *Della perfetta poesia italiane.*

CRESCIMBENI. — *Histoire de la poésie italienne.*

FILIPP. DE' NERLI. — *Comment de falli civil. di Firenze,* Venezia, 1728.

MENCKENIUS. — *Histoire de la vie de Politien.*

GIBBON. — *Chûte et décadence de l'Empire romain.*

MISCELLANEA D'ANGE POLITIEN. — Imprimé par Antonio Miscomini.

VALORI. — *Facetie,* molti et Burle di diversi Signori raccolte per Lod. Domenichi. — Venezia, 1558. Vie de Laurent de Médicis (Laurentii Medicis vita, Firenze 1740), traduit du latin par l'abbé Gouget, Paris 1761.

VARILLAS. — *Anecdotes sur Florence* (ouvrage très fantaisiste).

MUNTZ. — *Histoire de la Peinture en Italie. Florence et la Toscane.*

Les Précurseurs de la Renaissance. Léonard de Vinci.

AGNOLO PANDOLFINI. — *Trattato del governo della famiglia.*

ANTONIO GALLI. — *De rebus genuens.*

ANGELO POLIZIANO. — *La conjura de Pazzi* (imprimée en 1553 seulement et n'est pas dans les œuvres complètes précédentes à cette année. Les œuvres de Politien ont été publiées en 1519 à Paris, par Jacobus Badius).

BUCHON. — Collection des *Chroniques nationales étrangères.*

VITA DI FIL. STROZZI il vecchio *Scritta da Lorenzo* suo figlio, per cura di Gius, BINI E PIETRO BIGAZZI. — Firenze 1851.

BENEDETTO VARCHI. — *Istoria di Firenze,* Cologne, in-fol., 1721. — et chez Pierre Vander AA., à Leyde, sans date.

BIONDO FLAVIO. — *Italia illustrata.*

LEONE BATTISTA ALBERTI. — *Philodoxeos, de Famiglia, Tractatus mathemathica appellatus, de commodis litterarum* avec ses comédies, ses dix livres d'architecture parus en latin en 1485 pour la première fois et traduits en italien à Venise en 1546 par Pietro Lauro et à Florence en 1550 par Bartoli — et traduits enfin en français par Jean Martin (Ronsard fit les vers de son épitaphe) en 1553. — Ses traités de peinture et de sculpture ont été joints au traité de peinture du Vinci dans l'édition de Raoul Dufresne en 1751.

MARSILE FICINO. — *Theologiæ platonicæ de immortalitate animorum,* Florence 1482 — et édition de Paris, 2 vol. in-folio, 1641.

SCHELHORN. — *Com. de vita, moribus et scriptis Marsilii Ficini*, Basel, 1561, 2 vol.

SIEVEKING. — *Histoire de l'Académie Platonicienne de Florence*, Gottingue, 1812.

TIRABOSCHI. — *Storia della Letter, ital.*, 13 vol., in-4°. Milan, 1772-1782.

MENIERS. — *Vie de Politien* (Biographie des lettres de la Renaissance).

MENEKE. — *Historiæ vitæ unque litteras meritorum* A. Poliziani, Leipzig, 1756.

LIONARDO DA VINCI. — *Œuvres* (éditions italiennes et celles de Paris, bien connues). (Ravaisson-Mollien).

PORETTI. — *Vie d'Alberti*.

CARLO MARSUPPINI. — Traduction de la *Batrachomiomachie d'Homère*. Parme, 1492. — Pesaro, 1509. — Florence, 1512.

Lettere di principi. — Venezia, 1581.

DE LA PILORGERIE. — *Bulletins de l'armée de Charles VIII*.

BURCHARD. — *Diarium*.

BUCKARDT. — *La civilisation en Italie au temps de la Renaissance*. (Traduit par Schmitt en français).

CAMILLO POZZIO. — *Conjura de 'baroni*. Roma, 1565.

A. DESJARDINS. — *Négociations diplomatiques de la France avec la Toscane*.

LETTENHOVE. — *Lettres et négociations de Philippe de Comynes*.

COMYNES. — *Œuvres complètes*.

VILLARI. — *Storia di Savonarola*.

P. JOVIUS. — *Vita Leonis X*.

MALIPIERO. — *Annali veneti*.

Bibliotheca istorica italiana. — Milano. 1876.

CORTESIUS. — *De hominibus doctis*. Firenze, 1734.

AMMIRATO. — *Opusculi*, etc., bonne édition : 1640, 3 vol., Florence.

ROSCOE. — *Vie de Laurent de Médicis*, édition anglaise et traduction, par Thenot, Strasbourg, an VIII.

DOM. MORENI. — *Vita di Brunellesco*, Firenze, 1812.

CHARLES BLANC. *Histoire de la Renaissance artistique en Italie*. Statuta concilii Florentini, Florentiæ, MDLXIIII.

CHRISTOFORO LANDINO. — *Historie di Giovanni Simonnetta.* M. Vinegia, MDXLIIII.

CANTU. — *Histoire des Italiens.*

BOISSART. — *Histoire généalogique de la maison de Médicis.*

LE NOBLE. — *Histoire secrète des plus fameuses conjurations.* Paris, 1698.

NESTOR. — *Histoire des hommes célèbres de la maison de Médicis.*

TEN-HOVEN. — *Mémoires généalogiques de la maison de Médicis,* La Haye. 5 vol. in-8, 1773.

ALZOG. — *Histoire universelle de l'église* ; traduit de l'allemand, par Goschler et Audley. 4 vol. Paris, 1882.

DENINA. — *Histoire des révolutions d'Italie,* traduction Jardin, 8 vol. Paris, 1771-73.

FERRARI. — *Histoire des révolutions d'Italie ou Guelfes et Gibelins.* Didier, 4 vol. 1858.

PARTOURNEAUX. — *Histoire de la conquête de la Lombardie par Charlemagne,* 2 vol., 1842.

BOISSAT. — *Le brillant de la Royne,* Lyon, 1613.

CHAPPUYS. — *La Toscane française-italienne.* 1601.

CARLE. — *Histoire de Fra Savonarola,* Paris, 1842.

FABRONI. — *Vie de Laurent de Médicis ;* traduit du latin par Accarias de Serionne, Berlin (Pisa), in-8, 1791.

DUKAS. — *Recherches sur l'histoire littéraire du xve siècle,* 1876, Paris.

ETIENNE. — *Histoire de la littérature italienne.* Hachette, 1885.

GEBHART. — *Les origines de la Renaissance en Italie.* Hachette, 1879.

CH. GIDEL. — *Les troubadours et Pétrarque.* Angers, 1857.

GINGUENÉ. — *Histoire littéraire d'Italie.* 9 vol., 1824 ; et 14 vol. 1835.

HEYCKE. — *Die Mediceer.* Leipzig, 1897.

ALFIERI. — *Mémoires.* Traduction Petitot, 1862 et 1809 et traduction A. de Latour ; 1840 (Charpentier).

LANDI. — *Histoire de la littérature de l'Italie,* tirée de Tiraboschi ; 5 vol., Berne, 1784.

MABILLEAU. — *Etude historique sur la philosophie de la Renaissance en Italie.* Hachette, 1880.

MACAULAY. — *Essais historiques et littéraires.*

PACCARD. — *Les Médicis.* Paris. Pigoreau, 4 vol. in-42, 1812.

FIRMIN-DIDOT. — *Alde manuce ou l'Héllénisme à Venise.* Paris. 1875.

CHARLES BLANC, — *Histoire des peintres de toutes les époques.* Paris, 1849-1877.

BLONDEAU. — *Histoire de la musique,* 2 vol. 1847.

CHAMBRAY. — *Parallèle de l'architecture antique et de la moderne,* avec recueil des dix auteurs principaux qui ont écrit des cinq ordres. Paris, in-fol. 1650 et 17766, 1702.

DELÉCLUSE (Etienne). — *Léonard de Vinci,* Paris. 1841.

TAINE. — *Philosophie de l'art en Italie,* 1866.

Voyage en Italie. 2 vol. 1886.

STENDHAL. — *Histoire de la peinture en Italie.*

YRIARTE. — *Florence.* Rotschild. 1880, in-4.

Etc.

TABLE

ÉVREUX, IMPRIMERIE DE CHARLES HÉRISSEY